LE GRAND LIVRE

Marabout

DE LA CUISINE GREEN

475 RECETTES

LE GRAND
LIVRE
Marabout
DE LA CUISINE
GREEN
475 RECETTES

LES PICTOS

Les infos pratiques en un clin d'œil

- Temps de préparation
- Temps de cuisson
- Nombre de personnes
- Nombre de pièces
- Nombre de verres ou de bols
- Temps de réfrigération
- kcal — Nombre de calories
- Temps de congélation
- Temps de repos
- Température du four
- Temps de trempage
- Quantité de sauce, de bouillon

TABLE DES BONUS

Les petits plus qui font la différence

SOMMAIRE

Un code couleur pour s'y retrouver plus facilement

Jus & smoothies

Centrifugeuse

Cette machine pulvérise les ingrédients contre des lames qui tournent à une vitesse élevée. La force centrifuge exercée dans le tamis permet de séparer le jus de la pulpe.

Les + : économique, facile d'utilisation et dotée d'une grande cheminée permettant de centrifuger des ingrédients volumineux.

Les – : production de jus et teneur enzymatique inférieures aux extracteurs de jus à froid ; séparation des jus et écume.

Extracteur de jus à froid

Ces extracteurs à basse vitesse limitent la production de chaleur et se déclinent en version verticale ou horizontale.

Les + : rendement et qualité nutritionnelle supérieurs, moins de mousse et de séparation des jus.

Les – : le prix, même si la production de jus est plus importante. La goulotte plus fine impose de tailler les ingrédients au préalable.

Blender individuel

Cet appareil est parfait pour préparer une seule portion. Même pour mixer de petites quantités, un moteur puissant est toujours appréciable. Pour créer ses boissons à emporter, choisissez un modèle doté d'un bol sans bisphénol A qui se transforme en gourde grâce à un capuchon refermable avec bec verseur.

Blender

Les blenders d'aujourd'hui proposent de nombreuses fonctions. Pour créer vos propres boissons, vous aurez besoin d'un appareil puissant, doté de lames efficaces pour piler de la glace ou mixer des légumes à tiges dures, comme le kale, afin d'en faire des veloutés bien lisses. Il existe tellement de modèles qualitatifs sur le marché que le mieux est encore de vous rendre en magasin pour assister à une démonstration et faire votre choix sur place.

Jus pomme verte & céleri

2 | 10'

3 pommes vertes (450 g) coupées en quartiers
2 branches de céleri (300 g) non coupées
1 citron (140 g) pelé et coupé en quartiers
4 cm de gingembre frais (20 g), non pelé
8 cm de curcuma frais (60 g), non pelé

1 Passez tous les ingrédients dans un extracteur de jus. Mélangez le contenu du pichet.

2 Servez immédiatement, accompagné de bâtonnets de céleri.

À savoir
S'il n'est pas consommé tout de suite, ce jus se séparera en plusieurs couches, mais il suffira de le remuer brièvement pour y remédier.

Jus fraise, grenade & cerise

2 | 10'

130 g de fraises en morceaux
150 g de cerises surgelées, dénoyautées
125 ml de jus de grenade
1 pomme pink lady (150 g) évidée et coupée en quartiers

1 Mixez tous les ingrédients dans un blender à haute vitesse jusqu'à l'obtention d'une texture lisse.

2 Servez immédiatement en ajoutant de la glace pilée et des cerises fraîches.

À savoir
S'il n'est pas consommé tout de suite, ce jus se séparera en plusieurs couches, mais il suffira de le remuer brièvement pour y remédier.

Spécial nutrition
Ces fruits sont riches en antioxydants et contribuent à la santé cardiovasculaire.

Jus nashi, ananas & citronnelle

2 | 10'

1 tige de citronnelle fraîche (15 cm), émincée
2 grosses poires nashi (500 g), coupées en quartiers mais non pelés
½ ananas (625 g) pelé et taillé en gros morceaux
2 petits citrons verts (100 g), pelés

1 Passez les ingrédients dans un extracteur de jus en commençant par la citronnelle. Mélangez le contenu du pichet.

2 Servez immédiatement sur de la glace pilée, accompagné de quartiers de citron vert et de tige de citronnelle.

À savoir
S'il n'est pas consommé tout de suite, ce jus se séparera en plusieurs couches, mais il suffira de le remuer brièvement pour y remédier. Vous pouvez remplacer les nashis par des poires classiques, ce qui donnera un jus plus sucré.

Spécial nutrition
Boire un jus de citron vert le matin revitalise le corps. L'ananas est riche en vitamines B et C.

Jus pastèque & fraise

2 | 10'

250 g de fraises équeutées
150 g de pastèque sans pépins en morceaux

1 Mixez les ingrédients jusqu'à l'obtention d'une texture lisse.

Conseil
Pour obtenir un granité, congelez la pastèque au préalable.

Spécial nutrition
La fraise renferme un véritable cocktail d'antioxydants, elle est riche en vitamine C, qui renforce le système immunitaire, et contient également de l'acide ellagique, qui protège les fibres de collagène. La pastèque est juteuse, rafraîchissante et riche en vitamines A, B6 et C, et renferme du lycopène et des acides aminés. Elle possède une action anti-inflammatoire.

Jus betterave, carotte & gingembre

2 5'

1 grosse betterave fraîche (200 g), épluchée et coupée en morceaux
2 carottes (240 g) hachées
2 pommes rouges (300 g), hachées
2 cm de gingembre frais (10 g), râpé

1 Passez la betterave, les carottes et les pommes dans un extracteur de jus. Incorporez le gingembre dans le pichet.

2 Servez immédiatement en surmontant de glace pilée.

Spécial nutrition
La betterave est une excellente source d'acide folique, mais aussi de fibres, manganèse et potassium. On sait qu'elle augmente le nombre de globules blancs et abaisse la tension artérielle. C'est l'une des meilleures sources de glutamine, un acide aminé essentiel pour la santé du système digestif.

Thé vert glacé au kiwi

2 10'

1 sachet de thé vert
250 ml d'eau bouillante
2 c. à c. de miel cru
90 g de raisin blanc, surgelé
1 kiwi (85 g) pelé et haché
1 petite poignée de feuilles de menthe fraîche
1 poignée de pousses d'épinard

1 Mettez le thé vert à infuser dans l'eau bouillante pendant 5 min. Retirez le sachet puis incorporez le miel et laissez refroidir au réfrigérateur.

2 Mixez le thé froid avec le reste des ingrédients dans un blender à haute vitesse jusqu'à l'obtention d'une texture lisse.

3 Servez immédiatement sur de la glace pilée en décorant de quelques feuilles de menthe.

À savoir
Cette boisson se séparera rapidement en plusieurs couches ; c'est pourquoi il est préférable de la préparer au dernier moment.

Spécial nutrition
Le kiwi contient énormément de fibres, de vitamines C et E, d'antioxydants et de minéraux (zinc, calcium, fer, magnésium, cuivre, potassium). Il aide à conserver un teint, des cheveux et des ongles éclatants, forts et en bonne santé. Il contient également de l'actinidine, une enzyme qui facilite le transit.

Jus façon gaspacho

2 · 5'

2 tomates (300 g) bien mûres, hachées
½ petit poivron rouge (75 g), haché
½ petit concombre (65 g) taillé en gros morceaux
1 ciboule hachée
2 c. à c. de feuilles de basilic émincées
½ **c. à c.** de vinaigre de vin rouge

1 Mixez tous les ingrédients jusqu'à l'obtention d'une texture lisse.

Conservation

Ce jus se conserve 1 jour au réfrigérateur.

Spécial nutrition

Les tomates sont une formidable source de lycopène (un pigment de la famille des caroténoïdes), qui s'avère un antioxydant puissant et contribue à prévenir certains cancers et maladies cardiovasculaires. La tomate et le poivron apportent de la vitamine C. Le poivron renferme un véritable cocktail d'antioxydants, augmente le métabolisme et facilite le transit.

Booster d'électrolytes

2 · 10'

250 ml d'eau de coco
200 g d'ananas surgelé
½ petit avocat (100 g)
¼ de bulbe de fenouil (35 g)
Quelques feuilles de menthe fraîche
1 poignée de pousses d'épinard
1 c. à s. de jus de citron vert
Glaçons

1 Mixez tous les ingrédients dans un blender à haute vitesse jusqu'à l'obtention d'une texture lisse.

2 Servez immédiatement sur de la glace, en décorant de rondelles de citron.

Spécial nutrition

Les électrolytes (sodium, potassium, calcium, magnésium, phosphate) sont chargés de stimuler les muscles et le système nerveux. Ils régulent également les fluides physiologiques. Ce remontant naturel est bien meilleur que toutes les boissons énergisantes sucrées achetées dans le commerce.

Jus pomme, betterave & menthe

2 | 10'

4 petites betteraves (100 g) hachées
2 petites pommes (260 g) évidées et coupées en quartiers
2 citrons verts (180 g) pelés
1 petite poignée de feuilles de menthe fraîche

1 Passez tous les ingrédients dans un extracteur de jus. Mélangez le contenu du pichet. Servez immédiatement.

Variante
Vous pouvez remplacer les pommes par des carottes et les citrons verts par des oranges. Servez avec des glaçons.

Spécial nutrition
La betterave diminue la pression sanguine et le taux de cholestérol dans le sang, augmente la circulation sanguine et stimule le foie. C'est une excellente source de folacine et de fibres. Les pommes apportent de la vitamine C, des fibres et des antioxydants. La menthe facilite le transit et prévient les inflammations.

Jus brocoli, orange & carotte

2 | 10'

125 g de tiges de brocoli hachées
4 oranges (960 g) pelées
2 grosses carottes (360 g) coupées en deux dans la longueur mais non pelées
1 petite poignée de feuilles de basilic thaï frais

1 Passez tous les ingrédients dans un extracteur de jus. Mélangez le contenu du pichet. Servez immédiatement.

À savoir
S'il n'est pas consommé tout de suite, ce jus se séparera en plusieurs couches, mais il suffira de le remuer brièvement pour y remédier. C'est un bon moyen d'utiliser les pieds de brocoli.

Spécial nutrition
Le brocoli, les oranges et les carottes sont riches en vitamine C. Le basilic thaï ajoute une note savoureuse.

Potion au pamplemousse & au concombre

2 | 5'

1 pamplemousse rose (350 g) pelé et coupé en quatre
1 petit concombre (130 g) taillé en gros morceaux
1 poire (230 g) hachée
1 cm de gingembre frais (5 g), pelé et râpé

1 Passez le pamplemousse, le concombre et la poire dans un extracteur de jus. Incorporez le gingembre dans le pichet et servez immédiatement.

Délice pêche, papaye & framboise

2 | 10'

2 pêches (300 g) en morceaux
100 g de papaye rouge en morceaux
100 g de framboises
125 ml d'eau

1 Mixez les pêches, la papaye, les framboises et l'eau dans un blender ou un robot jusqu'à l'obtention d'une texture lisse.

2 Servez sur de la glace pilée et surmontez de quelques framboises.

Variante
Remplacez les pêches par des nectarines.

Spécial nutrition
Les pêches sont riches en vitamine A, bêta-carotène et vitamine C. Elles constituent aussi une bonne source de vitamines E, K, B1, B2, B3 et B6, de folacine et d'acide pantothénique. La papaye est, elle aussi, riche en vitamines A et C et contient de la papaïne, une enzyme qui facilite le transit. Les framboises sont riches en antioxydants, vitamines et acide ellagique, un composé phénolique qui prévient la formation de cellules cancéreuses.

Super jus vert

2 5'

1 petit concombre (130 g) taillé en gros morceaux
2 branches de céleri (300 g) pelées et hachées
2 feuilles de kale (40 g) sans les tiges
30 g de pousses d'épinard
1 petite poire (180 g) bien mûre, évidée et coupée en quartiers
¼ de citron (35 g) pelé
1 brin de menthe fraîche
180 ml d'eau de coco
Quelques glaçons

1 Mixez tous les ingrédients dans un blender à haute vitesse pendant 1 min ou jusqu'à l'obtention d'une texture lisse.

Spécial nutrition

Ce jus regorge de légumes verts, qui sont des superaliments riches en vitamines, minéraux, antioxydants puissants, phytonutriments et fibres alimentaires, tout en restant faible en glucides.

Jus melon, concombre & gingembre

2 10'

½ melon cantaloup (800 g) pelé et coupé en morceaux
½ concombre (200 g) pelé et coupé en morceaux
5 cm de gingembre frais (25 g)
1 petite poignée de feuilles de coriandre fraîche avec les tiges
1 citron vert (90 g) pelé

1 Passez tous les ingrédients dans un extracteur de jus. Mélangez le contenu du pichet. Servez immédiatement.

À savoir
S'il n'est pas consommé tout de suite, ce jus se séparera en plusieurs couches, mais il suffira de le remuer brièvement pour y remédier. Vous pouvez remplacer le melon cantaloup par du melon d'Espagne.

Spécial nutrition
Cette boisson vive et rafraîchissante permet de démarrer la journée du bon pied. Le concombre hydrate tandis que le gingembre apporte un peu de chaleur.

Élixir de jouvence

2 | 10' | 1h

2 sachets de tisane d'hibiscus
250 ml d'eau bouillante
650 g de pastèque sans pépins, en morceaux
1 petite poignée de feuilles de menthe fraîche
1 citron vert (65 g) pelé

1 Laissez les sachets de tisane infuser dans une tasse ou un bol d'eau bouillante 5 min. Placez 1 h au réfrigérateur. Jetez les sachets de tisane.

2 Passez la pastèque, la menthe, le citron vert et l'infusion d'hibiscus dans un extracteur de jus. Le mieux est de placer la menthe en milieu de préparation. Mélangez le contenu du pichet.

3 Servez immédiatement accompagné de quelques tranches de pastèque et de petites feuilles de menthe.

À savoir
Ce jus peut aussi être réalisé au mixeur. S'il n'est pas consommé tout de suite, il se séparera en plusieurs couches, mais il suffira de le remuer brièvement pour y remédier.

Spécial nutrition
La pastèque se compose de 92 % d'eau et son jus s'avère idéal pour s'hydrater le matin. Elle contient également du lycopène, un antioxydant puissant qui réduit le risque d'AVC et protège contre le cancer de l'ovaire. La tisane d'hibiscus diminue la tension artérielle.

Jus vert à la pêche

2 | 10'

2 pêches (300 g) dénoyautées et coupées en quartiers
2 kiwis (170 g) pelés et coupés en deux
8 feuilles de laitue romaine lavées
3 brins de menthe fraîche
1 petit citron vert (65 g) pelé et coupé en quartiers
2 petits concombres (260 g) coupés en quatre dans le sens de la longueur

1 Passez tous les ingrédients dans un extracteur de jus en plaçant les feuilles de salade et de menthe en milieu de préparation de façon que les autres ingrédients les poussent.

2 Servez sur de la glace pilée en décorant de feuilles de menthe et de quartiers de pêche.

Conseil
Ce jus peut aussi être réalisé au mixeur. Ajoutez 250 ml d'eau de coco pour le rendre moins épais.

Spécial nutrition
Si vous découvrez les jus verts, celui-ci est parfait pour commencer. La douceur des pêches accompagne parfaitement le kiwi, source de vitamines C, E et K, le concombre, qui hydrate, la laitue rafraîchissante et le jus de citron vert alcalinisant.

Jus tonique de fruits & légumes

2 | 10'

2 grosses betteraves (400 g) coupées en morceaux
2 branches de céleri (300 g) parées
130 g de feuilles de blette
2 grosses pommes vertes (400 g) coupées en morceaux
1 poignée de feuilles de persil plat frais
1 citron (140 g) en suprêmes
20 g de gingembre frais, pelé

1 Passez les ingrédients dans un extracteur de jus. Mélangez le contenu du pichet. Servez immédiatement.

À savoir
Préparez ce jus au dernier moment pour préserver tous les nutriments des fruits et légumes.

Spécial nutrition
Véritable concentré de végétaux, de légumes riches en vitamines et de fruits, ce jus amorce la digestion, fournit à votre corps l'énergie nécessaire pour la journée et régale vos papilles avec une note subtile de gingembre.

Jus pomme, kale & avocat au gingembre

2 | 10'

1 citron vert (90 g)
1 pomme verte (150 g) coupée en morceaux
1 petit concombre (130 g) taillé en morceaux
½ avocat (125 g) haché
330 ml d'eau de coco
30 g de pousses d'épinard
1 c. à c. de gingembre haché finement
50 g de pousses de kale

1 Retirez et jetez l'écorce et la peau blanche du citron vert. Hachez grossièrement la chair.

2 Mixez le citron avec tous les autres ingrédients dans un blender ou un robot jusqu'à l'obtention d'une texture lisse. Répartissez dans 2 verres.

3 Servez immédiatement en surmontant de glace pilée.

Spécial nutrition
L'avocat est riche en fibres et en lipides sains. Il contient également du potassium (plus que la banane), qui diminue la pression artérielle et augmente la circulation sanguine jusqu'au cerveau. Le kale est riche en caroténoïdes et s'avère une bonne source de vitamines A, C et K ainsi que de calcium.

Jus cresson & ananas

2 15'

1 bouquet de cresson
2 branches de céleri (300 g) pelées et hachées
½ ananas (625 g) coupé en morceaux
2 cm de gingembre frais (10 g), pelé

1 Passez les ingrédients dans un extracteur de jus. Mélangez le contenu du pichet.

2 Servez immédiatement avec de la glace pilée.

Spécial nutrition
Le cresson appartient à la famille des crucifères et a une saveur poivrée. Petit par sa taille, il n'en reste pas moins riche en nutriments. Utilisez-le dès que possible car il s'altère rapidement. L'ananas est un fruit hypocalorique riche en vitamines C et A et contient de la bromélaïne, une enzyme protéolytique qui facilite la digestion des aliments et a des propriétés anti-inflammatoires et anticoagulantes.

Booster cérébral de 16 heures

2 — 10'

250 ml de lait de coco en conserve
150 g de myrtilles surgelées
1 petite betterave (100 g) lavée et râpée
2 c. à s. de cacao en poudre

1 Mixez tous les ingrédients dans un blender à haute vitesse jusqu'à l'obtention d'une texture lisse. Ajustez la consistance en ajoutant plus de lait de coco.

2 Servez en ajoutant 1 cuillerée de lait de coco et un peu de cacao en poudre.

Spécial nutrition

La noix de coco stimule les fonctions cérébrales grâce aux triglycérides à chaîne moyenne. Les antioxydants contenus dans les myrtilles augmentent la circulation du sang et de l'oxygène jusqu'au cerveau. De même, les nitrates contenus dans la betterave ont un effet dépuratif et augmentent le flux sanguin vers le cerveau. Le cacao est riche en flavanols, qui protègent les cellules du cerveau contre les toxines et les inflammations.

Mojito revisité

2 | 10'

75 g de chou vert
1 poignée de feuilles de menthe fraîche
350 g d'ananas pelé et haché
1 citron vert (90 g)
125 ml d'eau de coco sans sucre, froide

Givrage sel-menthe
1 c. à s. de sel
1 c. à s. de feuilles de menthe fraîche
1 quartier de citron vert

1 Réalisez le givrage sel-menthe. Pilez le sel et la menthe dans un mortier. Transférez dans une petite assiette. Passez le citron vert sur le bord des 2 verres puis pressez contre le mélange salé.

2 Passez le chou, la menthe, l'ananas et le citron vert dans un extracteur de jus. Incorporez l'eau de coco dans le pichet.

3 Versez dans les verres givrés, sur de la glace pilée.

À savoir
Ce jus a tendance à foncer s'il n'est pas consommé immédiatement, mais son goût n'en sera pas altéré. Si vous n'avez pas de pilon ni de mortier, vous pouvez réaliser le givrage à l'aide d'un minirobot ou d'un moulin à épices.

Spécial nutrition
L'eau de coco contient des électrolytes qui étanchent la soif. Le chou vert renferme beaucoup de vitamines, minéraux et antioxydants.

Magie verte

2 — 5'

375 ml d'eau de coco
1 petite poignée de glaçons
½ avocat (125 g) pelé
½ **c. à c.** de poudre de matcha
3 dattes fraîches, dénoyautées

1 Mixez tous les ingrédients dans un blender à haute vitesse jusqu'à l'obtention d'une texture lisse. Ajustez la consistance en ajoutant de l'eau de coco.

2 Servez immédiatement en saupoudrant d'un peu de poudre de matcha.

Spécial nutrition
Le matcha est un thé vert en poudre qui contient 137 fois plus d'antioxydants qu'un thé vert classique.

Jus basses calories

2 — 5'

1 petit bulbe de fenouil (200 g)
1 pamplemousse rose (425 g) pelé et coupé en quartiers
6 petites mandarines (600 g) épluchées

1 Coupez les fanes du fenouil et tranchez le bulbe (réservez éventuellement quelques frondes pour décorer). Passez les ingrédients dans un extracteur de jus en commençant par les tranches de fenouil. Mélangez le contenu du pichet.

2 Servez immédiatement en décorant de frondes de fenouil.

À savoir
S'il n'est pas consommé tout de suite, ce jus se séparera en plusieurs couches, mais il suffira de le remuer brièvement pour y remédier.

Spécial nutrition
Le fenouil facilite la digestion, est riche en fibres et en vitamine C. Le pamplemousse rose est faible en calories et riche en vitamine C et en eau. Les mandarines sont pauvres en calories et pleines de fibres.

Chocolat chaud, chaud, chaud !

2 | 10' | 7'

1 gousse de vanille fendue en deux
1 long piment rouge frais
750 ml de lait de coco
2 c. à s. de cacao en poudre instantané
1 c. à s. de sirop de riz

1 Grattez la gousse de vanille à l'aide de la pointe d'un couteau. Déposez les graines et la gousse dans une petite casserole. Coupez le piment en quatre. Déposez 3 morceaux dans la casserole et émincez le dernier. Réservez jusqu'au moment de servir. Versez le lait de coco dans la casserole et portez à ébullition. Retirez du feu puis laissez refroidir 5 min. Retirez les 3 morceaux de piment.

2 Incorporez le cacao en poudre et le sirop de riz dans le lait infusé, remettez sur le feu et laissez mijoter 2 min, en remuant, jusqu'à ce que le cacao soit dissous et le lait bien chaud.

3 Servez, parsemé de piment haché et d'un peu de cacao en poudre.

Lait chaud à la caroube

2 | 5' | 5'

1 gousse de vanille fendue en deux
750 ml de lait de soja
1 ½ c. à s. de poudre de caroube
1 pincée de sel
2 c. à c. de miel

1 Grattez une moitié de la gousse de vanille à l'aide de la pointe d'un couteau. Déposez les graines et la demi-gousse dans une petite casserole. Ajoutez le lait de soja, la poudre de caroube, le sel et le miel. Faites chauffer à feu moyen, en mélangeant constamment pendant 5 min, ou jusqu'à ce que la poudre de caroube soit dissoute et la boisson bien chaude. Retirez la demi-gousse de vanille.

2 Versez dans le bol du blender et mixez jusqu'à ce que de la mousse se forme. Versez dans des verres résistant à la chaleur.

3 Servez, parsemé d'un peu de poudre de caroube.

Conseil
Déposez la demi-gousse de vanille restante dans un paquet de sucre pour réaliser votre sucre vanillé maison.

Rafraîchissement après la course

2 | 10'

½ concombre (200 g) coupé en morceaux mais non pelé
¼ de laitue romaine (125 g) hachée
1 poire (230 g) coupée en morceaux mais non pelée
¼ de citron (35 g) pelé
125 ml d'eau de coco non sucrée, froide

1 Passez le concombre, la laitue, la poire et le citron dans un extracteur de jus. Incorporez 'eau de coco dans le pichet.

2 Servez immédiatement.

À savoir
S'il n'est pas consommé tout de suite, ce jus se séparera en plusieurs couches, mais il suffira de le remuer brièvement pour y remédier. Pour varier, remplacez la poire par de la pomme.

Revitalisant B

2 | 5'

2 oranges (480 g) pelées et hachées
15 g de pousses d'épinard
Quelques feuilles de persil plat frais
15 g d'herbe de blé fraîche

1 Mixez tous les ingrédients dans un blender à haute vitesse.

À savoir
Ce jus se conserve bien. Vous pouvez également passer les ingrédients dans un extracteur de jus ou une centrifugeuse.

Booster de 10 heures

2 | 5' | 2h

500 ml d'eau bouillante
2 c. à c. de miel
2 sachets de thé rooibos
60 g de myrtilles
Quelques feuilles de menthe fraîche
½ citron (70 g) non pelé, coupé en rondelles

1 Mettez l'eau bouillante et le miel dans une cruche de taille moyenne. Ajoutez les sachets de thé et laissez infuser 2 min. Retirez les sachets. Réservez 1 heure au réfrigérateur pour que l'infusion soit froide.

2 Écrasez les myrtilles et la menthe dans un bol avec le dos d'une cuillère en bois ou de l'extrémité d'un rouleau à pâtisserie. Incorporez à l'infusion avec les rondelles de citron. Réservez au frais pendant 1 heure.

3 Servez sur de la glace pilée en décorant de petites feuilles de menthe.

Conservation
Ce jus se conserve au moins 24 h au réfrigérateur. Mélangez juste avant de le servir.

Spécial nutrition
Le thé rooibos ne contient pas de théine et très peu de tanins, mais il est riche en minéraux et en antioxydants. Les myrtilles sont riches en antioxydants qui contribuent à préserver les fonctions cérébrales.

Thé choco-menthe

1 5'

1 petite poignée de feuilles de menthe fraîche
1 c. à c. de fèves de cacao
1 c. à c. de miel
250 ml d'eau bouillante

1 Déposez la menthe, le cacao et le miel dans une tasse. Ajoutez l'eau bouillante et laissez infuser pendant 5 min.

Variante

Ce thé peut aussi être réalisé avec des feuilles de menthe séchées.

Spécial nutrition

Ce thé d'après-midi allie les propriétés digestives et anti-inflammatoires de la menthe fraîche et la fonction stimulante du cacao cru. N'hésitez pas à mordiller les fèves de cacao une fois votre thé terminé pour reprendre un petit coup de fouet !

Thé chai glacé à l'amande

4 · 5' · 20' · 1h

750 ml d'eau
2 c. à c. de feuilles de thé noir
2 bâtons de cannelle
1 gousse de vanille fendue en deux
1 c. à s. de miel cru
5 rondelles épaisses de gingembre frais
6 clous de girofle
8 gousses de cardamome écrasées
½ c. à c. de poivre noir en grains
1 litre de lait d'amande

1 Versez l'eau dans une grande casserole avec les feuilles de thé, la cannelle, la vanille, le miel, le gingembre, les clous de girofle, la cardamome et le poivre. Portez à ébullition puis réduire le feu et laissez mijoter 20 min, à découvert, jusqu'à ce qu'il ne reste plus qu'une tasse. Versez dans un pichet et réservez au froid.

2 Au moment de servir, remplissez 4 grands verres de glaçons, versez le thé chai par-dessus (en le passant au tamis) puis complétez avec du lait d'amande.

Conservation
Le thé chai infusé se conserve jusqu'à 2 semaines au réfrigérateur.

POUR DONNER PLUS DE JUS À SON JUS…

Cacao en poudre

La poudre de cacao crue est fabriquée en extrayant le beurre de cacao grâce à un procédé appelé le « pressage à froid ». Elle conserve davantage ses nutriments que la poudre de cacao pressée à chaud et possède un goût de chocolat plus prononcé et plus amer. N'hésitez pas à ajouter 1 ou 2 c. à c. de cacao en poudre à vos yaourts ou smoothies à base de lait végétal.

Protéine de lactosérum

La protéine de lactosérum est un complément alimentaire issu du petit-lait. Des études ont montré que sa consommation juste après une séance de sport intensif permet une meilleure récupération musculaire qu'avec les autres formes de protéines. N'hésitez pas à ajouter 1 ou 2 c. à c. dans vos smoothies à base de fruits ou de légumes.

Poudre de maca

On dit que la poudre de maca soigne les problèmes menstruels et la fatigue chronique, mais aussi qu'elle est aphrodisiaque. Si ce dernier argument est démontré, ce n'est pas le cas des deux premiers. C'est une bonne source de vitamines C et B6, de fer et de calcium. N'hésitez pas à ajouter 1 c. à c. de cette poudre au goût plutôt neutre à vos smoothies à base de fruits ou de légumes.

Spiruline

La spiruline est une algue bleu-vert riche en protéine. Elle contient par ailleurs tous les acides aminés essentiels. Il s'agit aussi d'une excellente source de fer ; c'est pourquoi les végétariens et végétaliens la consomment souvent comme complément alimentaire. N'hésitez pas à ajouter 1 ou 2 c. à c. dans vos smoothies verts. Elle n'est pas conseillée aux personnes souffrant d'hyperparathyroïdie ou d'allergies sévères aux fruits de mer ou aux algues.

Poudre de matcha

Le matcha est une poudre de thé vert spéciale, riche en antioxydants. Des études ont montré que la consommation de thé vert réduit le risque de plusieurs cancers et maladies coronariennes. Parmi les autres avantages, le matcha augmente le métabolisme et réduit le stress. On lui attribue également la longévité des habitants d'Okinawa, au Japon.

Protéine de pois

Ce supplément protéique est dérivé des pois jaunes, ce qui en fait un atout pour les végétaliens qui ne consomment pas de produits laitiers. Tout comme l'isolat de lactosérum, cette protéine est riche en acides aminés à chaîne ramifiée (BCAA) qui favorisent la récupération musculaire et maintiennent votre dynamisme et votre satiété entre les repas. N'hésitez pas à ajouter 1 c. à c. dans vos smoothies à base de fruits ou de légumes.

Poudre d'açaï

L'açaï est une baie sauvage qui pousse en Amazonie. Ce fruit est réputé pour sa teneur en antioxydants, notamment l'anthocyanine, qui donne à la poudre sa couleur rouge intense. Cet antioxydant puissant protège le corps des dommages causés par les radicaux libres attribués aux pathologies liées à l'âge. Incorporez 1 ou 2 c. à c. de cette poudre au goût légèrement acidulé dans un smoothie à base de fruits ou de légumes pour renforcer son action sur la santé.

Charbon actif

Il s'agit d'un traitement ancien pour piéger les toxines. Le charbon de qualité médicale (le seul qui soit consommable) provient de sources variées, y compris les coquilles de noix de coco. Il est efficace en cas de problèmes digestifs ou de ballonnements, ou bien pour une détoxification générale. Prenez-en quelques heures après vos compléments vitaminés et consultez votre médecin si vous suivez un traitement car il risque de perturber l'absorption de certains médicaments.

Smoothie atout cœur

2 — 5'

1 fruit du dragon (460 g) coupé en morceaux
45 g de flocons d'avoine
2 c. à s. d'amandes blanchies
2 c. à c. de miel
¼ de c. à c. de cannelle
180 ml de lait de soja froid

1 Mixez tous les ingrédients dans un blender à haute vitesse jusqu'à l'obtention d'une texture lisse.

2 Servez, décoré de quelques flocons d'avoine et de cannelle.

Spécial nutrition
Le fruit du dragon réduit le taux de mauvais cholestérol et augmente le taux de bon cholestérol. Les flocons d'avoine possèdent une forte teneur en magnésium qui contribue à réguler la pression sanguine et à aider le muscle cardiaque. Ce sont des super-céréales complètes riches en fibres et en bêta-glucane qui inhibent l'absorption du cholestérol. Enfin, les amandes et le lait de soja réduisent aussi le taux de mauvais cholestérol.

Booster anti-inflammatoire

2 — 5'

2 carottes (240 g) coupées en rondelles mais non pelées
4 oranges (960 g) coupées grossièrement mais non pelées
15 g de curcuma frais, non pelé

1 Passez les carottes, les oranges et le curcuma dans un extracteur de jus. Mélangez le contenu du pichet.

2 Servez immédiatement surmonté de glace pilée, de poivre noir moulu et de fanes de carotte.

À savoir
S'il n'est pas consommé tout de suite, ce jus se séparera en plusieurs couches, mais il suffira de le remuer brièvement pour y remédier. Le curcuma est fortement coloré et risque de tacher vos mains ainsi que la planche à découper. Faites attention à ce sur quoi vous le découpez.

Spécial nutrition
L'orange, la carotte, le curcuma et le poivre contiennent tous des antioxydants anti-inflammatoires.

Tonic digestif

500 ml · 5' · 7 j

1 petit bulbe de fenouil (130 g)
1 c. à c. de graines de fenouil
2 c. à s. de miel
2 c. à s. de sucre de canne
500 ml de vinaigre de cidre avec la mère
Glaçons
Eau gazeuse froide

1 Réservez les tiges et les fanes du fenouil pour la décoration. Émincez finement le bulbe.

2 Déposez les morceaux et les graines de fenouil, le miel et le sucre dans un grand bocal (450 ml) stérilisé. Versez le vinaigre sur cette préparation. Refermez le bocal et réservez dans un endroit sombre et frais pendant 1 semaine avant d'égoutter dans un récipient propre.

3 Au moment de servir, versez 2 c. à s. de vinaigre aromatisé dans un verre avec des glaçons et ajoutez 180 ml d'eau gazeuse. Servez, accompagné de quartiers de citron et du fenouil réservé.

À savoir
Le vinaigre de cidre avec la mère contient des enzymes et bactéries qui sont bons pour la santé intestinale. Ce tonic se conserve 1 an dans un endroit sombre et frais.

Spécial nutrition
Le fenouil et le vinaigre de cidre facilitent le transit.

Potion pour ma peau

2 · 5'

½ avocat (125 g) haché grossièrement
1 petit concombre (130 g) pelé et coupé en morceaux
20 g de pousses d'épinard
2 c. à s. de noix de cajou crues
4 dattes fraîches (80 g), dénoyautées
250 ml d'eau

1 Mixez tous les ingrédients dans un blender à haute vitesse jusqu'à l'obtention d'une texture lisse et crémeuse.

2 Servez sur de la glace pilée en parsemant d'éclats de cacao.

Spécial nutrition
L'avocat est riche en vitamine E et en acides gras oméga 9 bons pour la peau. Le concombre contient des antioxydants et de la silice mais aussi beaucoup d'eau. Ainsi, il préserve l'hydratation de votre peau. Enfin, les épinards sont riches en bêtacarotène, qui stimule le renouvellement cellulaire et crée un teint uniforme.

Remède anti-crampes

2 · 10' · 4h

2 grosses bananes (460 g) coupées en morceaux
375 ml de lait d'amande
1 c. à s. de cacao en poudre
1 c. à s. de graines de chia
1 c. à s. de tahin (purée de sésame)
1 c. à c. de poudre de maca
1 c. à c. de cardamome moulue

1 Placez les bananes 4 h au congélateur dans un sachet en plastique hermétique.

2 Mixez les bananes congelées avec le reste des ingrédients dans un blender à haute vitesse jusqu'à l'obtention d'une texture lisse.

3 Servez immédiatement saupoudré de cacao.

Astuce
Pour créer un effet rayé sur vos verres de service, mélangez 2 c. à c. de cacao en poudre et 1 c. à s. de miel afin de former une pâte. Peignez des rayures à l'intérieur des verres avec cette pâte.

Spécial nutrition
Si vous avez régulièrement des crampes menstruelles, vous pouvez prendre ce smoothie en traitement préventif pendant la semaine précédant vos règles. La banane, riche en potassium, atténue les contractions musculaires.
Le cacao et le tahin sont riches en magnésium qui, s'il est consommé régulièrement, évite les crampes musculaires. Enfin, la maca favorise la santé hormonale, les graines de chia sont riches en oméga 3 et la cardamome est un antispasmodique.

Rééquilibrant glycémique

2 · 5'

6 kiwis jaunes (500 g), pelés
250 g de fraises
½ concombre (200 g) non pelé, coupé en morceaux

1 Passez tous les ingrédients dans un extracteur de jus. Mélangez le contenu du pichet.

2 Servez immédiatement, accompagné de brochettes de kiwi, de fraise et de lamelles de concombre.

À savoir
S'il n'est pas consommé tout de suite, ce jus se séparera en plusieurs couches, mais il suffira de le remuer brièvement pour y remédier. Pour plus de goût, choisissez de beaux fruits bien mûrs.

Spécial nutrition
Le kiwi, la fraise et le concombre ont un faible index glycémique, ce qui permet de contrôler votre glycémie.

Tonic brûle-graisses

4 | 10' | 1h15

1 sachet de thé à la menthe
250 ml d'eau bouillante
800 g de pastèque sans pépins en morceaux
2 citrons verts (180 g)
125 ml de jus d'aloe vera froid
1 ½ c. à s. de graines de chia blanches

1 Laissez le sachet de thé infuser 2 min dans l'eau bouillante, dans un grand pichet ; retirez-le. Placez 1 h au réfrigérateur pour que l'infusion soit froide.

2 Passez la pastèque et les citrons verts dans un extracteur de jus. Mélangez avec le thé glacé, l'aloe vera et les graines de chia. Réservez au réfrigérateur au moins 15 min jusqu'à ce que les graines de chia deviennent gonflées et molles.

3 Servez, accompagné de pastèque et de citron vert.

Conservation
Cette boisson se conserve 24 h au réfrigérateur. Mélangez juste avant de servir.

Spécial nutrition
Le thé à la menthe facilite le transit et a un effet coupe-faim. L'aloe vera est préconisé contre les ballonnements. Les graines de chia facilitent également la digestion et sont riches en fibres, d'où une sensation de satiété. Enfin, la pastèque a une forte teneur en eau.

Tonic du soir

4 · 25' · 20' · 1h

1,25 litre d'eau
3 sachets de fleurs de camomille séchées ou l'équivalent
Quelques brins de thym citron frais
4 rondelles de citron
1 c. à s. de miel cru

1 Portez l'eau à ébullition dans une casserole. Retirez du feu et ajoutez la camomille, le thym citron et les rondelles de citron. Incorporez le miel et mélangez jusqu'à dissolution complète. Couvrez et laissez infuser 20 min. Passez au tamis.

2 Placez 1 h au réfrigérateur jusqu'à ce que l'infusion soit froide.

Servez sur de la glace, accompagné de rondelles de citron et de quelques brins de thé citron frais.

Spécial nutrition
La camomille est connue pour ses propriétés calmantes et apaisantes, ce qui rend cette infusion idéale au coucher.

Tonic au miel & au curcuma

2 | 15' | 10'

500 ml de lait d'amande non sucré
1 c. à s. de miel cru
2 c. à c. de curcuma frais, râpé
1 bâton de cannelle
4 rondelles de gingembre frais

1 Mettez le lait d'amande, le miel, le curcuma, le bâton de cannelle et le gingembre dans une petite casserole sur feu moyen-doux. Faites frémir puis retirez du feu et laissez infuser 10 min.

2 Passez au tamis et versez dans des verres résistant à la chaleur. Servez en ajoutant 1 bâton de cannelle et de la cannelle moulue, si vous le souhaitez.

Spécial nutrition
Grâce aux propriétés anti-inflammatoires du curcuma et du miel et aux propriétés antimicrobiennes et antitussives du miel, ce tonic est un moyen naturel et savoureux pour soigner ses allergies saisonnières.

Cocktail d'avant-soirée

2 | 5'

2 poires (460 g) coupées en quartiers avec la peau
2 branches de céleri (300 g) non épluchées
1 petit citron (100 g) pelé et coupé en quartiers
1 petite poignée de feuilles de basilic frais

1 Passez, en alternant, les poires, le céleri, le citron et le basilic dans un extracteur de jus. Mélangez le contenu du pichet et servez immédiatement car la poire a tendance à décolorer rapidement.

Spécial nutrition
Les recherches montrent que le fait de boire du jus de poire avant d'ingérer de l'alcool réduit l'effet « gueule de bois ». N'oubliez pas de boire aussi de l'eau tout au long de la soirée et d'éviter les abus.

Philtre d'amour

2 · 10'

400 g de pastèque sans pépins en morceaux
250 g d'ananas pelé et haché
1 long piment rouge frais, équeuté et émincé
60 ml de jus de grenade pur
1 c. à c. de miel

1 Passez la pastèque, l'ananas et le piment dans un extracteur de jus. Ajoutez le jus de grenade et le miel dans le pichet puis mélangez.

2 Servez immédiatement en ajoutant un peu de piment.

À savoir
S'il n'est pas consommé tout de suite, ce jus se séparera en plusieurs couches, mais il suffira de le remuer brièvement pour y remédier. La force des piments rouges longs est variable. Mieux vaut goûter le piment avant d'en extraire le jus afin d'ajuster la quantité souhaitée. Vous pouvez enlever les graines et la peau du piment car ce sont elles qui sont le plus relevées.

Spécial nutrition
Tous ces ingrédients sont censés être des aphrodisiaques naturels. Ils contiennent également de nombreuses vitamines, minéraux et antioxydants.

Pour des os solides

2 — 5'

1 grosse orange (300 g)
250 ml de lait d'amande
2 petites figues fraîches (100 g) en rondelles
1 c. à s. de poudre protéinée à la vanille
1 c. à s. de tahin (purée de sésame)
1 c. à s. de graines de chia

1 Prélevez 1 c. à c. de zeste puis pressez l'orange.

2 Mixez le zeste et le jus d'orange avec le reste des ingrédients dans un blender à haute vitesse jusqu'à l'obtention d'une texture lisse.

3 Servez dans des bocaux ou des verres, en décorant de quelques rondelles de figue fraîche.

À savoir
Pour réaliser un smoothie sans lactose, privilégiez une poudre protéinée végétalienne, comme la protéine de pois ou de riz brun. Si vous n'êtes pas allergique au lactose, vous pouvez aussi utiliser de la protéine de lactosérum.

Spécial nutrition
La purée de sésame, les figues et les amandes font partie des aliments sans lactose riches en calcium. Les protéines et les acides gras oméga 3 des graines de chia sont essentiels pour la santé osseuse.

Smoothie à la camomille & à l'abricot

2 | 12h | 10' | 1h

75 g de noix de cajou crues
1 sachet de tisane à la camomille
250 ml d'eau bouillante
75 g d'abricots secs
250 ml d'eau filtrée
2 c. à s. de flocons d'avoine
1 c. à s. de miel cru

1 Rincez les noix de cajou sous l'eau froide dans une passoire. Déposez-les dans un bol et recouvrez-les d'eau froide. Couvrez avec un torchon propre et laissez tremper une nuit à température ambiante. Égouttez puis rincez sous l'eau.

2 Laissez le sachet de camomille infuser 5 min dans une tasse ou un bol d'eau bouillante. Ajoutez les abricots. Laissez redescendre à température ambiante puis mettez au réfrigérateur jusqu'à ce que l'infusion soit froide (cette étape peut être réalisée la veille). Retirez le sachet de tisane.

3 Mixez les noix de cajou rincées, la camomille glacée, l'eau filtrée, les flocons d'avoine et le miel dans un blender à haute vitesse jusqu'à l'obtention d'une texture lisse.

4 Servez, décoré de quelques copeaux de noix de coco fraîche.

À savoir
L'étape de trempage des noix de cajou permet de les ramollir et de neutraliser l'acide phytique qui les rend difficiles à digérer.

Spécial nutrition
La tisane à la camomille est connue pour ses propriétés calmantes. L'abricot est riche en vitamines A et C. Les noix de cajou et les flocons d'avoine ont des vertus apaisantes. L'avoine est riche en cuivre, zinc, sélénium, thiamine et niacine qui contribuent à réparer et à apaiser la peau. Les noix de cajou sont l'une des plantes qui contiennent le plus de tryptophane et de vitamine B6, deux précurseurs de l'hormone du bien-être, la sérotonine, et qui tendent à créer un état de décontraction à l'opposé de tout stress et de toute tension.

Rêve vegan

2 | 4h | 5'

1 grosse banane (230 g) coupée en morceaux
500 ml de lait d'amande
400 g de haricots noirs cuits en conserve, rincés et égouttés
2 dattes fraîches (40 g), dénoyautées
1 c. à s. de cacao vegan en poudre
1 c. à s. de tahin (purée de sésame)
1 c. à c. de cannelle

1 Placez la banane 4 h au congélateur, dans un sachet en plastique hermétique, pour qu'elle soit dure.

2 Mixez la banane congelée avec le reste des ingrédients dans un blender à haute vitesse jusqu'à l'obtention d'une texture lisse.

3 Servez, saupoudré de cannelle et de cacao en poudre vegan.

Conseil
Les haricots permettent d'épaissir les smoothies tout en apportant des protéines. Pourquoi ne pas essayer d'ajouter des haricots blancs dans vos smoothies à base de banane et de vanille ?

Spécial nutrition
Les haricots noirs sont riches en protéines, le tahin en calcium et en fer, et le cacao en magnésium. Le lait d'amande est une bonne source de calcium et de protéines, ainsi qu'un excellent substitut au lait de vache.

Tonic antigueule de bois

2 · 5'

1 betterave (150 g) lavée et coupée en morceaux
1 petit citron vert (65 g) pelé
250 ml d'eau de coco
1 c. à s. de miel
1 c. à c. de charbon actif

1 Passez la betterave et le citron vert dans un extracteur de jus. Versez ensuite l'eau de coco pour décoller tout reste de betterave éventuel.

2 Incorporez le miel et le charbon jusqu'à l'obtention d'une consistance homogène.

À savoir
On trouve du charbon actif dans certains magasins d'alimentation. En raison de l'effet détoxifiant du charbon actif, évitez de boire ce tonic dans les 2 h qui précèdent ou qui suivent la prise d'un médicament ou d'un complément alimentaire.

Spécial nutrition
La betterave purifie le sang et le foie, l'eau de coco est une source d'hydratation formidable et le citron vert possède des qualités alcalinisantes. Enfin, le charbon actif est un détoxifiant naturel.

Agua fresca à la cerise, au citron vert & au chia

4 · 5' · 15'

150 g de cerises fraîches, dénoyautées
750 ml d'eau
60 ml de sirop d'agave
2 c. à s. de jus de citron vert
1 c. à s. de graines de chia blanches

1 Mixez les cerises, l'eau et le sirop d'agave dans un blender jusqu'à l'obtention d'une texture lisse. Versez dans un grand pichet. Ajoutez le jus de citron vert et les graines de chia puis mélangez. Réservez au réfrigérateur 15 min ou jusqu'à ce que les graines de chia deviennent gonflées et molles.

2 Servez avec 1 rondelle de citron vert et de la glace pilée.

À savoir
Vous pouvez utiliser des cerises surgelées préalablement décongelées pour réaliser cette recette. Cette boisson se conserve 24 h au réfrigérateur. Mélangez juste avant de servir.

Spécial nutrition
L'agave est un excellent substitut au sucre. Les graines de chia facilitent le transit et donnent une sensation de satiété. Les cerises sont riches en antioxydants.

Smoothie banane & papaye

2 · 4h · 5'

2 bananes (460 g) coupées en morceaux
340 g de papaye en morceaux
375 ml de lait d'amande
2 c. à c. d'huile de lin
2 c. à c. de curcuma frais, râpé
1 c. à c. de cannelle

1 Placez les bananes 4 h au congélateur, dans un sachet en plastique hermétique, pour qu'elles soient dures.

2 Mixez les bananes congelées avec la papaye, le lait d'amande, l'huile de lin, le curcuma et la cannelle dans un blender à haute vitesse jusqu'à l'obtention d'une texture lisse.

3 Servez immédiatement sur de la glace pilée. Décorez de zeste de citron vert.

Astuce
Ne jetez pas des bananes un peu trop mûres. Coupez-les en morceaux et congelez-les une par une ou deux par deux dans des sachets en plastique hermétiques pour les utiliser dans les smoothies.

Spécial nutrition
La papaye, le curcuma et la cannelle ont tous les trois des propriétés anti-inflammatoires. La banane est riche en potassium. L'huile de lin, riche en oméga 3, assure la lubrification des articulations et aide le corps à digérer la curcumine, qui est le composant anti-inflammatoire du curcuma.

Eau détox à l'ananas & au fruit de la Passion

4 · 15' · 1h

1 petit ananas bien mûr (900 g)
125 ml de pulpe de fruits de la Passion (6 fruits)
375 ml d'eau minérale gazeuse froide
Quelques feuilles de menthe déchirées

1 Pelez et coupez l'ananas en morceaux, sans le cœur. Passez les morceaux d'ananas dans un extracteur de jus pour recueillir 500 ml. Réservez le pichet au frais jusqu'à ce que le jus soit bien froid.

2 Mélangez le jus d'ananas, les fruits de la Passion, l'eau gazeuse et la menthe dans un grand pichet.

3 Versez dans des verres. Surmontez de glace pilée, de pulpe de fruits de la Passion et de petites feuilles de menthe.

Eau de coco à l'orange & à la vanille

4 | 5' | 1h

1 petite orange navel (190 g)
1 litre d'eau de coco pure, non sucrée
1 gousse de vanille fendue dans le sens de la longueur

1 À l'aide d'un économe, prélevez de longues bandes de zeste d'orange en évitant de prendre trop de membrane blanche. Pressez le fruit.

2 Mettez le zeste et le jus d'orange dans un grand pichet avec l'eau de coco et la gousse de vanille. Mélangez. Réservez au frais pendant 1 h.

Conservation
Cette boisson se conserve 24 h au réfrigérateur.

Spécial nutrition
L'eau de coco contient des électrolytes hydratants. Les oranges sont riches en vitamine C.

Thé vert glacé au concombre

4 | 5' | 1h

2 sachets de thé vert
875 ml d'eau bouillante
1 c. à s. de miel cru
Glace pilée
125 ml de jus de concombre (2 petits concombres)
1 c. à s. de jus de citron vert
1 petite poignée de feuilles de menthe fraîche
1 petit concombre (130 g) en tranches fines
½ pomme pink lady (75 g) en tranches fines

1 Laissez les sachets de thé infuser 5 min dans l'eau bouillante, dans un pichet. Retirez les sachets puis incorporez le miel et mélangez jusqu'à dissolution complète. Réservez au frais jusqu'à ce que l'infusion soit froide.

2 Remplissez un pichet de glace jusqu'à la moitié avant d'ajouter le jus de concombre, le citron vert, la menthe, les tranches de concombre et de pomme, et le thé glacé. Mélangez le tout.

Spécial nutrition

Le thé vert est issu de la même plante que le thé noir, mais il est récolté plus tôt et séché (et non torréfié). Il est moins transformé et conserve donc plus de nutriments et d'antioxydants.
Il est riche en épigallocatéchine gallate, une substance antioxydante qui lutte contre les dommages causés par les radicaux libres, en particulier les maladies cardiovasculaires et les cancers, et diminue le taux de cholestérol dans le sang. Le thé vert contient de la caféine.

Eau verte

4 | 10'

1 noix de coco fraîche, entière (1,1 kg)
1 c. à c. de spiruline en poudre

1 À l'aide d'un couteau pointu, coupez délicatement le haut de la noix de coco. Passez l'eau de coco au tamis et réservez 375 ml dans un pichet.

2 Posez la coco sur une planche et coupez-la en deux à l'aide d'un couperet ou d'un couteau bien tranchant. Prélevez la chair blanche à la cuillère.

3 Mixez la chair et l'eau de coco dans un blender à haute vitesse pendant 1 min jusqu'à l'obtention d'une texture lisse. Ajoutez la spiruline et mixez brièvement pour obtenir une consistance homogène.

À savoir
La noix de coco fraîche doit être lourde et pleine d'eau lorsque vous la secouez.

Spécial nutrition
La spiruline est un superaliment puissant très riche en protéines, vitamines B1, B2 et B3, mais aussi en cuivre, en fer ainsi qu'en magnésium, potassium et manganèse. Sa teneur en antioxydants est élevée et elle est dotée de propriétés anti-inflammatoires, et même anticancéreuses d'après certaines études.

Thé vert glacé au citron & à la menthe

2 · 5' · 1h

2 sachets de thé vert
1 citron (140 g) dont vous aurez prélevé de longues lanières de zeste
500 ml d'eau chaude
2 c. à c. de jus de citron
1 c. à s. de feuilles de menthe fraîche
Glaçons

1 Mettez les sachets de thé, le zeste de citron et l'eau chaude dans un pichet résistant à la chaleur. Mélangez. Réservez 1 h au frais pour que l'infusion soit bien froide.

2 Retirez les sachets de thé, incorporez le jus de citron et les feuilles de menthe, puis les glaçons. Servez, accompagné de quartiers de citron.

Spécial nutrition
Le citron revitalise le corps tandis que la menthe et le thé vert ont des vertus rafraîchissantes et facilitent le transit.

Eau détox au raisin & à la pomme

4 · 10'

500 g de raisin blanc sans pépins
1 grosse pomme verte (200 g) coupée en morceaux
1 petite poignée de feuilles de menthe fraîche
500 ml d'eau gazeuse froide
1 citron vert coupé en quartiers

1 Passez le raisin, la pomme et la moitié de la menthe dans un extracteur de jus puis incorporez l'eau gazeuse, le citron vert et le reste de menthe dans le pichet.

2 Servez immédiatement en surmontant de glace pilée.

Spécial nutrition

Le raisin et la pomme apportent de la vitamine C, des fibres et des antioxydants puissants. Le raisin contient de l'acide glycolique, qui favorise la synthèse de collagène. La menthe a non seulement pour effet de rafraîchir cette boisson, mais elle facilite aussi le transit et prévient les inflammations.

Eau de coco au concombre & au citron vert

2 · 10'

1 petit concombre (130 g) coupé en morceaux
750 ml d'eau de coco
2 c. à s. de jus de citron vert

1 Passez le concombre dans un extracteur de jus puis incorporez l'eau de coco et le jus de citron vert dans le pichet.

2 Servez immédiatement en surmontant de glace pilée et de quelques brins de menthe.

Spécial nutrition
Le concombre hydrate, l'eau de coco contient des électrolytes qui étanchent la soif et le citron vert possède des qualités alcalinisantes.

Thé glacé fraise & basilic

4 · 10' · 1h

1 litre d'eau
3 sachets de thé blanc
1 petite poignée de feuilles de basilic frais
250 g de fraises bien mûres
2 c. à c. d'édulcorant à la stévia
2 c. à s. de jus de citron
Glaçons
2 branches de basilic frais supplémentaire
10 fraises supplémentaires coupées en deux

1 Portez l'eau à ébullition dans une casserole. Retirez du feu et mettez les sachets de thé et le basilic à infuser pendant 5 min. Retirez les sachets de thé et le basilic et réservez au frais jusqu'à ce que l'infusion soit bien froide.

2 Mixez les fraises, la stévia et 60 ml de thé glacé jusqu'à l'obtention d'une texture lisse. Passez au tamis pour retirer les grains. Ajoutez la purée de fraises et le jus de citron au thé glacé. Mélangez.

3 Remplissez un pichet de glaçons jusqu'à la moitié, déposez un peu de basilic et de fraises. Versez le thé et mélangez.

Spécial nutrition
Le thé blanc est l'un des thés les moins transformés. Les fraises sont riches en vitamine C, qui renforce le système immunitaire, et contiennent de l'acide ellagique, qui protège le collagène contre les dommages.

Soda au gingembre

4 | 10'

10 cm de gingembre frais (50 g), non pelé
1 citron (140 g) pelé
2 c. à s. de sirop d'érable pur
1 litre d'eau minérale gazeuse

1 Passez le gingembre et le citron dans un extracteur de jus. Vous recueillerez environ 60 ml dans le pichet.

2 Mélangez ce jus et le sirop d'érable puis incorporez l'eau gazeuse. Servez sur des glaçons, si vous le souhaitez.

Spécial nutrition
Cette boisson est un excellent substitut au Canada Dry® ou au Schweppes®, riches en sucre. Elle a en outre l'avantage de réduire les inflammations et de faciliter le transit. Particulièrement conseillé en cas de nausées.

Smoothie crémeux à la framboise

2 | 3h | 5'

100 g de noix de cajou crues
250 ml d'eau de coco
150 g de framboises surgelées
1 c. à s. de sirop d'érable pur
½ citron vert pelé
Quelques glaçons
2 c. à s. de crème de coco

1 Recouvrez les noix de cajou d'eau froide dans un grand bol. Réservez à couvert, pendant 3 h, à température ambiante. Égouttez et rincez abondamment.

2 Mixez les noix de cajou avec le reste des ingrédients sauf la crème de coco dans un blender à haute vitesse pendant 1 min jusqu'à l'obtention d'une texture lisse.

3 Répartissez la crème de coco dans 2 petits pichets en enduisant les côtés puis versez le smoothie.

Soleil d'été

2 | 10'

125 ml d'eau de coco
80 ml de jus d'orange frais
1 pomme (150 g) évidée et coupée en quartiers
½ petit ananas bien mûr (450 g), pelé et taillé en gros morceaux, sans le cœur
1 cm de gingembre frais, pelé et coupé en fines lamelles
Quelques glaçons

1 Mettez l'eau de coco, le jus d'orange, la pomme, l'ananas et le gingembre dans le bol d'un blender, et mixez à haute vitesse pendant 1 min jusqu'à l'obtention d'une texture lisse.

2 Servez en décorant de quelques dés, frondes d'ananas et d'un peu de menthe.

Spécial nutrition

Ce smoothie frais à faible teneur en glucides regorge de vitamine C, de fibres, de potassium et d'enzymes qui améliorent la santé intestinale et la digestion.

Smoothie au soja, au lin & à la framboise

2 | 5'

1 grosse banane (230 g) coupée en morceaux
150 g de framboises surgelées
500 ml de lait de soja
1 c. à s. de tahin (purée de sésame)
1 c. à s. de mélange LTA
1 c. à s. de miel

1 Mixez les ingrédients dans un blender à haute vitesse jusqu'à l'obtention d'une texture lisse.

2 Servez, décoré de quelques framboises et de graines de sésame grillées.

Astuce

Pour réaliser un mélange LTA, mixez finement 1 ½ c. à s. de graines de lin, 1 c. à s. de graines de tournesol et ½ c. à c. d'amandes.

Spécial nutrition

Le LTA est riche en protéines, en acides gras oméga 3 sains et en minéraux (calcium, zinc et magnésium). La purée de sésame est une excellente source de calcium sans lactose, mais aussi de fer et de magnésium (qui a pour vertu de soulager les crampes musculaires). Vous pouvez utiliser votre lait végétal préféré pour réaliser cette recette sans lactose.

Smoothie au melon d'Espagne

2 5'

2 petites pommes (260 g) pelées, évidées et coupées en morceaux
12 petites feuilles de laitue romaine (100 g)
50 g de pousses d'épinard
200 g de melon d'Espagne haché grossièrement
375 ml d'eau

1 Mixez les ingrédients dans un blender ou un robot jusqu'à l'obtention d'une texture lisse.

2 Servez immédiatement en surmontant de glace pilée et de pousses d'épinard.

Conseil
Regroupez au préalable tous les ingrédients au réfrigérateur pour un smoothie encore plus frais. S'il n'est pas consommé tout de suite, ce smoothie se séparera en plusieurs couches, mais il suffira de le remuer brièvement pour y remédier.

Spécial nutrition
Le melon d'Espagne a une forte teneur en eau et s'avère une bonne source de potassium, qui contribue à maintenir l'équilibre de la pression artérielle. Sa teneur élevée en vitamine C et en cuivre favorise la synthèse de collagène et la réparation tissulaire. La laitue a un effet rafraîchissant. Les épinards apportent du calcium et, comme la pomme et le melon, une dose conséquente de fibres alimentaires.

Shaker chocolaté

2 10'

250 ml de lait d'amande non sucré
1 banane (200 g) surgelée et coupée en morceaux
½ petit avocat (100 g) haché
1 poignée de pousses d'épinard
1 c. à s. de cacao en poudre
2 c. à s. de protéine de lactosérum à la vanille (facultatif) ou de yaourt
2 c. à c. de miel cru

1 Mixez les ingrédients dans un blender à haute vitesse jusqu'à l'obtention d'une texture lisse.

2 Servez immédiatement sur des glaçons, en saupoudrant de cacao en poudre et de chips de banane.

Spécial nutrition

Ce smoothie hyper-protéiné sans sucre ressemble à un milk-shake au chocolat épais, mais en meilleur pour la santé !

Smoothie hyper-protéiné amande & avocat

2 5'

250 ml de lait d'amande non sucré
1 c. à s. de poudre de protéine à la vanille
2 c. à s. de purée d'amandes
½ avocat bien mûr (125 g)
1 c. à s. de miel cru
½ banane (100 g)
Quelques glaçons

1 Mixez les ingrédients dans un blender à haute vitesse pendant 1 min jusqu'à l'obtention d'une texture lisse.

Spécial nutrition

Ce smoothie hyper-protéiné crémeux est particulièrement recommandé après une séance de sport intensif pour lancer le processus de récupération corporelle.

Smoothie au kiwi, à la banane & aux graines de chia

2 | 10'

2 bananes (200 g) en morceaux
2 kiwis (170 g) hachés
30 g de pousses d'épinard
250 ml de lait d'amande
1 c. à s. de miel
2 c. à c. de graines de chia

1 Mixez les ingrédients jusqu'à l'obtention d'une texture lisse.

2 Servez immédiatement en surmontant de glace pilée, de quelques graines de chia et de rondelles de kiwi.

Spécial nutrition

Le kiwi contient énormément de fibres, de vitamines C et E, d'antioxydants et de minéraux (zinc, fer, calcium, magnésium, cuivre et potassium). Il aide à conserver un teint, des cheveux et des ongles éclatants, forts et en bonne santé. Il contient également de l'actinidine, une enzyme qui améliore la santé intestinale et facilite le transit. Les graines de chia améliorent la digestion et sont riches en fibres, d'où une sensation de satiété.

Smoothie aux fruits tropicaux

2 | 10'

125 ml de jus d'orange frais
½ petit ananas (450 g) en morceaux
80 ml de jus de fruits de la Passion (5 fruits), passé au tamis
250 g de yaourt maigre
1 c. à s. de germes de blé

1 Mixez les ingrédients dans un blender ou un robot jusqu'à l'obtention d'une texture lisse.

2 Servez ce smoothie avec de la glace pilée. Décorez de fruits de la Passion.

Conseil
Pour augmenter la teneur en fibres, incorporez quelques pépins de fruit de la Passion au smoothie après l'avoir mixé. En cas d'allergie au lactose, utilisez du yaourt au lait de soja ou de coco.

Spécial nutrition
Les germes de blé ajoutent une dose de folacine et de vitamine E à ce smoothie fruité et rafraîchissant, qui déborde déjà de vitamines, potassium, calcium, mais aussi de fibres et d'enzymes qui améliorent la santé intestinale et facilitent la digestion.

Smoothie aux fruits rouges riche en fibres

2 5'

500 ml de lait
50 g de céréales complètes de type Weetabix®
190 g de yaourt aux fruits rouges
150 g de fruits rouges surgelés

1 Mixez les ingrédients dans un blender ou un robot jusqu'à l'obtention d'une texture lisse.

2 Servez en décorant de quelques fruits frais et de fleurs comestibles.

Variante

Vous pouvez remplacer les fruits rouges surgelés par 50 g de fruits rouges frais et 2 glaçons.

Smoothie fraise & cacahuète

2 | 5'

225 g de fraises surgelées
1 ½ c. à s. de beurre de cacahuètes allégé, onctueux
2 c. à s. de germes de blé
1 c. à s. de sirop de riz
375 ml de lait écrémé

1 Mixez les ingrédients jusqu'à l'obtention d'une texture lisse.

2 Déposez un peu de beurre de cacahuètes à l'intérieur de chaque verre, si vous le souhaitez, avant de verser le smoothie.

Variante

Remplacez le sirop de riz par du miel ou du sirop d'agave.

Spécial nutrition

Ce smoothie à faible teneur en glucides a vraiment le goût et la gourmandise d'une tartine confiture-beurre de cacahuètes, sans le côté sucré de la confiture. Il apporte plus de fibres et de bonnes graisses insaturées.

TOPPINGS CROUSTILLANTS

Vanille craquante

Mélangez 1 petite poignée de copeaux de noix de coco, 1 petite poignée de noix du Brésil et les grains issus de 1 gousse de vanille fendue dans un petit bocal. Refermez bien le couvercle.

Rose piquante

Mélangez quelques graines de grenade séchées, 1 c. à s. de pétales de rose séchés et quelques amandes crues torréfiées dans un petit bocal. Refermez bien le couvercle.

Magie noire

Mélangez 1 c. à s. de graines de tournesol, 1 c. à s. de graines de courge, 1 c. à s. de graines de lin et 2 c. à s. de graines de chia noires dans un petit bocal. Refermez bien le couvercle.

Jaune tout puissant

Mélangez 1 petite poignée de noix de cajou crues concassées grossièrement, le zeste haché finement de 1 mandarine (ou de 1 orange), 1 c. à c. de poudre de curcuma et 1 pincée de cardamome moulue dans un petit bocal. Refermez bien le couvercle.

Croquant doré

Mélangez 1 poignée de noix de macadamia grillées, 2 c. à s. de graines de millet et 2 c. à s. de LTA (graines de lin, de tournesol et amandes) dans un petit bocal. Refermez bien le couvercle.

Chocolat chaud

Mélangez 1 petite poignée de noisettes torréfiées, 2 c. à s. de fèves de cacao, 2 c. à s. de sarrasin activé (buckini) et 1 pincée de poudre de piment dans un petit bocal. Refermez bien le couvercle.

Graines & fruits rouges

Mélangez 1 petite poignée de copeaux de noix de coco, 1 petite poignée de baies de goji (ou bien de cerises ou de canneberges séchées) et 2 c. à s. de graines de pavot dans un petit bocal. Refermez bien le couvercle.

Croquant vert

Mélangez 1 c. à s. de graines de courge, 1 c. à s. de pollen d'abeille et 1 c. à s. de graines de chia blanches dans un petit bocal. Refermez bien le couvercle.

Porridge façon horchata

2 | 5' | 12h | 10' | 180 °C

½ gousse de vanille
500 ml de lait d'amande non sucré
45 g de flocons d'avoine
2 c. à c. de miel cru
2 c. à c. de flocons d'avoine supplémentaires
2 c. à s. d'amandes effilées
¼ de c. à c. de sel
¼ de c. à c. de cannelle

1 Grattez les graines de vanille à l'aide de la pointe d'un couteau. Déposez les graines et la gousse dans un récipient avec le lait d'amande, les flocons d'avoine et le miel. Mélangez. Réservez au réfrigérateur, à couvert, pendant une nuit.

2 Préchauffez le four à 180 °C. Déposez les flocons d'avoine supplémentaire sur la plaque de four et faites chauffer 5 min. Ajoutez les amandes et prolongez la cuisson de 5 min pour qu'elles soient légèrement dorées.

3 Retirez la gousse de vanille du lait infusé. Mixez le lait à l'aide d'un blender ou d'un robot jusqu'à l'obtention d'une texture lisse. Salez.

4 Versez dans 2 verres et saupoudrez de granola et de cannelle. Servez immédiatement.

Granité d'ananas à la menthe

2 | 10'

½ petit ananas (450 g) pelé et taillé en gros morceaux, sans le cœur
80 ml de jus de citron vert
1 petite poignée de feuilles de menthe fraîche
Glaçons

1 Mixez les ingrédients jusqu'à l'obtention d'une texture lisse. Servez immédiatement.

2 Décorez de quelques feuilles de menthe et de quartiers de citron vert.

Spécial nutrition
L'ananas et la menthe améliorent la santé intestinale et facilitent le transit, tandis que le citron vert possède des qualités alcalinisantes et équilibre le pH du corps.

Smoothie orange-fruits rouges

2 | 10'

2 oranges sanguines (480 g) pelées et hachées grossièrement
1 poire (230 g) évidée et coupée en morceaux
150 g de fruits rouges surgelés
150 g de yaourt à la vanille
60 ml de jus de grenade

1 Mixez les ingrédients à l'aide d'un blender ou d'un robot jusqu'à l'obtention d'une texture lisse.

Variante
Remplacez le jus de grenade par du jus de pomme.

Smoothie à la fraise & aux protéines de soja

2 — 10'

125 g de fraises
375 ml de lait de soja allégé
150 g de tofu ferme soyeux
1 c. à s. de miel

1 Mixez 50 g de fraises jusqu'à l'obtention d'une texture lisse ; réservez.

2 Mélangez le reste des fraises, le lait, le tofu et le miel jusqu'à l'obtention d'une texture lisse.

3 Versez dans des verres en surmontant de purée de fraises.

À savoir
Le tofu soyeux tire son nom de la méthode d'égouttage des fèves de soja à travers de la soie, tandis que le tofu ferme est fabriqué en compressant le caillé de soja afin d'en retirer un maximum d'eau.

Spécial nutrition
Le tofu est une excellente source d'acides aminés, fer, calcium et protéines. Ce smoothie est un véritable délice crémeux sans lactose.

Smoothie mangue, banane & framboise

4 — 10'

100 g de framboises surgelées
500 ml de lait
2 petites bananes (260 g) en morceaux
3 petites mangues (900 g) en morceaux
2 c. à s. de jus de citron vert

1 Mixez les framboises et 125 ml de lait jusqu'à l'obtention d'une texture lisse. Réservez 125 ml dans un ramequin. Ajoutez les bananes, les mangues et le jus de citron vert au reste de lait à la framboise et mixez jusqu'à l'obtention d'une texture homogène.

2 Répartissez dans les verres et surmontez de lait à la framboise. Décorez de glace pilée, de framboises surgelées et de joues de mangue.

Conseil
Pour réaliser un smoothie d'été bien rafraîchissant, congelez les morceaux de banane et de mangue pendant une nuit avant utilisation.

Spécial nutrition
La mangue est une excellente source de vitamines C, A, B6 et K et, comme la banane, de potassium. Ce smoothie regorge de fibres et d'antioxydants. Pour réaliser une version sans lactose, utilisez du lait de soja, de riz, de coco ou un autre lait végétal.

Yaourt glacé aux fruits rouges

2 10' 4^h

420 g de yaourt à la grecque
1 c. à s. de miel
200 g d'ananas pelé et haché grossièrement
200 g de fraises coupées en deux
250 g de fruits rouges frais au choix

1 Mixez le yaourt, le miel, l'ananas et les fraises jusqu'à l'obtention d'une texture lisse. Versez cette préparation dans un bac de 14 glaçons (de la taille de 1 c. à s. environ) et placez 4 h au congélateur ou jusqu'à parfaite congélation.

2 Servez les cubes de yaourt glacé accompagnés de fruits rouges frais et de petites feuilles de menthe.

Variante
Les glaçons de yaourt vont fondre et devenir une boisson légère. Choisissez les fruits en fonction de vos goûts et de la saison, tout en veillant à respecter les mêmes quantités.

Spécial nutrition
Le yaourt et l'ananas sont bons pour la santé intestinale et le transit. Le yaourt apporte du calcium. Les fraises sont une source d'antioxydants puissants et d'acide ellagique, un composé phénolique qui prévient la formation de certaines cellules cancéreuses et les dommages du collagène.

Smoothie façon Tatin

90 g de flocons d'avoine
2 c. à s. de poudre de maca
250 ml de lait d'amande
250 ml de pur jus de pomme
2 petites pommes rouges (260 g) évidées et coupées en quartiers
70 g de yaourt à la grecque
4 dattes medjool fraîches (20 g), dénoyautées et hachées
1 c. à c. de cannelle
¼ de c. à c. de muscade
1 gousse de vanille fendue en deux, les graines grattées
6 glaçons

1 Mixez tous les ingrédients à l'aide d'un blender jusqu'à l'obtention d'une texture lisse.

2 Versez ce smoothie dans des verres hauts et saupoudrez de cannelle.

Variante
Remplacez les pommes par des poires williams et le jus de pomme par du jus de poire.

Spécial nutrition
La poudre de maca est une source de vitamine C, fer, cuivre et calcium, mais aussi de riboflavine, niacine, vitamine B6, potassium et manganèse. Elle contient environ 14 % de protéines et fournit une dose conséquente de fibres.

Smoothie banane & céréales

2 | 5'

250 ml de lait
1 banane (200 g) coupée en morceaux
70 g de yaourt à la grecque
2 c. à c. de miel
2 c. à c. de son non traité
¼ de c. à c. de cannelle

1 Mixez les ingrédients à l'aide d'un blender ou d'un robot jusqu'à l'obtention d'une texture lisse.

2 Servez en saupoudrant de cannelle.

Conseils
Utilisez 1 banane congelée ou ajoutez des glaçons dans le bol du blender pour obtenir un smoothie plus épais. Vous pouvez aussi le décliner sans lactose en utilisant du lait de soja, de riz ou de coco ou un autre lait végétal et du yaourt à base de lait de soja ou de coco.

Spécial nutrition
L'association classique de banane, miel et cannelle avec une source supplémentaire de céréales, ici le son, est un moyen facile d'augmenter les apports en fibres de toute la famille.

Lassi à la mangue & au melon

2 | 15'

150 g de fraises coupées en deux
1 c. à s. de sucre
280 g de yaourt à la grecque
125 ml d'eau
200 g de chair de melon cantaloup
2 petites mangues (600 g) pelées et coupées en cubes
3 glaçons

1 Mixez les fraises avec le sucre jusqu'à l'obtention d'une texture lisse. Réservez 60 ml dans un ramequin. Ajoutez le reste des ingrédients à la purée de fraises et mixez jusqu'à l'obtention d'une texture homogène.

2 Répartissez la purée de fraises réservée dans les verres et versez le lassi.

3 Décorez de quelques fraises fraîches.

Spécial nutrition
Le melon cantaloup est une excellente source de fibres, vitamines A et C et de potassium. L'association de melon, d'ananas, de mangue et de fraise apporte une dose conséquente de vitamine C, renforce les défenses immunitaires et facilite la digestion.

Smoothie à la cerise & aux noix

2 | 15' | 12^{h}

25 g de noix
2 c. à s. d'amandes entières
250 ml d'eau
375 g de cerises dénoyautées surgelées
1 c. à c. de sirop d'érable pur

1 Frottez les amandes dans un torchon propre de façon à enlever la plupart des peaux. Déposez les amandes, les noix et l'eau dans un bol, et réservez à couvert toute une nuit.

2 Mixez ce mélange à base de noix à l'aide d'un blender jusqu'à l'obtention d'une texture lisse. Égouttez à travers une passoire doublée d'une mousseline ou d'un torchon puis essorez ce linge autant que possible pour récupérer un maximum de lait végétal dans un pichet. Jetez les restes.

3 Mixez le lait, les cerises et le sirop d'érable jusqu'à l'obtention d'une texture lisse.

4 Servez immédiatement en surmontant de glace pilée, de noix concassées, de graines de chia et de cerises fraîches.

Conseil
Pour réaliser un smoothie plus épais, vous pouvez mixer des graines de chia avec le reste des ingrédients.

Spécial nutrition
Les cerises sont riches en antioxydants puissants. Certaines recherches avancent qu'elles contribuent à réduire le risque d'accident vasculaire cérébral et les contractures musculaires liées au sport et qu'elles contiennent de la mélatonine, qui favorise le sommeil.

Smoothie mangue & noix de coco

4 | 10'

1 noix de coco fraîche, entière
2 grosses mangues (1,2 kg) coupées en cubes
420 g de yaourt à la grecque
1 c. à s. de sucre de coco
2 fruits de la Passion pour la décoration (facultatif)

1 À l'aide d'un couteau pointu, coupez délicatement le haut de la noix de coco. Passez l'eau de coco au tamis au-dessus du bol du blender. Ouvrez la coco sur une planche et prélevez la chair à la cuillère. Déposez dans le bol du blender.

2 Ajoutez les mangues, le yaourt et le sucre et mixez jusqu'à l'obtention d'une texture lisse.

3 Servez en décorant de pulpe de fruits de la Passion et de quartiers de mangue.

Conseils
Congelez l'eau de coco et les cubes de mangue au préalable pour obtenir un smoothie plus frais. Pour réaliser un smoothie sans lactose et intensifier le goût de noix de coco, utilisez un yaourt à base de lait de coco.

Spécial nutrition
L'eau de coco est une bien meilleure boisson isotonique que les boissons énergétiques trop riches en sucre. Elle possède une forte teneur en électrolytes sous leur forme naturelle.

Perles à la mangue & à la noix de coco

2 | 10' | 41' | 10' | 1h

2 c. à s. de tapioca
250 ml de lait de coco
1 petite mangue (300 g) coupée en cubes
2 c. à c. de zeste de citron vert haché finement + un peu pour décorer
60 ml de jus de citron vert
3 c. à c. de sucre roux + un peu pour décorer
1 c. à s. de copeaux de noix de coco

1 Faites cuire le tapioca dans une petite casserole d'eau bouillante 10 min. Retirez du feu, couvrez et laissez reposer 10 min. Égouttez le tapioca et rincez-le sous l'eau froide. Égouttez de nouveau. Mettez dans un bol et recouvrez d'eau froide. Réservez au réfrigérateur.

2 Mixez le lait de coco, la mangue, le zeste et le jus de citron vert ainsi que le sucre jusqu'à l'obtention d'une texture lisse.

3 Faites revenir les copeaux de noix de coco dans une poêle sans matière grasse, en mélangeant constamment, jusqu'à ce qu'ils prennent une légère couleur dorée. Retirez du feu.

4 Égouttez et répartissez le tapioca dans les verres. Versez la boisson à base de mangue et de lait de coco par-dessus ; mélangez. Décorez de quelques zestes de citron vert, de sucre roux et de copeaux de noix de coco.

Spécial nutrition
Le tapioca est une fécule produite à partir du manioc. Il est pauvre en graisses saturées mais riche en vitamines B, minéraux (fer, manganèse, calcium et cuivre), fibres et protéines. Cette recette de smoothie ne contient pas de lactose.

Délice de fruits rouges

2 | 10' | 15'

2 c. à s. de baies de goji
500 ml de lait de coco froid
300 g de fruits rouges surgelés
1 poignée de pousses d'épinard

1 Faites tremper les baies de goji dans un bol contenant la moitié du lait de coco pendant 10 min.

2 Transférez ce mélange dans le bol d'un blender, ajoutez les fruits rouges, les épinards et le reste de lait de coco. Mixez jusqu'à l'obtention d'une texture lisse.

3 Servez sur de la glace pilée en décorant de quelques baies de goji et de fruits rouges frais.

Spécial nutrition
Les fruits rouges renferment un véritable cocktail d'antioxydants ainsi que de la vitamine C, du bêtacarotène et des fibres.

Smoothie aux mille & une graines

2 | 5' | 4h

1 petite banane (130 g) pelée et coupée en rondelles
140 g de yaourt à la grecque
150 g de fruits rouges surgelés
1 c. à s. de baies de goji séchées
1 c. à s. de miel
250 ml de lait
1 c. à c. de graines de lin
1 c. à c. de graines de chia

1 Placez la banane 4 h au congélateur, dans un sachet en plastique hermétique, pour qu'elle soit dure.

2 Mixez la banane congelée avec le reste des ingrédients dans un blender à haute vitesse jusqu'à l'obtention d'une texture lisse.

3 Servez immédiatement parsemé de graines de lin et de chia, et de baies de goji.

Spécial nutrition
Les graines de chia sont la plante la plus riche en acides gras oméga 3, importants pour le fonctionnement du cerveau, du cœur et du système nerveux, mais aussi pour préserver la souplesse de la peau. Ces graines sont riches en fibres, protéines et calcium, et contiennent du fer, du magnésium, du zinc et des vitamines B.

Frappé pastèque-fraise

2 · 10'

400 g de pastèque sans pépins pelée et coupée en morceaux
100 g de fraises surgelées
1 c. à c. de zeste de citron vert haché finement
1 ½ c. à c. de jus de citron vert

1 Mixez les ingrédients jusqu'à l'obtention d'une texture lisse.

2 Servez immédiatement sur des fraises émincées. Décorez d'un peu de glace pilée et de 1 quartier de citron vert.

Conseil

Vous pouvez remplacer la pastèque par du melon et les fraises par un autre fruit rouge, mais veillez à respecter les mêmes quantités.

Spécial nutrition

La pastèque, composée de 92 % d'eau, est particulièrement hydratante et riche en vitamines A, B6 et C. C'est aussi une source de lycopène et d'acides aminés (citrulline et arginine) qui possède des propriétés anti-inflammatoires.

Smoothie au thé chai

1 | 10'

1 sachet de thé noir
80 ml d'eau bouillante
½ **c. à c.** de cannelle
½ **c. à c.** de cardamome moulue
½ **c. à c.** de clous de girofle moulus
½ **c. à c.** de gingembre moulu
4 biscuits secs au gingembre
280 g de yaourt à la grecque
1 c. à s. de miel

1 Mettez le sachet de thé à infuser dans un mug d'eau bouillante pendant 3 min. Retirez le sachet et laissez refroidir.

2 Mixez le thé avec le reste des ingrédients dans un blender à haute vitesse jusqu'à l'obtention d'une texture lisse.

3 Servez en saupoudrant de biscuits au gingembre émiettés.

Conseil
Vous trouverez des biscuits au gingembre dans toutes les bonnes épiceries britanniques.

Smoothie mangue-amande

2 | 5'

1 grosse mangue (600 g) taillée en cubes
30 g de poudre d'amandes
250 ml de lait
140 g de yaourt
1 c. à c. d'extrait de vanille
1 c. à s. de jus de citron vert
2 c. à c. de miel

1 Mixez les ingrédients dans un blender à haute vitesse jusqu'à l'obtention d'une texture lisse.

2 Servez sur de la glace pilée avec un peu de miel, quelques dés de mangue et zestes de citron vert.

Conseils
À défaut de mangue fraîche, utilisez de la manque surgelée ou au sirop en conserve. Pour réaliser un smoothie plus épais, mixez des glaçons avec le reste des ingrédients. Vous pouvez aussi le décliner sans lactose en utilisant du lait de soja, de riz ou de coco ou un autre lait végétal et du yaourt à base de lait de soja ou de coco.

Spécial nutrition
Les mangues sont une excellente source de vitamines C, A, B6 et K, mais aussi de potassium. Les amandes contiennent de la vitamine E, des protéines de haute qualité, du fer, du cuivre, ainsi que de bonnes graisses insaturées.

Smoothie banane-framboise au sirop d'érable

2 | 10'

1 grosse banane bien mûre (230 g), taillée en rondelles
135 g de framboises surgelées
210 g de yaourt à la grecque
180 ml de lait
2 c. à c. de sirop d'érable pur

1 Mixez les ingrédients dans un blender ou un robot jusqu'à l'obtention d'une texture lisse.

2 Servez sur de la glace pilée, en décorant de quelques framboises et de sirop d'érable.

Conseils

Remplacez les framboises par des myrtilles ou des fraises, et ajoutez du miel ou de la cannelle. Pour réaliser un smoothie plus épais, mixez des glaçons avec les ingrédients. Vous pouvez aussi le décliner sans lactose en utilisant du yaourt au lait de soja ou de coco et du lait de soja ou de coco allégé.

Smoothie à la grenade

2 | 10' | 4h

2 grenades (640 g)
280 g de yaourt à la grecque
1 c. à s. de miel
1 grosse banane (230 g) coupée en rondelles

1 Coupez les grenades en deux, puis retournez chaque moitié au-dessus d'un bol. Tapotez l'extérieur à l'aide d'une cuillère en bois et les graines tomberont toutes seules. Retirez les peaux blanches éventuelles. Répartissez 2 c. à s. de graines dans un bac à glaçons et complétez avec de l'eau. Placez 4 h au congélateur jusqu'à l'obtention de glaçons.

2 Écrasez le reste des graines dans un mortier pour en obtenir le jus. Passez au tamis et récupérez le jus dans le bol d'un blender. Jetez les restes.

3 Ajoutez le yaourt, le miel et la banane dans le bol du blender et mixez jusqu'à l'obtention d'une texture lisse.

4 Versez le smoothie dans les verres et servez immédiatement en surmontant de glaçons à la grenade et d'éclats de pistache.

Astuces

En dehors de la saison des grenades, vous pouvez utiliser 160 ml de pur jus de grenade pour réaliser ce smoothie. Pour obtenir une boisson plus épaisse, congelez la banane pendant 4 h avant de la mixer.

FINITIONS À CROQUER

Fantaisie chocolatée

Mélangez 1 poignée de bananes séchées, 1 poignée de cacahuètes grillées non salées et 1 poignée de copeaux de noix de coco dans un petit récipient. Cassez 50 g de chocolat noir (à 70 % de cacao) en petits morceaux. Ajoutez dans le récipient et refermez bien.

Crumble

Préchauffez le four à 200 °C. Mélangez 60 g de poudre d'amandes et 2 c. à s. de flocons d'avoine dans un bol. Incorporez 25 g de beurre frais. Répartissez cette pâte sur une plaque de cuisson recouverte de papier sulfurisé et enfournez 10 min. Laissez refroidir.

Crumble au miel

Faites chauffer 1 c. à s. d'huile de coco dans une poêle et faites dorer 1 petite poignée de quinoa, 1 c. à s. de miel, 1 c. à s. de graines de sésame et ½ c. à c. de cannelle. Répartissez cette préparation sur une plaque à pâtisserie recouverte de papier sulfurisé et laissez refroidir avant de la casser en morceaux.

Topping dattes & amandes

Hachez grossièrement 1 poignée d'amandes entières, 8 dattes dénoyautées, 2 c. à s. de fèves de cacao et 1 c. à s. de purée d'amandes à l'aide d'un robot. Transférez dans un récipient. Incorporez 75 g de copeaux de noix de coco et refermez bien.

Bouquet d'abricot

Mélangez 1 poignée d'abricots secs, 1 poignée de pistaches et de noix grillées, 1 c. à s. de graines de sésame grillées, 1 c. à s. de physalis séchées et 1 c. à c. d'eau de fleur d'oranger dans un récipient. Refermez bien.

Finition rose

Mélangez 2 c. à s. de canneberges séchées et 2 c. à s. de baies de goji, 1 petite poignée de flocons de quinoa, 1 c. à s. de poudre d'açaï et 2 c. à c. de grains de poivre rose dans un récipient. Refermez bien.

Croustillant au cacao

Faites chauffer 60 ml de miel et 2 c. à c. d'huile de coco dans une casserole moyenne jusqu'à ce qu'ils moussent. Incorporez 1 c. à s. de cacao, 1 c. à s. de sarrasin activé (buckini), 2 grosses poignées de céréales soufflées (riz brun, sarrasin et sorgho) et 1 petite poignée d'amandes concassées.

La couleur pourpre

Mélangez 1 poignée de myrtilles séchées, 1 poignée de noix de macadamia et 1 poignée de raisins secs avec 1 petite poignée de graines de lin en poudre dans un petit récipient. Refermez bien.

Petit déjeuner & en-cas

La chair de noix de coco contient des fibres, mais elle est moins riche en vitamines et en minéraux que les fruits à coque (amandes, noix du Brésil, noix de cajou, etc.).

La farine de noix de coco est une farine pauvre en glucides, riche en fibres et sans gluten, élaborée avec de la chair de noix de coco fraîche et séchée. Elle a un goût sucré et convient à ceux qui suivent le régime paléo.

Le sucre de coco n'est pas fabriqué à partir de la noix de coco, mais de la sève des fleurs du cocotier. Une fois raffinée, cette sève ressemble à du sucre complet ou brun et possède le même léger goût de caramel. Ce sucre fournit autant de calories que le sucre blanc traditionnel.

La crème de coco est obtenue lors de la première pression de la chair de noix de coco, sans ajout d'eau. La seconde pression permet d'extraire le lait de coco. Achetez de préférence de la crème de coco contenant 100 % de noix de coco, sans additifs.

L'huile de coco est extraite de la chair de la noix de coco. Elle ne contient aucune des fibres, protéines et glucides présents dans la noix entière. L'huile vierge, de meilleure qualité, est obtenue en pressant la chair de coco séchée, sans utilisation de solvants ni processus de raffinage.

Les copeaux de noix de coco constituent une bonne source de protéines. Ils sont riches en fibres et pauvres en glucides. Parsemez-les sur du muesli ou des gâteaux.

L'eau de coco est le liquide qui se trouve au cœur de la noix de coco jeune, encore verte. Elle est plus pauvre en calories que les jus de fruits, et se distingue par son absence de lipides et de protéines. Le sucre qu'elle contient est assimilé lentement, en raison de son IG faible.

NOIX DE COCO

La noix de coco et les produits naturels à base de noix de coco sont très à la mode. On a découvert, après l'avoir reléguée au rang de « mauvaise graisse », que la noix de coco contenait en réalité des acides gras saturés à chaîne moyenne. Ils sont brûlés plus rapidement que les autres lipides afin de fournir de l'énergie et sont donc moins susceptibles d'être stockés sous forme de graisses.

La noix de coco râpée est de la chair de coco séchée et râpée. Incorporez-la à du muesli, des gâteaux ou des barres de céréales.

La noix de coco fraîche est une noix de coco cueillie avant maturité. Quand la noix de coco vieillit, la quantité de jus diminue jusqu'à disparaître totalement et être remplacée par de l'air.

Muesli grillé, graines & amandes

2 | 10' | 10' | 200 °C | kcal 387

45 g de flocons d'avoine
1 c. à s. de graines de chia
2 c. à s. d'amandes grossièrement hachées
¼ de c. à c. de quatre-épices
2 c. à c. de sirop d'agave
1 c. à s. de graines de tournesol
1 c. à s. de mélange LTA (voir Astuce)
1 kiwi (85 g) coupé en fines lamelles
50 g de fraises coupées en lamelles
1 banane (200 g) coupée en rondelles
95 g de yaourt nature allégé
125 ml de lait écrémé

1 Préchauffez le four à 200 °C. Graissez une plaque et chemisez-la de papier sulfurisé.

2 Mélangez les flocons d'avoine, les graines de chia, les amandes et les épices. Arrosez-les de sirop d'agave et remuez bien. Faites cuire la préparation 10 min. Laissez refroidir sur la plaque.

3 Transférez le muesli dans un saladier. Ajoutez les graines de tournesol et le mélange LTA.

4 Versez dans 2 bols. Garnissez de fruits et de yaourt. Servez chaque portion avec 60 ml de lait.

Astuce
Pour réaliser un mélange LTA, mixez finement 1 ½ c. à s. de graines de lin, 1 c. à s. de graines de tournesol et ½ c. à s. d'amandes.

Muesli noix de coco & vanille (sans céréales)

4 | 10' | 20' | 160 °C | kcal 935

2 gousses de vanille
125 g de copeaux de noix de coco
80 g d'amandes grossièrement hachées
80 g de noix du Brésil grossièrement hachées
60 g de noix de pécan grossièrement hachées
35 g de graines de tournesol
100 g d'huile de coco vierge, fondue
2 c. à s. de miel cru
½ c. à c. de sel marin

1 Préchauffez le four à 160 °C. Graissez 2 grandes plaques et chemisez-les de papier sulfurisé.

2 Fendez les gousses de vanille et récupérez les graines avec la pointe d'un couteau. Mélangez les graines et les gousses avec tous les autres ingrédients dans un saladier. Étalez la préparation sur les 2 plaques.

3 Faites cuire 20 min, en remuant de temps en temps pour séparer les gros morceaux : le muesli doit être doré. Laissez refroidir.

Conservation
Ce muesli se conserve 4 semaines au réfrigérateur dans une boîte hermétique.

Pommes, fraises & graines au yaourt

2 | 10' | kcal 621

2 pommes vertes (300 g), coupées en allumettes
2 c. à s. de jus de citron
125 ml d'eau de coco
100 g de fraises coupées en tranches épaisses
140 g de yaourt à la grecque
2 c. à s. de miel cru

Mélange de graines
2 c. à s. de graines de tournesol
2 c. à s. de graines de courge
1 ½ c. à s. de graines de sésame
1 ½ c. à s. de graines de pavot
1 ½ c. à s. de graines de chia
1 ½ c. à s. de graines de lin
2 c. à s. de raisins de Corinthe
2 c. à s. de baies de goji

1 Préparez le mélange de graines. Faites dorer les graines de tournesol et de courge à sec dans une petite poêle 2 min. Ajoutez les graines de sésame, les graines de pavot, les graines de chia et les graines de lin, et poursuivez la cuisson 30 s. Laissez refroidir hors de la poêle. Ajoutez les raisins de Corinthe et les baies de goji.

2 Mélangez les pommes et le jus de citron dans un saladier.

3 Répartissez les pommes et la moitié des graines dans 2 bols. Ajoutez l'eau de coco. Garnissez de fraises et de yaourt, puis arrosez de miel et parsemez du reste de graines.

Conservation
Le mélange de graines se conserve jusqu'à 3 mois dans une boîte hermétique, au réfrigérateur.

Bircher muesli

4 · 15' · 1h · kcal 178

180 g de flocons d'avoine
1 grosse pomme verte (200 g), râpée
125 ml de jus de pomme
80 ml de jus d'orange
140 g de yaourt au soja à la vanille
1 c. à s. de sucre en poudre
1 c. à s. de zeste d'orange râpé + un peu pour servir
½ c. à c. de cannelle
½ c. à c. de cardamome moulue
125 g de myrtilles

1 Dans un grand bol, mélangez les flocons d'avoine, la pomme, les jus, le yaourt, le sucre, le zeste, la cannelle et la cardamome. Couvrez et placez au moins 1 h au réfrigérateur, voire toute une nuit.

2 Ajoutez les myrtilles et mélangez. Vous pouvez incorporer un peu de zeste d'orange avant de servir.

Conseil

Confectionnez le bircher muesli avec du yaourt à la grecque, si vous n'êtes pas allergique aux produits laitiers.

Muesli aux poires pochées

6 · 15' · 30' · 10' · 160 °C · kcal 684

95 g de purée d'amandes
80 ml de sirop d'érable
180 g de flocons d'avoine
50 g de copeaux de noix de coco
80 g d'amandes effilées
50 g de graines de courge
35 g de graines de tournesol
20 g de flocons de quinoa
35 g de flocons d'amarante ou de flocons de seigle
2 c. à s. de graines de chia
160 g de canneberges séchées non sucrées
5 poires (600 g)
500 ml de jus de pomme
500 ml d'eau
420 g de yaourt au lait de brebis
Miel (facultatif)

1 Préchauffez le four à 160 °C. Chemisez un grand plat à gratin avec du papier cuisson.

2 Faites chauffer la purée d'amandes et le sirop d'érable dans une petite casserole, sur feu doux, sans cesser de remuer.

3 Dans un saladier, mélangez les flocons d'avoine, la noix de coco, les amandes, les graines de courge et de tournesol, et les flocons de quinoa et d'amarante. Versez la préparation à base de sirop d'érable et remuez pour bien enrober le muesli.

4 Étalez dans le plat en une seule couche. Faites cuire 15 min. Sortez du four et mélangez. Poursuivez la cuisson 5 min. Laissez refroidir 10 min, puis ajoutez les graines de chia et les canneberges.

5 Épluchez les poires, coupez-les en deux et évidez-les sans les équeuter. Placez-les dans une casserole moyenne avec le jus de pomme et l'eau, et portez à ébullition. Baissez à feu doux, couvrez et laissez mijoter 8 min.

6 Servez le muesli avec du yaourt et les poires pochées. Arrosez d'un filet de miel (facultatif).

Conservation

Ce muesli se conserve jusqu'à 1 mois dans une boîte hermétique.

Porridge de quinoa

2 | 5' | 15' | kcal 392

100 g de quinoa blanc, rincé et égoutté
375 ml d'eau
125 ml de lait écrémé ou de lait d'amande
1 pomme (150 g) grossièrement râpée
100 g de grains de raisin rouge, épépinés et coupés en deux
2 c. à s. de pistaches grillées grossièrement hachées
1 c. à s. de miel ou de sirop d'érable

1 Mélangez le quinoa et l'eau dans une petite casserole et portez à ébullition. Baissez le feu et laissez mijoter 10 min à couvert. Incorporez le lait et poursuivez la cuisson 5 min jusqu'à ce que le quinoa soit tendre. Ajoutez la pomme et la moitié du raisin.

2 Servez le porridge garni de pistaches et du reste de raisin, arrosé de miel.

Astuce
Le quinoa absorbe beaucoup de liquide : suivant la texture souhaitée, ajoutez un peu d'eau bouillante à la fin de l'étape 1 pour obtenir un porridge plus liquide.

Porridge au lait de soja, banane & graines

2 | 5' | 5' | kcal 355

90 g de flocons d'avoine
375 ml de lait de soja allégé
¼ de c. à c. de cannelle
1 c. à s. d'amandes grillées, hachées
¼ de c. à c. de graines de pavot
¼ de c. à c. de graines de sésame
¼ de c. à c. de graines de chia
¼ de c. à c. de graines de lin
2 c. à c. de graines de tournesol
½ banane (165 g) coupée en rondelles épaisses
2 c. à c. de sirop d'érable pur

1 Faites chauffer les flocons d'avoine, le lait de soja et la cannelle dans une petite casserole, à feu doux. Faites cuire à petits bouillons 5 min pour que la préparation épaississe.

2 Mélangez les amandes et les graines dans un bol.

3 Servez le porridge garni de rondelles de banane et du mélange d'amandes et de graines, arrosé de sirop d'érable.

Conseil
Utilisez des flocons d'avoine traditionnels plutôt qu'instantanés pour avoir une texture plus dense. Vous pouvez utiliser des graines de chia blanches. Remplacez la banane par des fraises, du raisin, des pêches ou des prunes.

Bircher muesli quinoa & poire

2 | 10' | kcal 600

1 c. à s. de graines de courge
1 c. à s. de graines de tournesol
1 poire (230 g), grossièrement râpée
120 g de flocons de quinoa
125 ml de lait de coco en conserve
125 ml de jus de pomme sans sucre

Salade de fruits à la noix de coco
1 noix de coco jeune (900 g)
50 g de framboises
60 g de myrtilles
1 c. à s. de longues bandes fines de zeste d'orange
1 orange (240 g), épluchée, séparée en segments

1 Préparez la salade de fruits à la noix de coco. Plantez la pointe d'un petit couteau dans la zone un peu molle à la base de la noix de coco, en tournant. Posez la noix de coco au-dessus d'un verre et récupérez l'eau de coco. Réservez 125 ml de cette eau pour le bircher muesli. Enveloppez la noix de coco dans un torchon propre, cassez-la à l'aide d'un marteau ou en la frappant contre le sol. Récupérez la chair à l'aide d'une cuillère et coupez-la en fines lamelles. Mélangez la chair de noix de coco avec les autres ingrédients. Couvrez et placez au réfrigérateur jusqu'au moment de servir.

2 Faites dorer à sec les graines de courge et de tournesol 2 min dans une petite poêle.

3 Mélangez la poire, le quinoa, le lait de coco, le jus de pomme et les 125 ml d'eau de coco dans un saladier.

4 Servez le bircher muesli dans 2 bols et garnissez de salade de fruits. Parsemez de graines grillées.

Smoothie bowl mangue & noix de coco

2 | 10'

2 mangues bien mûres (860 g), réfrigérées et pelées
250 ml de lait de coco froid
2 c. à s. de graines de lin en poudre
4 fruits de la Passion coupés en deux
55 g de noix du Brésil hachées
2 c. à s. de chair de coco fraîche, en copeaux
2 c. à c. de graines de lin

1 Hachez la chair de 1 mangue et tranchez la seconde en fines lamelles.

2 Mélangez la mangue hachée, le lait de coco, les graines de lin en poudre et la pulpe de 2 fruits de la Passion jusqu'à l'obtention d'une texture homogène.

3 Versez ce smoothie dans des bols et décorez de tranches de mangue, de noix du Brésil, du reste des fruits de la Passion, de copeaux de noix de coco, de graines de lin et, si vous aimez, de fleurs comestibles. Servez immédiatement car ce smoothie a tendance à épaissir.

Smoothie bowl chaud à la figue & au sésame

2 | 25' | 20'

100 g de quinoa blanc
250 ml d'eau
100 g de figues séchées entières, juteuses et tendres
375 ml de lait d'amande
1 c. à s. de purée de sésame (tahini)
2 c. à c. de miel
½ c. à c. de cannelle
¼ de c. à c. de cardamome moulue
1 petite banane (130 g), en rondelles
3 figues fraîches (225 g), coupées en deux
2 c. à s. de pistaches

Crumble de quinoa au miel
1 c. à s. d'huile de coco
50 g de quinoa blanc
1 c. à s. de miel
1 c. à s. de graines de sésame
½ c. à c. de cannelle

1 Réalisez le crumble de quinoa au miel. Faites chauffer l'huile de coco dans une poêle à feu moyen et faites cuire le quinoa, le miel, les graines de sésame et la cannelle pendant 5 min ou jusqu'à l'obtention d'une couleur légèrement dorée. Répartissez cette préparation sur une plaque à pâtisserie recouverte de papier sulfurisé et laissez refroidir avant de la casser en morceaux.

2 Mettez le quinoa et l'eau dans une petite casserole et portez à ébullition. Baissez le feu et laissez cuire 15 min à couvert ou jusqu'à ce qu'il soit tendre. Retirez du feu.

3 Déposez les figues séchées, le lait d'amande, la purée de sésame, le miel et les épices dans une casserole moyenne. Faites frémir puis retirez du feu.

4 Mélangez le quinoa cuit, le lait chaud à la figue et la banane jusqu'à l'obtention d'une texture homogène. Versez dans des bols et surmontez de figue fraîche, de pistaches et de crumble.

Smoothie bowl façon sorbet banane-fraise

4 | 15' | 6h

4 bananes surgelées (800 g) en morceaux
500 g de fraises surgelées
1 petite betterave (100 g) pelée et hachée
1 c. à s. de gingembre frais, râpé
500 ml de lait d'amande non sucré
250 g de fraises fraîches, coupées en deux
5 kiwis jaunes (170 g), pelés et coupés en morceaux
1 c. à s. de graines de chia blanches

1 Mixez les bananes et les fraises surgelées, la betterave, le gingembre et le lait d'amande à l'aide d'un blender à haute vitesse. Procédez en 2 fois.

2 Versez cette préparation dans un récipient allant au congélateur et couvrez de film étirable. Réservez au moins 6 h au congélateur afin que la préparation soit ferme.

3 Prélevez des cuillerées et mixez dans le bol du blender jusqu'à l'obtention d'une texture lisse. Procédez en 2 fois.

4 Déposez le sorbet dans des bols et décorez de fraises fraîches, de kiwi et de graines de chia. Servez immédiatement.

Smoothie bowl banane-amande

2 | 15' | 4h

2 petites bananes (260 g) coupées en morceaux
250 ml de lait d'amande
90 g de flocons d'avoine
2 c. à s. de purée d'amandes bio
6 dattes fraîches (120 g), dénoyautées
1 c. à s. de cacao en poudre
½ c. à c. d'extrait de vanille
½ c. à c. de cannelle
2 c. à s. d'amandes entières
2 petites bananes (200 g) supplémentaires, coupées dans le sens de la longueur

Topping aux dattes & aux amandes
80 g d'amandes entières
8 dattes fraîches (160 g), dénoyautées
2 c. à s. de fèves de cacao
1 c. à s. de purée d'amandes
75 g de copeaux de noix de coco

1 Placez les bananes 4 h au congélateur, dans un sachet en plastique hermétique, pour qu'elles soient dures.

2 Réalisez le topping aux dattes et aux amandes. Hachez grossièrement les amandes, les dattes, les fèves de cacao et la purée d'amandes à l'aide d'un robot. Transférez dans un récipient et incorporez les copeaux de noix de coco.

3 Mixez les bananes congelées avec le lait d'amande, les flocons d'avoine, la purée d'amandes, 4 dattes, le cacao, l'extrait de vanille et la cannelle jusqu'à l'obtention d'une texture homogène.

4 Dressez dans des bols et garnissez de topping. Décorez de quelques amandes, des dattes restantes et des bananes supplémentaires. Versez un filet de miel et parsemez de cacao en poudre. Servez immédiatement.

Conseil
Conservez le reste de topping dans un récipient hermétique et parsemez-le sur vos yaourts ou desserts.

Smoothie bowl de fruits rouges aux baies d'açaï

2 | 10' | 4^h

2 bananes (400 g) en rondelles
75 g de myrtilles surgelées
100 g de pulpe d'açaï pure non sucrée, surgelée
280 g de yaourt à la grecque
4 c. à c. de pollen d'abeille
50 g de framboises fraîches
2 c. à s. de myrtilles fraîches
2 c. à s. de baies de goji

1 Placez les bananes au moins 4 h au congélateur, dans un sachet en plastique hermétique, pour qu'elles soient dures.

2 Mélangez les bananes congelées avec les myrtilles surgelées, la pulpe d'açaï, le yaourt et 2 c. à c. de pollen d'abeille jusqu'à l'obtention d'une texture homogène.

3 Servez dans des bols. Décorez de framboises et de myrtilles fraîches, de baies de goji et de pollen d'abeille et, si vous aimez, de fleurs comestibles. Servez immédiatement.

Spécial nutrition

L'açaï, les myrtilles, les baies de goji, les graines de chia et le pollen d'abeille sont tous des superaliments. Ils renforcent la vitalité et le système immunitaire. Le yaourt apporte des protéines et la banane des fibres, d'où une sensation de satiété durable.

Smoothie bowl façon crumble à la fraise

2 | 10' | 10' | 200 °C

250 ml de lait de coco en conserve
250 g de fraises surgelées
½ avocat (125 g)
20 g de flocons d'avoine
1 gousse de vanille fendue en deux, les graines grattées
1 c. à c. de cannelle
1 c. à s. de miel
160 g de fraises fraîches, coupées en deux

Crumble
60 g de poudre d'amandes
2 c. à s. de flocons d'avoine
25 g de beurre frais en morceaux

1 Réalisez le crumble. Préchauffez le four à 200 °C. Recouvrez une plaque de cuisson de papier sulfurisé. Mélangez la poudre d'amandes et les flocons d'avoine dans un bol. Incorporez le beurre. Répartissez cette pâte sur la plaque et enfournez 10 min. Laissez refroidir.

2 Réservez 1 c. à s. de lait de coco. Mixez le reste avec les fraises surgelées, l'avocat, les flocons d'avoine, les graines de vanille, la cannelle et le miel à l'aide d'un blender à haute vitesse.

3 Versez dans des bols. Surmontez de crumble de sablé, de fraises fraîches et, si vous aimez, de petites herbes. Nappez de lait de coco réservé juste avant de servir.

Crème glacée à la banane, sirop d'érable & noix de pécan

2 · 10' · 4h

4 grosses bananes (920 g) en rondelles
1 ½ c. à s. de poudre de caroube
80 ml de sirop d'érable pur
40 g de noix de pécan

1 Placez les bananes au moins 4 h au congélateur, dans un sachet en plastique hermétique, pour qu'elles soient dures.

2 Mixez les bananes congelées jusqu'à l'obtention d'une texture lisse. Ajoutez 2 c. à c. de caroube et 2 c. à s. de sirop d'érable ; mixez. Incorporez 30 g de noix de pécan.

3 Mélangez le reste de poudre de caroube et du sirop d'érable. Étalez-en la moitié dans les verres de service.

4 Déposez quelques cuillerées de crème glacée à la banane dans les verres, parsemez des noix de pécan restantes et versez un filet de sirop d'érable à la caroube.

Astuce
Pour que cette recette fonctionne, vous devez utiliser des bananes congelées. Si la glace devient trop molle en cours de préparation, remettez-la quelques minutes au congélateur pour qu'elle durcisse.

Smoothie bowl courge & fruits secs

2 · 10' · 15'

¼ de courge butternut (350 g), pelée et coupée en morceaux
250 ml de lait d'amande
25 g de flocons de quinoa
1 c. à s. de mélasse
1 c. à s. de purée d'amandes bio
1 c. à c. d'extrait de vanille
1 c. à c. de gingembre moulu
1 pincée de muscade
5 dattes fraîches (100 g), dénoyautées et coupées en quatre
30 g de noix de pécan concassées
2 c. à s. de graines de courge

1 Déposez les morceaux de courge dans une casserole et recouvrez-les d'eau. Portez à ébullition et laissez frémir 15 min, à couvert. Égouttez, remettez dans la casserole et écrasez grossièrement.

2 Mélangez le lait d'amande, les flocons de quinoa, la mélasse, la purée d'amandes, l'extrait de vanille, les épices et 2 dattes dans une petite casserole. Faites frémir puis retirez du feu.

3 Mélangez le lait d'amande tiède avec la purée de courge jusqu'à l'obtention d'une texture homogène.

4 Versez dans des bols et surmontez de noix de pécan, de graines de courge et des dattes restantes. Versez un filet de lait d'amande par-dessus.

Spécial nutrition
La courge est riche en fibres et pauvre en matières grasses : un excellent moyen de se rassasier ! Elle regorge de vitamine A, qui préserve la santé cutanée, dentaire, oculaire et osseuse. Le quinoa est riche en protéines et procure une sensation de satiété durable. Enfin, le lait d'amande contient des flavonoïdes, qui réduisent la concentration de mauvais cholestérol.

Délice turc à la framboise

2 | 12h | 10'

150 g de noix de cajou nature
375 ml d'eau filtrée
250 g de framboises surgelées
4 dattes fraîches (80 g), dénoyautées
½ c. à c. d'eau de rose
¼ de c. à c. de pâte de vanille
1 c. à s. de pistaches
2 c. à s. de pétales de rose séchés
2 c. à c. de fèves de cacao

1 Rincez les noix de cajou sous l'eau dans une passoire. Déposez-les dans un bol et recouvrez-les d'eau. Couvrez avec un torchon propre et laissez tremper une nuit à température ambiante. Égouttez puis rincez sous l'eau dans une passoire.

2 Mixez les noix de cajou rincées, l'eau filtrée, les framboises, les dattes, l'eau de rose et la pâte de vanille dans un blender à haute vitesse.

3 Versez dans des bols et surmontez de pistaches, de pétales de rose et de fèves de cacao. Nappez de lait d'amande, si vous le souhaitez.

Smoothie bowl de fruits & graines de chia

2 10' 4h

400 g de mangue en morceaux
1 grosse banane (230 g) en morceaux
1 noix de coco fraîche, entière (1,1 kg)
1 petit citron vert (70 g)
1 pêche (150 g) coupée en quartiers
1 fruit de la Passion
1 c. à s. de graines de chia
250 g de fraises coupées en deux
2 petites bananes (260 g) supplémentaires, en rondelles
1 fruit de la Passion supplémentaire
1 c. à c. de graines de chia pour décorer

1 Placez la mangue et la banane 4 h au congélateur dans un sachet en plastique hermétique.

2 À l'aide d'un couteau pointu, coupez le haut de la noix de coco. Passez l'eau de coco au tamis au-dessus d'un pichet : vous aurez besoin de 500 ml. Posez la coco sur une planche et coupez-la en deux à l'aide d'un couperet. Prélevez la chair blanche à la cuillère.

3 Coupez le citron vert en deux dans la longueur et l'une des moitiés en deux. Réservez les quartiers pour le service. Pelez la moitié restante.

4 Mixez l'eau et la chair de coco, la mangue et la banane congelées, le citron vert pelé, la moitié de la pêche, la pulpe de fruit de la Passion et les graines de chia dans un blender à haute vitesse.

5 Versez dans des bols et servez en décorant de fraises coupées en deux, de rondelles de banane, de quartiers de pêche, de pulpe de fruit de la Passion, de graines de chia et de quartiers de citron vert.

Pain aux graines

10 | 40' | 2h | 1h50 | 3h | 200 °C | kcal 1 609

135 g de flocons d'avoine
120 g de flocons de quinoa
150 g de graines de tournesol
200 g de graines de courge
130 g de graines de lin
70 g de graines de chia blanches
80 g d'amandes hachées
70 g de noisettes hachées
40 g de téguments de psyllium (facultatif)
2 c. à c. de fleur de sel
875 ml d'eau tiède
2 c. à s. de miel cru
140 g d'huile de coco, fondue
65 g de purée d'amandes
1 poire packham (250 g) coupée en fines lamelles
1 c. à s. d'huile d'olive

1 Graissez un moule à cake de 14 × 24 cm (1,5 litre) et chemisez la base et les deux côtés les plus longs de papier sulfurisé, en le laissant dépasser sur les bords.

2 Mélangez les ingrédients secs dans un saladier. Mélangez l'eau tiède, le miel et l'huile de coco dans un autre saladier jusqu'à ce que le miel soit dissous. Versez sur les ingrédients secs et mélangez. Au besoin, ajoutez un peu d'eau.

3 Déposez la pâte dans le moule. Recouvrez la surface de film alimentaire et laissez reposer 2 h à température ambiante pour que les ingrédients absorbent les liquides.

4 Préchauffez le four à 200 °C. Faites cuire le pain 30 min. Démoulez-le sur une grille posée au-dessus d'une plaque et décollez le papier sulfurisé, puis posez le pain sur la plaque et poursuivez la cuisson 1 h 20 au milieu du four. Attendez que le pain ait complètement refroidi (environ 3 h) avant de le trancher.

5 Pour servir, nappez 4 tranches de pain de purée d'amandes, garnissez de lamelles de poire et ajoutez quelques gouttes d'huile d'olive. Déposez-les sur 2 assiettes.

Scones épeautre & avoine

8 | 15' | 20' | 220 °C | kcal 352

150 g de farine complète
150 g de farine d'épeautre
2 c. à c. de poudre à lever
1 c. à c. de fleur de sel
100 g de beurre doux froid, coupé en dés
180 ml de lait fermenté
1 c. à s. de miel cru
1 c. à s. de lait fermenté supplémentaire
2 c. à s. de flocons d'avoine

1 Préchauffez le four à 220 °C, chaleur tournante. Chemisez une plaque de papier sulfurisé.

2 Tamisez les farines, la levure et le sel dans un saladier, puis incorporez le beurre en frottant entre vos doigts pour obtenir une pâte sableuse. Versez le lait fermenté et le miel, et mélangez en « coupant » la pâte avec un couteau sans dents jusqu'à ce qu'elle commence à s'agglomérer. Transférez-la sur un plan de travail fariné et pétrissez-la délicatement 45 s. Ne la travaillez pas trop, sinon elle sera trop ferme.

3 Avec les mains farinées, formez un disque de 16 cm de diamètre sur la plaque. Marquez 8 parts avec le côté non tranchant d'une lame de couteau farinée. Badigeonnez le dessus de la pâte avec le lait fermenté supplémentaire et parsemez de flocons d'avoine.

4 Faites cuire 20 min au four. Servez les scones tièdes avec du beurre et de la confiture.

Pancakes fraises, ricotta & miel

2 · 10' · 10' · kcal 433

80 g de ricotta
2 œufs, blancs et jaunes séparés
2 c. à s. de sucre en poudre
1 c. à c. d'extrait de vanille
35 g de farine de sarrasin
50 g de farine complète
½ c. à c. de levure chimique
45 g de fraises finement hachées
Huile pour la cuisson
150 g de fraises coupées en quatre
1 c. à s. d'amandes grossièrement hachées
2 c. à c. de miel

1 Dans un bol, fouettez la ricotta, les jaunes d'œufs, le sucre et l'extrait de vanille. Incorporez les farines tamisées, la levure et les fraises hachées.

2 Montez les blancs en neige ferme. Incorporez-les à la préparation en 2 fois.

3 Huilez une poêle moyenne et faites-la chauffer sur feu moyen. Déposez 75 ml de pâte dans la poêle et faites cuire le pancake 3 min sur chaque face. Répétez l'opération avec le reste de pâte.

4 Servez les pancakes garnis de fraises coupées, d'amandes et arrosés de miel.

Idée gourmande
Saupoudrez ¼ de c. à c. de sucre glace sur chaque assiette.

Pancakes à la banane, labné & compote de myrtilles

4 · 20' · 48h · 20' · kcal 559

1 banane moyenne (200 g), mûre
35 g de farine de noix de coco
¼ de c. à c. de bicarbonate de soude
¼ de c. à c. de cannelle
2 œufs
1 gousse de vanille fendue en deux, graines grattées
125 ml de lait d'amande non sucré
2 c. à s. d'huile de coco
1 banane moyenne (200 g) supplémentaire, coupée en rondelles épaisses
2 c. à s. de copeaux de noix de coco grillés

Labné
500 g de yaourt à la grecque
½ c. à c. de sel marin
1 c. à c. de zeste de citron râpé

Compote de myrtilles
250 ml de jus de pomme
75 g de sucre de coco
280 g de myrtilles surgelées

1 Préparez le labné. Recouvrez une passoire avec deux épaisseurs de mousseline et placez-la dans un saladier. Mélangez tous les ingrédients dans un bol et déposez la préparation dans la passoire. Nouez les mousselines en serrant bien et faites égoutter 48 h au réfrigérateur.

2 Pour la compote de myrtilles, faites chauffer le jus de pomme et le sucre dans une casserole, à feu doux. Quand le sucre est dissous, portez à ébullition et laissez cuire 10 min pour obtenir un sirop liquide. Ajoutez les myrtilles et mélangez pour qu'elles décongèlent et soient enrobées de sirop.

3 Écrasez la banane à la fourchette dans un bol. Ajoutez la farine de noix de coco, le bicarbonate de soude, la cannelle, les œufs, les graines de vanille et le lait d'amande ; mélangez.

4 Faites fondre un tiers de l'huile de coco dans une grande poêle antiadhésive, à feu moyen-doux. Déposez des cuillerées de pâte dans la poêle et aplatissez-les légèrement. Faites cuire 2 min sur une face et 1 min sur l'autre. Retirez-les de la poêle et réservez-les au chaud. Répétez l'opération 2 fois avec le reste d'huile de coco et de pâte pour obtenir 12 pancakes.

5 Servez les pancakes garnis de labné, de rondelles de banane, de copeaux de noix de coco et de compote de myrtilles.

Crêpes aux myrtilles & au pavot

2 | 10' | 10' | kcal 311

120 g de mascarpone
125 g de myrtilles
2 c. à c. de zeste d'orange finement râpé
75 g de farine d'épeautre complète
2 c. à c. de graines de pavot
1 œuf
160 ml de lait
4 c. à c. de sirop de riz
1 c. à c. d'extrait de vanille
Huile pour la cuisson

1 Dans un saladier, mélangez le mascarpone, 60 g de myrtilles et le zeste d'orange à la fourchette en écrasant les myrtilles.

2 Dans un bol, fouettez la farine avec les graines de pavot, l'œuf, le lait, 2 c. à c. de sirop de riz et l'extrait de vanille.

3 Huilez légèrement une crêpière ou une petite poêle à fond épais. Faites-la chauffer sur feu moyen. Versez 60 ml de pâte et étalez. Faites cuire la crêpe 2 min sur une face et 1 min sur l'autre. Préparez 4 crêpes en tout.

4 Garnissez chaque crêpe de 1 c. à s. de mascarpone aux myrtilles et pliez-les en triangles. Servez-les décorées de myrtilles et arrosées du sirop de riz restant. Vous pouvez les garnir de zeste d'orange émincé.

Gaufres au sarrasin & pêches grillées

4 | 10' | 15' | kcal 520

60 g d'huile de coco
2 c. à s. d'édulcorant à la stévia
3 œufs, blancs et jaunes séparés
200 g de farine de blé
50 g de farine de sarrasin
50 g de fécule de maïs
1 c. à c. de poudre à lever
1 c. à c. de bicarbonate de soude
½ c. à c. de sel
½ c. à c. de gingembre moulu
375 ml de lait
1 ½ c. à c. de vinaigre blanc
Spray d'huile
4 pêches jaunes (600 g), coupées en deux et dénoyautées
280 g de yaourt à la grecque
½ petit bouquet de toutes petites feuilles de menthe
90 g de miel cru

1 Fouettez l'huile de coco et l'édulcorant dans un saladier au batteur électrique. Incorporez les jaunes d'œufs, un à un.

2 Montez les blancs en neige ferme au fouet électrique. Incorporez-les délicatement à la préparation précédente.

3 Incorporez les ingrédients secs tamisés, le lait et le vinaigre, sans mélanger plus que nécessaire (la pâte peut être grumeleuse à ce stade).

4 Huilez un gaufrier avec le spray, versez 60 ml de pâte sur la plaque. Fermez le gaufrier et faites cuire 2 min environ. Transférez la gaufre sur une assiette et couvrez-la de papier d'aluminium. Préparez 8 gaufres en tout.

5 Faites chauffer une poêle-gril huilée à feu vif et faites griller les pêches 3 min de chaque côté.

6 Servez les gaufres garnies de pêches, de yaourt et de menthe et nappées de miel.

Croque banane-amande

2 | 10' | 5' | kcal 498

4 tranches de pain de mie complet
10 g de beurre ramolli
2 c. à s. de purée d'amandes
1 c. à c. de cacao en poudre
2 c. à c. de sirop de riz brun
1 banane (180 g), en fines rondelles
¼ de c. à c. de cannelle

1 Préchauffez l'appareil à croque-monsieur. Étalez un peu de beurre sur une face de chaque tranche de pain. Mélangez la purée d'amandes avec le cacao et le sirop de riz dans un bol.

2 Posez 2 tranches de pain, face beurrée vers le bas, sur une planche. Étalez la moitié de la préparation sur les faces visibles, puis recouvrez-les de rondelles de banane en laissant un bord libre de 1 cm. Recouvrez avec les 2 autres tranches de pain, face beurrée vers l'extérieur.

3 Faites cuire les croque-monsieur 5 min jusqu'à ce qu'ils soient dorés. Servez-les coupés en deux et saupoudrés de cannelle.

Cakes courgettes & myrtilles

8 | 15' | 30' | 180 °C | kcal 532

3 courgettes (360 g) râpées
300 g de poudre d'amandes
120 g de sucre de coco
1 c. à c. de cannelle
½ c. à c. de sel marin
2 c. à c. de poudre à lever
175 g de sirop d'érable pur
125 ml d'huile de coco vierge, fondue
3 œufs, légèrement battus
1 gousse de vanille, fendue en deux, graines grattées
2 c. à c. de zeste d'orange râpé
80 ml de jus d'orange
150 g de myrtilles surgelées
1 filet de sirop d'érable supplémentaire
25 g de copeaux de noix de coco, grillés

1 Préchauffez le four à 180 °C. Graissez 8 petits moules à cake de 125 ml et chemisez la base et les côtés les plus longs de papier sulfurisé, en le laissant dépasser de 3 cm de chaque côté.

2 Pressez les courgettes pour ôter le maximum de liquide et mettez-les dans un saladier. Incorporez la poudre d'amandes, le sucre de coco, la cannelle, le sel et la levure.

3 Fouettez le sirop d'érable avec l'huile de coco, les œufs, les graines de vanille, le zeste et le jus d'orange. Versez sur les courgettes et mélangez. Incorporez les myrtilles. Répartissez la pâte dans les moules.

4 Faites cuire 30 min. Laissez les cakes reposer 5 min avant de les démouler. Laissez-les refroidir sur une grille. Badigeonnez-les avec un peu de sirop d'érable, au pinceau, et parsemez-les de copeaux de noix de coco.

Muffins coco-vanille

12 | 10' | 30' | 180 °C

260 g de farine d'épeautre
2 c. à c. de poudre à lever
1 c. à c. d'extrait de vanille
240 g de yaourt
125 ml d'huile de coco vierge, fondue et refroidie
125 ml de sirop d'érable pur
2 œufs
50 g de copeaux de noix de coco

1 Préchauffez le four à 180 °C. Chemisez 12 moules à muffin de 80 ml de caissettes en papier.

2 Tamisez la farine d'épeautre et la poudre à lever dans un saladier. Fouettez l'extrait de vanille avec le yaourt, l'huile de coco, le sirop d'érable pur et les œufs. Versez sur les ingrédients secs et mélangez à la fourchette.

3 Garnissez les moules de pâte et parsemez les muffins de copeaux de noix de coco. Faites cuire 30 min.

Astuce
L'extrait de vanille contient une petite quantité de sucre raffiné. Si vous préférez, remplacez-le par les graines de 1 gousse de vanille ou de la vanille en poudre, vendue dans les magasins bio.

Muffins pêche-gingembre

12 | 10' | 30' | 180 °C

260 g de farine d'épeautre
2 c. à c. de poudre à lever
½ c. à c. de gingembre moulu
½ c. à c. de cannelle
2 petites pêches (250 g) coupées en dés
1 c. à c. d'extrait de vanille
240 g de yaourt
125 ml d'huile de coco vierge, fondue et refroidie
125 ml de sirop d'érable pur
2 œufs
50 g de sucre de coco
65 g de farine d'épeautre supplémentaire
1 c. à c. de cannelle supplémentaire
60 g de beurre froid, en dés

1 Préchauffez le four à 180 °C. Chemisez 12 moules à muffin de 80 ml de caissettes en papier.

2 Tamisez la farine d'épeautre, la poudre à lever, le gingembre et la cannelle dans un saladier. Incorporez les pêches. Fouettez l'extrait de vanille avec le yaourt, l'huile de coco, le sirop d'érable et les œufs. Versez sur les ingrédients secs et mélangez à la fourchette. Garnissez les moules de pâte.

3 Mélangez le sucre de coco, la farine d'épeautre et la cannelle dans un bol. Incorporez le beurre du bout des doigts. Parsemez les miettes obtenues sur les muffins. Enfournez 30 min.

Muffins citron, thym & feta

12 | 10' | 30' | 180 °C

260 g de farine d'épeautre
2 c. à c. de poudre à lever
2 c. à c. de zeste de citron râpé
1 c. à s. de thym frais, finement haché
300 g de yaourt
65 ml d'huile de coco vierge, fondue et refroidie
65 ml de sirop d'érable pur
2 œufs
170 g de feta émiettée
70 g de graines de courge
2 c. à s. de feuilles de thym frais

1 Préchauffez le four à 180 °C. Chemisez 12 moules à muffin de 80 ml de caissettes en papier.

2 Tamisez la farine d'épeautre et la poudre à lever dans un saladier. Ajoutez le zeste et le thym haché. Fouettez le yaourt, l'huile de coco, le sirop d'érable et les œufs. Versez sur les ingrédients secs et mélangez à la fourchette. Incorporez 60 g de feta.

3 Remplissez les moules de pâte et garnissez les muffins de la feta restante, mélangée avec les graines de courge et les feuilles de thym. Enfournez 30 min.

Muffins chocolat, betterave & noix

12 | 10' | 30' | 180 °C

260 g de farine d'épeautre
35 g de cacao en poudre
2 ½ c. à c. de poudre à lever
1 betterave moyenne (130 g), lavée et non épluchée
360 g de yaourt
125 ml d'huile de coco vierge, fondue et refroidie
125 ml de sirop d'érable pur
2 œufs
8 dattes medjool fraîches, dénoyautées et hachées
50 g de noix grillées, hachées

1 Préchauffez le four à 180 °C. Chemisez 12 moules à muffin de 80 ml de caissettes en papier.

2 Tamisez la farine d'épeautre, le cacao et la poudre à lever dans un saladier. Râpez grossièrement la betterave. Mettez-la dans un saladier. Ajoutez le yaourt, l'huile de coco, le sirop d'érable et les œufs. Mélangez à la fourchette. Versez sur les ingrédients secs et mélangez à la fourchette. Ajoutez les dattes et les noix.

3 Garnissez les moules de pâte. Faites cuire les muffins 30 min.

Muffins de petit déjeuner

4 | 15' | 25' | 5' | 200 °C | kcal 209

20 g de flocons d'avoine
120 g de farine complète
1 c. à c. de cannelle
½ c. à c. de levure chimique
¼ de c. à c. de bicarbonate de soude
2 c. à s. de raisins secs
1 œuf légèrement battu
60 ml de lait fermenté
55 g de compote de pommes
75 g de banane écrasée
1 c. à c. d'extrait de vanille
1 c. à c. de miel, réchauffé

1 Préchauffez le four à 200 °C. Chemisez 4 moules à muffin de 180 ml avec des carrés de papier sulfurisé ou des caissettes en papier.

2 Réservez 2 c. à c. de flocons d'avoine. Tamisez la farine avec la cannelle, la levure et le bicarbonate de soude dans un saladier. Ajoutez les raisins secs et le reste des flocons puis l'œuf mélangé avec le lait fermenté, la compote, la banane écrasée et l'extrait de vanille. Versez la pâte dans les moules et parsemez les flocons d'avoine réservés. Faites cuire 20 min.

3 Badigeonnez les muffins de miel au pinceau. Poursuivez la cuisson 5 min environ : la lame d'un couteau piquée au centre doit ressortir sèche. Laissez reposer 5 min dans les moules avant de démouler les muffins sur une grille.

Frittata fraises & amandes

12 | 15' | 16' | kcal 344

250 g de fraises équeutées
1 c. à s. de sucre de coco
1 gousse de vanille fendue en deux, graines grattées
6 œufs
2 c. à s. de sucre de coco supplémentaire
40 g de poudre d'amandes
10 g de beurre
100 g de ricotta ferme, émiettée
55 g d'amandes grillées à sec, grossièrement hachées

1 Coupez la moitié des fraises en fines rondelles et l'autre moitié en deux. Mélangez les fraises coupées en deux avec le sucre de coco dans un bol. Réservez les rondelles de fraise.

2 Mélangez les graines de la gousse de vanille avec les œufs, le sucre de coco supplémentaire et la poudre d'amandes dans un saladier, au fouet.

3 Préchauffez le gril du four à puissance forte.

4 Faites fondre le beurre dans une poêle antiadhésive résistante à la chaleur, à feu moyen. Versez la préparation, ajoutez les rondelles de fraise, la ricotta et la moitié des amandes hachées. Baissez le feu et faites cuire 8 min pour que les œufs commencent à prendre. Poursuivez la cuisson 8 min sous le gril pour que la ricotta se colore légèrement et que la frittata soit cuite.

5 Servez sans attendre, en garnissant avec les fraises au sucre et le reste des amandes. Vous pouvez arroser la frittata d'un filet de miel et la saupoudrer de graines de chia.

Boulettes à l'abricot et au tahin

14 | 20' | kcal 136

100 g d'abricots secs
30 g de graines de lin
160 g d'amandes
¼ de pomme verte (30 g), râpée
1 c. à s. de tahin
1 c. à s. de miel, de sirop de riz ou de sirop d'érable pur
¼ de c. à c. d'eau de fleur d'oranger (facultatif)
40 g de noix de coco râpée

1 Mixez les abricots avec les graines de lin, les amandes et la pomme pendant 1 min afin d'obtenir une pâte sableuse. Ajoutez le tahin, le miel et l'eau de fleur d'oranger ; continuez à mixer 1 min.

2 Avec les mains humides, formez des boulettes avec cette préparation, puis roulez-les dans la noix de coco râpée.

Figues et noisettes
Mixez 140 g de noisettes mondées et grillées avec 100 g de figues séchées, 30 g de graines de lin, ¼ de pomme verte râpée et ¼ de c. à c. de cannelle pendant 2 min. Formez des boulettes, puis roulez-les dans 2 c. à s. de graines de chia.

Dattes et grué de cacao
Dénoyautez 100 g de dattes. Mixez-les avec 160 g d'amandes, 30 g de grué de cacao, ¼ de pomme verte râpée et 2 c. à c. de cacao en poudre non sucré pendant 2 min. Formez des boulettes. Saupoudrez-les de 2 c. à c. de cacao en poudre non sucré.

Boules d'énergie au chocolat

36 | 20' | 30' | kcal 80

25 g de riz soufflé
40 g de millet soufflé
75 g de graines de tournesol
90 g de baies de goji ou de canneberges séchées non sucrées
35 g de graines de chia
100 g d'huile de coco, fondue
180 g de miel cru
125 g de cacao en poudre

1 Mélangez le riz et le millet soufflés, les graines de tournesol, les baies de goji et les graines de chia dans un saladier.

2 Mélangez l'huile et le miel dans une petite casserole ; faites chauffer à feu doux pour qu'ils soient presque fondus. Hors du feu, ajoutez le cacao et fouettez. Versez sur les ingrédients secs et mélangez bien.

3 Chemisez une plaque avec du papier sulfurisé. Avec les mains humides, roulez des cuillerées de préparation pour former des boulettes. Posez-les sur la plaque et placez-les 30 min au réfrigérateur. Conservez-les dans une boîte hermétique.

Caramels aux dattes et à la fleur de sel

16 | 20' | 10' | 40' | kcal 157

310 g de dattes fraîches, dénoyautées
150 g d'huile de coco vierge
25 g de cacao en poudre
1 c. à c. d'extrait de vanille
2 c. à s. d'huile de coco vierge à température ambiante
½ c. à c. de fleur de sel
50 g de farine de noix de coco
Fleur de sel pour saupoudrer

1 Faites ramollir les dattes 10 min dans de l'eau bouillante. Égouttez-les et jetez l'eau.

2 Faites fondre l'huile de coco dans une casserole. Mélangez-la avec le cacao tamisé. Laissez épaissir quelques instants.

3 Mixez les dattes avec l'extrait de vanille, 2 c. à s. d'huile de coco et la fleur de sel jusqu'à l'obtention d'un mélange onctueux. Transférez la préparation dans un bol, couvrez-la et placez-la 30 min au congélateur.

4 Chemisez une plaque de papier sulfurisé. Mettez la farine de noix de coco dans un bol. Humidifiez vos mains et formez des boulettes avec des cuillerées de préparation. Passez-les dans la farine. À l'aide d'une cuillère, trempez-les dans l'enrobage au cacao, puis déposez-les sur la plaque. Saupoudrez de fleur de sel. Laissez durcir 10 min au congélateur.

À savoir

Il est possible que l'enrobage blanchisse légèrement à cause de l'huile de coco, mais cela n'affectera pas son goût. Conservez les caramels au congélateur. Lorsque vous les sortez, dégustez-les immédiatement. Servez-les dans des caissettes en papier.

Barres de muesli aux abricots

18 | 20' | 20' | 160 °C | kcal 200

150 g d'abricots secs
185 g de flocons de quinoa
70 g de farine de quinoa
75 g de graines de tournesol
80 g d'amandes crues grossièrement hachées
1 c. à c. de cardamome moulue
1 c. à c. de levure chimique sans gluten
1 c. à s. de zeste d'orange finement râpé
70 g d'huile de coco vierge
115 g de miel
3 œufs légèrement battus
2 c. à c. d'extrait de vanille
2 c. à s. de confiture d'abricots sans sucre ajouté, fondue et filtrée

1 Préchauffez le four à 160 °C. Graissez un moule de 16 × 26 × 4 cm et chemisez-le de papier sulfurisé.

2 Hachez grossièrement la moitié des abricots, mettez-les dans un saladier. Coupez les autres abricots en deux dans la longueur et réservez-les.

3 Mélangez les flocons et la farine de quinoa, les graines de tournesol, les amandes, la cardamome, la levure et le zeste d'orange avec les abricots hachés.

4 Faites chauffer l'huile de coco et le miel dans une petite casserole sur feu moyen. Portez à ébullition sans cesser de remuer.

5 Versez sur les ingrédients secs, ajoutez les œufs et l'extrait de vanille. Mélangez bien. Transvasez dans le moule et lissez la surface avec le dos d'une cuillère. Garnissez avec les demi-abricots, en pressant légèrement pour les enfoncer dans la préparation.

6 Faites cuire 20 min : la lame d'un couteau plantée au centre doit ressortir propre. Badigeonnez de confiture et laissez refroidir dans le moule. Coupez en barres et servez.

Variantes

Remplacez les amandes par des noix, des noix de pécan, de macadamia ou de cajou.

Barres moelleuses

16 | 15' | 25' | 20' | 170 °C | kcal 237

180 g de flocons d'avoine
100 g de noix de coco râpée
80 g de farine complète
50 g de graines de courge
30 g d'amandes effilées
40 g de raisins secs
30 g de baies de goji
35 g de canneberges séchées
1 c. à c. de bicarbonate de soude
¼ de c. à c. de fleur de sel
75 g d'huile de coco vierge
180 ml de sirop de riz
½ c. à c. d'extrait de vanille

1 Préchauffez le four à 170 °C. Graissez un moule de 20 × 30 cm et chemisez-le de papier sulfurisé.

2 Mélangez les ingrédients secs dans un saladier.

3 Dans une petite casserole, faites chauffer l'huile de coco et le sirop de riz. Portez à ébullition. Laissez bouillir jusqu'à ce que l'huile soit fondue. Hors du feu, incorporez l'extrait de vanille.

4 Versez sur les ingrédients secs et amalgamez bien. Déposez la préparation dans le plat en appuyant bien avec une spatule, pour aplanir la surface.

5 Faites cuire 25 min, puis laissez sécher 5 min dans le four éteint. Sortez le moule du four et laissez reposer 15 min, puis démoulez. Laissez refroidir complètement sur une grille. Décollez le papier et coupez 16 barres fines.

Crackers courgette & romarin

35 | 10' | 20' | 180 °C | kcal 29

60 g de graines de courge
55 g de noix grossièrement hachées
1 petite courgette (90 g) coupée en morceaux
25 g de parmesan râpé
1 c. à s. de graines de lin
1 c. à s. de graines de sésame
1 c. à s. de graines de pavot
½ c. à c. de graines de cumin
½ c. à c. d'origan séché
1 c. à c. de romarin frais finement haché
1 c. à s. de feuilles de romarin frais
½ c. à c. de fleur de sel

1 Préchauffez le four à 180 °C. Mixez les graines de courge et les noix. Ajoutez la courgette et mixez. Ajoutez le parmesan, les graines, l'origan et le romarin puis mixez. Salez.

2 Étalez cette pâte sur une feuille de papier sulfurisé et recouvrez-la d'une autre feuille. Avec un rouleau, aplatissez-la pour former un rectangle de 2 mm d'épaisseur, de 25 × 35 cm. Transférez sur une plaque et décollez la feuille de papier sulfurisé supérieure.

3 Avec un couteau, tracez des carrés de 5 cm de côté. Parsemez de romarin et de sel.

4 Faites cuire 20 min. Laissez refroidir sur la plaque puis détachez les carrés et servez.

Pâte à tartiner chocolat-noisettes

2 | 10' | kcal 369

210 g de noisettes torréfiées, mondées
25 g de cacao en poudre
¼ de c. à c. de fleur de sel
125 ml de lait d'amande
80 ml de sirop d'érable pur
1 c. à s. d'extrait de vanille
1 c. à s. d'huile de coco vierge

1 Mixez les ingrédients pendant 5 min jusqu'à l'obtention d'un mélange lisse, en raclant les parois du bol de temps en temps.

2 Versez la préparation dans une boîte hermétique. Conservez-la 1 mois au maximum au réfrigérateur.

Conseil
Utilisez cette pâte dans des gâteaux ou des cookies, ou tartinez-la sur du pain.

Torréfier et monder les noisettes
Étalez les noisettes sur une plaque et faites-les dorer 8 min au four à 180 °C ; frottez-les dans un torchon propre pour retirer les peaux et laissez-les refroidir.

Friandises orientales

10 | 10' | 3h | kcal 269

200 g d'huile de coco vierge
50 g de cacao en poudre
1 pincée de sel
115 g de sirop de riz
50 g d'amandes crues grossièrement hachées
50 g de cerises séchées
4 g de pétales de rose comestibles

1 Graissez un moule de 20 × 30 cm. Chemisez-le de papier sulfurisé en le laissant dépasser de 5 cm sur les côtés les plus longs.

2 Mettez l'huile de coco, le cacao tamisé et le sel dans un saladier. Fouettez. Incorporez progressivement le sirop de riz.

3 Étalez la préparation dans le plat et lissez la surface. Parsemez les amandes, les cerises et les pétales de rose. Faites durcir au réfrigérateur. Cassez grossièrement puis servez.

À savoir
Il est possible que la croûte blanchisse légèrement à cause de l'huile de coco, mais cela n'affectera pas son goût. Il est préférable de conserver la préparation au réfrigérateur, sinon elle sera trop molle et difficile à manipuler.

Gâteaux oranges & figues confites

12 | 2h | 20' | 3h | 180 °C | kcal 318

6 figues sèches (135 g), coupées en deux
375 ml de jus de pomme 100 % pur jus
2 oranges (480 g) lavées
250 g de sucre de coco
5 œufs
280 g de poudre d'amandes
1 c. à c. de poudre à lever
20 g d'amandes effilées

1 Faites gonfler les figues 2 h dans le jus de pomme, dans une casserole. Sortez-les avec une écumoire et laissez le jus dans la casserole.

2 Remplissez une autre casserole d'eau jusqu'aux deux tiers de sa hauteur et plongez-y les oranges. Portez à ébullition puis baissez le feu et laissez mijoter 2 h, en ajoutant de l'eau, au besoin. Pour que les oranges restent immergées, couvrez-les avec le couvercle d'une casserole plus petite. Égouttez les oranges et laissez-les revenir à température ambiante.

3 Préchauffez le four à 180 °C. Chemisez de caissettes en papier 12 moules à muffin.

4 Coupez les oranges en deux et ôtez les pépins. Mixez-les avec la peau. Ajoutez le sucre de coco, les œufs, la poudre d'amandes et la levure, et mixez pour obtenir une pâte homogène. Garnissez les moules de pâte, ajoutez ½ figue dans chacun, face coupée vers le haut, et parsemez d'amandes.

5 Faites cuire les gâteaux 1 h : la lame d'un couteau piquée au centre doit ressortir sèche.

6 Faites réduire le jus de pomme réservé 8 min, à feu moyen, pour obtenir un sirop. Badigeonnez-en les gâteaux chauds, au pinceau.

Vegan

Aubergines farcies aux noix

4 · 20' · 30' · 180°C

4 petites aubergines (370 g)
2 c. à s. d'huile d'olive
60 g de noix finement hachées
85 g de riz basmati complet cuit
2 ciboules émincées
1 gousse d'ail écrasée
1 c. à s. de miso blanc
2 c. à c. de sauce soja claire
2 c. à c. de mirin

Salade de radis
2 miniconcombres (260 g) émincés dans la longueur
250 g de radis roses émincés
2 ciboules émincées dans la longueur
2 c. à s. de vinaigre de riz
2 c. à c. de sauce soja claire
¼ de c. à c. d'huile de sésame

1 Préchauffez le four à 180 °C. Coupez les aubergines en deux dans la longueur. Avec un petit couteau, cernez leur chair à 5 mm des bords. Évidez-les et hachez grossièrement leur chair. Placez-les sur la plaque.

2 Faites chauffer l'huile dans une grande poêle antiadhésive à feu vif et faites cuire la chair d'aubergine avec les noix, le riz, les ciboules et l'ail 5 min, en remuant. Ajoutez le miso, la sauce soja et le mirin. Garnissez les moitiés d'aubergine de cette préparation. Enfournez 25 min.

3 Préparez la salade de radis. Servez les aubergines farcies recouvertes de salade.

Aubergines & courgettes grillées, sauce romesco

4 · 20' · 15' · kcal 271

Spray d'huile d'olive
2 aubergines (900 g) coupées en tranches, en biais
4 courgettes (480 g) émincées dans la longueur
55 g d'amandes blanchies grillées, hachées
45 g de noisettes grillées, sans la peau, hachées
½ bouquet de persil plat frais, ciselé

Sauce romesco
2 poivrons rouges (400 g)
1 tomate (150 g)
2 c. à s. d'huile d'olive vierge extra
2 gousses d'ail
2 c. à c. de paprika doux
80 g d'amandes blanchies grillées
70 g de noisettes grillées sans la peau
2 c. à s. de vinaigre de xérès ou de vin rouge
60 ml d'eau

1 Préparez la sauce romesco. Faites griller les poivrons et la tomate directement sur le feu de la gazinière, en les tournant. Enveloppez chacun d'eux dans du papier d'aluminium et laissez reposer 5 min. Pelez-les. Coupez-les en morceaux ; ne mélangez pas poivrons et tomate. Faites chauffer la moitié de l'huile dans une poêle, sur feu moyen. Faites revenir les poivrons et l'ail 3 min, sans cesser de remuer. Ajoutez la tomate et le paprika, et poursuivez la cuisson 3 min. Mixez finement les amandes et les noisettes. Ajoutez les légumes, le vinaigre et l'eau, et continuez à mixer. Assaisonnez.

2 Préchauffez une poêle-gril sur feu vif. Huilez les légumes avec le spray et salez-les. Faites-les cuire 4 min sur chaque face ; procédez en plusieurs fois.

3 Disposez les légumes sur un plat, saupoudrez-les d'amandes, de noisettes et de persil. Servez avec la sauce romesco.

Rouleaux aux légumes

4 | 25' | 20'

50 g de vermicelles de riz secs
1 c. à s. d'huile de sésame
200 g de champignons shiitake émincés
100 g de champignons enoki parés
240 g de chou chinois détaillé en fines lanières
200 g de haricots verts finement coupés
1 carotte (120 g) taillée en allumettes
80 g de germes de soja
80 ml de sauce char siu
2 c. à s. de tamari ou de sauce soja
2 c. à s. de graines de sésame grillées
4 feuilles de tofu (125 g)
1 c. à c. de fécule de maïs

1 Faites ramollir les vermicelles dans de l'eau bouillante, dans un bol. Égouttez-les.

2 Faites chauffer l'huile de sésame dans un wok à feu vif et faites sauter les champignons 2 min. Ajoutez le chou chinois, les haricots verts et la carotte. Faites sauter 1 min. Ajoutez les germes de soja, les vermicelles, 2 c. à s. de sauce char siu, la moitié du tamari et la moitié des graines de sésame. Faites sauter 30 s puis égouttez et réservez le liquide de cuisson.

3 Coupez les feuilles de tofu en deux et garnissez-les avec la préparation. Repliez les feuilles sur la garniture et les côtés vers le centre puis roulez jusqu'au bout. Vous devez obtenir 8 rouleaux. Faites-les cuire 14 min à la vapeur, à couvert.

4 Fouettez la fécule de maïs avec le liquide de cuisson réservé dans une petite casserole. Ajoutez le reste de sauce char siu, de tamari et de graines de sésame. Faites chauffer la casserole à feu moyen-vif et faites cuire 5 min, à découvert.

5 Servez les rouleaux aux légumes avec cette sauce ; parsemez le restant de graines de sésame.

Astuce

Si vous ne trouvez pas de feuilles de tofu, utilisez des feuilles de riz ou des feuilles de chou blanchies à la place. Faites cuire à la vapeur comme dans la recette.

Brocoli chinois aux épices du Sichuan

4 | 5' | 10' | kcal 284

470 g de brocolinis
4 ciboules
2 c. à c. de poivre du Sichuan
60 ml d'huile de pépins de raisin
1 c. à s. de sirop de riz
4 longs piments rouges frais, hachés
2 c. à c. de piment séché
4 gousses d'ail pilées
400 g de brocoli chinois (gai lan), coupé en morceaux
150 g de haricots verts parés
125 ml d'eau
200 g de tofu mariné, en tranches
2 c. à s. de tamari

1 Coupez les brocolinis en deux. Réservez les tiges et les bouquets séparément. Hachez la partie blanche des ciboules et émincez la partie verte. Réservez-les séparément.

2 Faites griller le poivre 2 min à sec dans un wok, sur feu moyen. Réduisez les grains en poudre au robot. Ajoutez l'huile, le sirop de riz, les piments frais, le piment séché, l'ail et la partie blanche des ciboules. Continuez à mixer jusqu'à obtenir une préparation finement hachée.

3 Faites revenir cette préparation 3 min dans le wok sur feu moyen à vif. Ajoutez les tiges de brocolini, le brocoli chinois, les haricots et l'eau. Laissez cuire 1 min. Incorporez les bouquets de brocolini, le tofu et le tamari. Poursuivez la cuisson 2 min.

4 Parsemez de vert de ciboule émincé et servez.

Galettes aux épices indiennes

2 | 15' | 15' | kcal 369

420 g de pois chiches en conserve sans sel ajouté, rincés et égouttés
1 long piment vert frais, grossièrement haché
½ petit bouquet de menthe
1 ½ c. à c. de cumin moulu
1 ½ c. à c. de cannelle moulue
1 gousse d'ail pilée
1 c. à c. de gingembre frais, râpé
2 c. à s. d'eau
Huile
30 g de jeunes pousses d'épinard
1 pain pita complet (80 g), tiède
2 quartiers de citron

Raïta de carotte
140 g de yaourt nature allégé ou de yaourt au soja
½ c. à c. de piment moulu
½ petite carotte (35 g) râpée

1 Préparez le raïta de carotte en mélangeant les ingrédients dans un bol.

2 Mixez les pois chiches avec le piment, les feuilles de menthe, le cumin, la cannelle, l'ail, le gingembre et l'eau jusqu'à obtenir une préparation lisse. Si la préparation s'effrite, ajoutez 1 c. à s. d'eau. Façonnez des galettes avec 2 c. à s. rases de préparation.

3 Huilez légèrement une poêle antiadhésive et faites cuire les galettes 3 min de chaque côté sur feu moyen.

4 Servez les galettes avec les épinards, le pain pita, les quartiers de citron et le raïta.

Tacos à la patate douce

4 | 30' | 10'

2 petites patates douces (500 g), non pelées
125 ml d'huile d'olive
6 ciboules hachées
1 c. à c. de cumin moulu
1 c. à c. de coriandre moulue
2 grosses poignées de coriandre fraîche (racines et tiges), hachée
2 piments jalapeños frais, hachés
1 ½ c. à c. de zeste de citron vert râpé
2 c. à s. de jus de citron vert
80 ml d'eau
500 g de tomates séchées à l'huile en bocal
¼ de c. à c. d'ail semoule
¼ de c. à c. d'oignon semoule
½ c. à c. de paprika
40 g d'amandes grillées entières, mondées
25 g de noix grillées
Tortillas de maïs blanc, chauffées
40 g de jeunes pousses de roquette

1 Faites cuire les patates douces à l'eau ou à la vapeur. Égouttez-les. Pelez-les puis coupez leur chair en morceaux de 1,5 cm.

2 Mixez l'huile, les ciboules, le cumin, la coriandre moulue, les tiges et les racines de coriandre fraîche, les piments, le zeste et le jus de citron vert et l'eau avec un robot. Transvasez dans un petit bol et laissez reposer jusqu'à l'emploi.

3 Égouttez les tomates au-dessus d'un bol et réservez leur huile. Hachez-les grossièrement. Mettez-les dans le bol du robot avec 2 c. à s. d'huile réservée, l'ail semoule, l'oignon semoule, le paprika, les amandes et les noix, et hachez grossièrement. Ajoutez 2 c. à s. de sauce à la coriandre et actionnez le robot pour mélanger.

4 Transvasez la préparation dans une grande poêle. Ajoutez les patates douces. Faites chauffer 5 min à feu doux. Servez sur les tortillas avec de la roquette et le reste de sauce à la coriandre.

Nouilles soba aux courgettes & au tofu, pesto à la coriandre

4 | 10' | 20'

60 ml d'huile d'olive
250 g de tofu ferme coupé en gros cubes
250 g de pâtissons jaunes coupés en quartiers
350 g de courgettes coupées en deux dans la longueur, puis en gros morceaux
2 c. à c. de gingembre frais, râpé
2 gousses d'ail écrasées
1 c. à s. de sauce soja claire
180 g de nouilles soba
75 g de noix de cajou grillées, hachées
1 bouquet de coriandre

Pesto à la coriandre
150 g de noix de cajou grillées
2 gros bouquets de coriandre (les feuilles)
1 gousse d'ail écrasée
2 c. à c. de zeste de citron râpé
1 c. à s. de jus de citron
1 long piment vert frais, épépiné et haché
125 ml d'huile d'olive

1 Mixez tous les ingrédients du pesto à la coriandre. Assaisonnez.

2 Faites chauffer 2 c. à s. d'huile dans une grande poêle profonde à feu vif et faites cuire le tofu 3 min de chaque côté. Retirez-le de la poêle et gardez au chaud.

3 Faites chauffer le reste de l'huile dans la même poêle et faites revenir les pâtissons et les courgettes 5 min, en remuant. Ajoutez le gingembre et l'ail, et faites cuire 30 s, en remuant. Ajoutez la sauce soja et faites cuire 1 min.

4 Faites cuire les nouilles dans de l'eau bouillante. Égouttez-les puis remettez-les dans la casserole. Ajoutez le pesto à la coriandre et mélangez.

5 Servez les nouilles avec la garniture aux courgettes et le tofu. Parsemez de noix de cajou et de coriandre.

Courge & chou-fleur rôtis à la noix de coco

4 | 20' | 30' | 220°C | kcal 369

1 courge butternut (1 kg) non épluchée, coupée en tranches épaisses
½ gros chou-fleur (650 g), en bouquets
2 c. à s. d'huile de coco vierge, fondue
15 g de copeaux de noix de coco grillés
50 g de noix de cajou crues, grillées
½ petit bouquet de coriandre
½ petit bouquet de menthe
½ petit bouquet de basilic thaï

Sauce au piment et au citron vert
2 c. à s. de jus de citron vert
2 c. à s. de nuoc-mâm
2 c. à s. de cassonade
2 c. à s. d'huile d'arachide
1 long piment rouge frais, haché
2 c. à s. de coriandre hachée

1 Préchauffez le four à 220 °C. Étalez les tranches de courge et le chou-fleur sur une grande plaque, badigeonnez-les d'huile à l'aide d'un pinceau. Assaisonnez. Faites-les cuire 30 min.

2 Mélangez tous les ingrédients de la sauce.

3 Pour servir, disposez les légumes sur un plat et arrosez-les de sauce. Parsemez de noix de coco, de noix de cajou, d'herbes ciselées et servez.

Couscous de chou-fleur & houmous à la carotte

4 | 15' | 45' | kcal 180

900 g de chou-fleur paré, divisé en bouquets
1 c. à s. d'huile d'olive
2 c. à s. de cumin moulu
½ c. à c. de cardamome moulue
45 g de pistaches non salées, hachées et grillées
50 g de pignons de pin grillés
100 g de graines de grenade
1 bouquet de persil plat ciselé
1 bouquet de menthe ciselée
60 g de baies des Incas séchées (physalis)
1 c. à s. de zeste de citron confit, finement haché
1 citron (140 g) coupé en quartiers

Houmous à la carotte
3 carottes (360 g) hachées
2 c. à c. d'huile d'olive
300 g d'houmous
1 c. à c. de zeste d'orange râpé

1 Préparez l'houmous à la carotte. Préchauffez le four à 180 °C et placez les carottes sur une plaque de four recouverte de papier sulfurisé. Arrosez-les d'huile et faites-les rôtir 40 min. Mixez-les avec l'houmous et le zeste d'orange. Assaisonnez.

2 Mixez le chou-fleur jusqu'à ce qu'il ait l'apparence d'un couscous. Faites chauffer l'huile dans une grande poêle ou un wok à feu moyen et faites-y cuire le chou-fleur 5 min, en remuant. Ajoutez le cumin et la cardamome, et faites cuire 1 min. Assaisonnez.

3 Mélangez cette préparation avec les pistaches, les pignons, les graines de grenade, le persil, la menthe, les baies de physalis et le citron confit dans un grand saladier. Servez, garni d'houmous et de quartiers de citron.

Couscous marocain aux pois chiches, carottes & épinards

4 | 20' | 15' | 10' | kcal 402

10 minicarottes (200 g)
1 c. à s. d'huile d'olive
2 c. à c. de cumin moulu
1 c. à c. de paprika doux
1 c. à c. de sucre
125 ml d'eau
250 g de couscous
310 ml d'eau bouillante
30 g de beurre coupé en morceaux
400 g de pois chiches en conserve, rincés et égouttés
1 c. à s. de jus de citron
50 g de pousses d'épinard
50 g de feuilles de menthe fraîche

1 Parez et pelez les carottes, en laissant 3 cm de tiges. Coupez-les en deux dans la longueur.

2 Mettez l'huile à chauffer dans une cocotte, sur feu moyen. Faites-y cuire les épices pendant 30 s. Ajoutez les carottes, le sucre et l'eau ; assaisonnez. Portez à ébullition et laissez frémir 12 min en recouvrant partiellement la cocotte.

3 Mélangez le couscous et l'eau bouillante dans un grand récipient. Couvrez et laissez reposer 10 min. Aérez le couscous avec une fourchette, incorporez le beurre et assaisonnez.

4 Versez les pois chiches dans la cocotte, couvrez et laissez-les réchauffer 3 min. Ajoutez le jus de citron.

5 Ajoutez les épinards au couscous et versez l'ensemble dans un plat de service. Recouvrez le couscous avec la préparation aux carottes, décorez avec la menthe et servez.

Dhal jaune aux épinards

4 | 10' | 30' | kcal 296

60 g de ghee ou d'huile d'olive
1 c. à c. de graines de cumin
1 c. à c. de curcuma moulu
¾ de c. à c. de piment moulu
2 échalotes (50 g) émincées
2 gousses d'ail pilées
1 c. à c. de gingembre frais, râpé
2 longs piments frais, émincés
200 g de lentilles jaunes
1,25 litre d'eau
60 g de jeunes pousses d'épinard

1 Faites chauffer le ghee dans une grande casserole sur feu moyen. Faites-y revenir les épices 1 min, sans cesser de remuer.

2 Ajoutez les échalotes, l'ail, le gingembre et la moitié du piment. Poursuivez la cuisson 3 min, en continuant de mélanger.

3 Rincez les lentilles sous l'eau du robinet. Ajoutez-les dans la casserole et mélangez. Versez l'eau, couvrez et portez à ébullition. Laissez mijoter 30 min à couvert sur feu moyen-doux, en remuant de temps en temps.

4 Ajoutez les épinards et mélangez jusqu'à ce qu'ils soient flétris. Assaisonnez. Servez le dhal avec le piment restant.

Curry de patate douce, aubergine & lait de coco

4 | 10' | 50' | 180°C | kcal 392

650 g d'aubergines (little fingers, de préférence)
Spray d'huile d'olive
2 c. à s. d'huile d'olive
1 gros oignon jaune (200 g) finement haché
1 c. à c. de gingembre frais finement haché
1 petit piment rouge thaï frais, émincé
2 gousses d'ail pilées
4 capsules de cardamome légèrement pilées
1 c. à c. de cumin moulu
1 c. à c. de curcuma
1 c. à c. de garam masala
800 g de patate douce, coupée en morceaux de 3 cm
270 ml de lait de coco
400 g de tomates en dés, en conserve
250 ml de bouillon de légumes
2 c. à s. d'huile d'olive supplémentaire
1 c. à s. de graines de moutarde brune
24 feuilles de curry (ou kaloupilé) fraîches
400 g de chou kale noir (chou palmier), haché
2 c. à s. d'eau

1 Préchauffez le four à 180 °C. Chemisez 2 plaques de papier sulfurisé.

2 Coupez les aubergines en quatre dans la longueur, disposez-les sur les plaques et huilez-les avec le spray. Faites-les cuire 20 min.

3 Faites chauffer l'huile d'olive dans une grande casserole, sur feu moyen-vif. Faites revenir l'oignon, le gingembre, le piment et l'ail 3 min, sans cesser de remuer. Baissez le feu, ajoutez la cardamome, le cumin, le curcuma et le garam masala, et poursuivez la cuisson 2 min, en remuant. Passez à feu moyen, incorporez la patate douce et mélangez bien.

4 Ajoutez le lait de coco, les tomates et le bouillon. Portez à ébullition. Baissez le feu, couvrez et laissez cuire 20 min. Incorporez les aubergines et portez de nouveau à ébullition. Assaisonnez.

5 Faites chauffer l'huile supplémentaire dans une grande poêle sur feu moyen-vif. Faites revenir les graines de moutarde 1 min, sans cesser de remuer : elles doivent commencer à éclater. Ajoutez les feuilles de curry et poursuivez la cuisson 1 min. Incorporez le chou et l'eau. Couvrez et laissez cuire jusqu'à ce que le chou se flétrisse. Assaisonnez.

6 Servez le curry avec le chou.

Les lentilles vertes du Puy, au goût de noisette et de terre, gardent leur texture ferme lorsqu'elles germent et peuvent donc être blanchies sans se désintégrer.
Le fenugrec germé est croquant et parfumé avec un léger goût de curry. Il contient des vitamines B, de l'acide folique, du calcium, du fer, du zinc…
Le quinoa et l'amarante sont deux graines similaires. Elles poussent rapidement, sont riches en protéines, en vitamines A, B, C et E et en minéraux, tels le fer, le potassium et le calcium.
Les pousses de tournesol ressemblent aux pousses d'alfalfa. Elles ont un léger goût de noisette et une texture croquante.
Les graines germées de moutarde jaune ont un goût de moutarde délicat et une texture croquante.
Le blé germé a un goût légèrement sucré. Il est rapide et facile à préparer.
Les lentilles vertes germées sont une excellente source de nutriments essentiels. Elles ont un goût légèrement piquant.

Les petites lentilles béluga ont une saveur de terre et une texture molle.

Les pois chiches germés ont un goût de noisette et une texture croquante. Riches en protéines et en glucides, ils contiennent des vitamines A, B, C, de l'acide folique, du calcium, du fer, du magnésium et du potassium.

Les graines de chia ont un léger goût de noisette. Elles sont riches en fibres et en calcium.

GRAINES GERMÉES

Vous pouvez faire germer chez vous un grand nombre de graines comme l'alfalfa, et de légumineuses tels les haricots ou les lentilles. N'oubliez pas de rincer et de faire cuire les graines germées afin de pouvoir les consommer en toute sécurité.

Les graines germées de haricot mungo sont riches en fer, calcium, sélénium, zinc et vitamines du groupe B.

Ce mélange de graines d'alfalfa, de radis et de brocoli germées est riche en vitamines, minéraux et oligoéléments essentiels.

Raviolis verts

4 | 35' | 10'

300 g d'épinards parés
125 g de feuilles de gai lan
1 tige verte d'ail ciselée
2 c. à s. de sauce soja
2 gousses d'ail finement râpées
1 ½ c. à s. de gingembre frais, râpé
2 c. à c. d'huile de sésame
240 g de disques de pâte à raviolis chinois

Sauce au soja et au piment
60 ml de sauce soja
2 c. à s. de vinaigre de riz noir
1 c. à c. d'huile de sésame
1 c. à c. d'huile pimentée
1 ciboule émincée

1 Faites cuire les épinards et le gai lan à l'eau ou à la vapeur. Égouttez. Essorez puis hachez finement.

2 Mélangez les épinards avec le vert d'ail, la sauce soja, l'ail, le gingembre et l'huile dans un saladier. Déposez 2 c. à c. de cette garniture au centre de chaque disque de pâte. Humidifiez le pourtour avec vos doigts. Pliez les disques en deux et pressez les bords pour les sceller.

3 Faites cuire les raviolis 2 min dans de l'eau bouillante. Égouttez-les.

4 Mélangez tous les ingrédients de la sauce dans un bol. Servez les raviolis avec la sauce ou dans du bouillon de légumes.

Crêpes vietnamiennes au lait de coco

4 | 15' | 1h | 10'

160 ml de lait de coco
160 ml d'eau
90 g de farine de riz
1 c. à c. de curcuma moulu
60 ml d'huile végétale
300 g de tempeh coupé en 8 tranches
2 c. à s. de sauce hoisin
8 feuilles de laitue
2 miniconcombres (260 g) taillés en allumettes
1 bouquet de menthe
1 bouquet de coriandre
1 bouquet de basilic thaï
80 g de germes de soja

Carottes marinées
80 ml de vinaigre de riz
2 c. à c. de sucre
2 carottes (240 g) taillées en allumettes avec un éplucheur à julienne
1 long piment rouge frais, émincé

Sauce au citron et à l'ail
60 ml de jus de citron
2 c. à c. de sucre
2 c. à c. de sauce soja
1 petite gousse d'ail finement hachée

1 Fouettez le lait de coco, l'eau, la farine de riz et le curcuma dans un saladier jusqu'à obtenir une pâte lisse. Laissez reposer 1 h.

2 Préparez les carottes marinées. Fouettez le vinaigre et le sucre dans un saladier. Ajoutez les carottes et le piment. Mélangez. Laissez reposer 15 min, en remuant de temps en temps.

3 Fouettez les ingrédients de la sauce au citron et à l'ail dans un bol ; assaisonnez.

4 Faites chauffer 1 c. à s. d'huile dans une grande poêle antiadhésive à feu moyen-vif et faites dorer le tempeh 1 min. Retirez-le de la poêle.

5 Faites chauffer 2 c. à c. d'huile dans une grande poêle antiadhésive à feu vif. Versez-y un quart de la pâte et inclinez la poêle de façon que la pâte en recouvre bien le fond. Faites cuire 2 min jusqu'à ce que la crêpe soit ferme puis faites-la glisser sur une assiette. Recouvrez de papier d'aluminium pour garder au chaud. Recommencez avec le reste de pâte de façon à obtenir 4 crêpes en tout.

6 Badigeonnez les crêpes de sauce hoisin, puis garnissez-les de tempeh, de laitue, de concombre, de carottes marinées, d'herbes et de germes de soja. Servez avec la sauce.

Galettes de riz, courgettes & champignons

4 · 15' · 45'

600 g de riz complet rincé
1,25 litre d'eau
1 c. à s. de mirin
2 c. à s. de sauce soja claire
1 c. à c. de sucre
60 ml de vinaigre de riz
2 ½ c. à s. d'huile de sésame
2 ciboules émincées
150 g de champignons shiitake en gros morceaux
150 g de champignons shimeji séparés
2 courgettes (240 g) taillées en fins bâtonnets
150 g de pois mange-tout parés
1 feuille de nori coupée en fines tranches

1 Portez le riz et l'eau à ébullition à feu moyen-vif dans une grande casserole. Baissez le feu et laissez frémir 30 min. Retirez du feu et laissez refroidir, à couvert.

2 Mélangez le mirin, la sauce soja, le sucre, le vinaigre et 2 c. à c. d'huile de sésame dans un petit bol ; réservez.

3 Mixez au robot la moitié du riz, la moitié des parties blanches des ciboules et 1 c. à c. d'huile. Transvasez-la dans un grand saladier. Recommencez avec le reste de riz, l'autre moitié des parties blanches des ciboules et 1 autre c. à c. d'huile. Mélangez et façonnez 16 galettes. Badigeonnez-les avec 1 c. à s. d'huile.

4 Faites chauffer une grande poêle à feu moyen et faites-y cuire les galettes en plusieurs fois, 5 min de chaque côté.

5 Faites chauffer le reste d'huile dans un wok ou une grande poêle à feu moyen-vif et faites-y cuire les champignons. Ajoutez les courgettes et les pois mange-tout, et poursuivez la cuisson 1 min. Ajoutez la sauce au mirin et mélangez.

6 Servez les galettes de riz avec les légumes sautés parsemés de nori et du reste de ciboules.

Ma po tofu aux aubergines

4 | 10' | 25'

6 petites aubergines (360 g) coupées en deux dans la longueur (face incisée)
2 c. à s. d'huile d'olive
2 gousses d'ail émincées
20 g de gingembre frais, taillé en allumettes
4 ciboules émincées
3 champignons shiitake (45 g) émincés
1 ½ c. à s. de sauce de haricots de soja au piment (pâte de haricots pimentée ou chili bean sauce)
125 ml de bouillon de légumes
1 c. à s. de sauce soja
600 g de tofu soyeux coupé en morceaux de 5 cm
1 c. à c. de fécule de maïs
2 c. à s. d'eau
2 c. à c. de poivre du Sichuan grillé et moulu
2 c. à s. de tige verte d'ail ciselée

1 Faites cuire les aubergines 20 min dans un grand wok d'eau frémissante, à couvert.

2 Faites chauffer l'huile à feu vif dans le wok et faites sauter l'ail, le gingembre et la moitié des ciboules 30 s. Ajoutez les champignons et la sauce de haricots de soja au piment, et faites sauter encore 1 min. Ajoutez le bouillon et la sauce soja. Portez à ébullition puis ajoutez le tofu. Baissez le feu et laissez frémir 3 min.

3 Dans un bol, délayez la fécule de maïs dans l'eau. Versez le tout dans la préparation au tofu. Ramenez à ébullition et laissez bouillir jusqu'à épaississement. Hors du feu, ajoutez le poivre et les trois quarts du vert d'ail.

4 Servez les aubergines recouvertes de cette préparation au tofu, parsemées du reste de vert d'ail et de ciboules.

Pâte de pois chiches & doliques épicés

4 · 2h · 30' · 1h20 · 2h

300 g de doliques
1 c. à s. d'huile d'olive
1 gros oignon (200 g) finement haché
4 gousses d'ail finement hachées
4 c. à c. de gingembre frais, râpé
2 c. à s. de cumin moulu
1 c. à s. de paprika doux
½ c. à c. de piment moulu
400 g de tomates en boîte, coupées en dés
250 ml de crème de coco
2 c. à c. de sucre
2 c. à s. de jus de citron
2 c. à s. d'huile d'olive supplémentaire
50 g de noix de cajou grillées, coupées en deux
1 long piment vert frais, émincé

Pâte de pois chiches
150 g de farine de pois chiches
2 c. à c. de cumin moulu
1 c. à c. de curcuma moulu
1 c. à c. de fleur de sel
750 ml d'eau

1 Faites tremper les doliques 2 h. Égouttez-les, rincez-les à l'eau froide. Placez-les dans une casserole remplie d'eau bouillante. Ramenez à ébullition puis baissez le feu et laissez mijoter 1 h. Égouttez-les.

2 Préparez la pâte de pois chiches. Graissez et tapissez de papier sulfurisé un moule à gâteau carré de 19 cm de côté. Mélangez la farine de pois chiches, le cumin, le curcuma et le sel dans un saladier. Ajoutez la moitié de l'eau et fouettez jusqu'à obtenir un mélange homogène. Versez le reste de l'eau dans une casserole posée sur feu vif et portez à ébullition. Ajoutez la préparation aux pois chiches et faites cuire 2 min, sans cesser de fouetter. Versez dans le moule. Laissez raffermir 2 h au réfrigérateur.

3 Faites chauffer l'huile dans une grande casserole à feu moyen et faites-y revenir l'oignon, l'ail, le gingembre, le cumin, le paprika et le piment moulu 5 min. Ajoutez les doliques, les tomates, la crème de coco et le sucre. Faites cuire 15 min, en remuant. Incorporez le jus de citron. Assaisonnez.

4 Démoulez la pâte de pois chiches et coupez-la en 8 rectangles. Faites chauffer l'huile supplémentaire à feu vif dans une grande poêle antiadhésive et faites dorer les rectangles 1 min de chaque côté.

5 Servez, recouvert de doliques, de noix de cajou et de piment.

Légumes au miso & salade de riz pilé

4 | 20' | 10'

2 c. à s. d'huile de sésame
4 gros champignons de Paris coupés en quatre
170 g d'asperges coupées en deux dans la longueur
6 ciboules émincées
400 g de champignons enoki

Salade de riz pilé
55 g de riz pour sushis
1 gros poivron jaune (350 g) émincé
1 gros poivron rouge (350 g) émincé
½ bouquet de coriandre
½ bouquet de menthe
100 g de germes de soja
2 c. à s. de graines de sésame grillées

Sauce au miso
60 g de miso blanc
60 ml de vinaigre de riz
1 c. à s. de miel
1 c. à c. de gingembre mariné, finement haché
1 c. à s. de jus de gingembre mariné
½ c. à c. de piment séché

1 Préparez la salade de riz pilé. Faites chauffer une grande poêle à feu moyen. Faites griller le riz 4 min, en remuant. Versez-le dans un mortier et, à l'aide d'un pilon, réduisez-le en une poudre fine. Mélangez cette poudre dans un saladier avec le reste des ingrédients.

2 Préparez la sauce au miso : fouettez les ingrédients dans un petit bol puis assaisonnez.

3 Faites chauffer un wok à feu vif. Versez-y l'huile de sésame et les champignons de Paris. Faites-les sauter 5 min puis déposez-les sur une plaque. Faites sauter les asperges et les ciboules 2 min puis placez-les sur la plaque. Faites sauter les champignons enoki 30 s puis disposez-les sur la plaque.

4 Servez les légumes recouverts de sauce miso et de salade de riz pilé.

Mayonnaise vegan

2 | 10' | 4h

160 g d'amandes entières mondées
125 ml d'eau
1 c. à c. de vinaigre de cidre
1 c. à s. de jus de citron
1 c. à c. de moutarde de Dijon
125 ml d'huile d'olive

1 Faites tremper les amandes pendant 4 h. Égouttez-les puis rincez-les à l'eau froide et égouttez-les de nouveau. Mixez-les avec l'eau jusqu'à l'obtention d'un mélange lisse.

2 Ajoutez le vinaigre de cidre, le jus de citron et la moutarde de Dijon. Mixez jusqu'à ce que le mélange soit lisse et homogène. Assaisonnez. En continuant de mixer, ajoutez progressivement l'huile d'olive en un filet continu.

Conservation
La mayonnaise vegan se gardera 1 mois au réfrigérateur dans un récipient hermétique.

Astuce
De préférence, utilisez un mixeur à vitesse rapide pour obtenir la consistance la plus lisse possible.

Mayonnaise citron & poivre

2 | 10' | 4h

160 g d'amandes entières mondées
125 ml d'eau
1 c. à c. de vinaigre de cidre
1 c. à s. de jus de citron
1 c. à c. de moutarde de Dijon
125 ml d'huile d'olive
2 c. à c. de zeste de citron
½ c. à c. de poivre noir moulu

1 Préparez la mayonnaise vegan comme ci-dessus puis ajoutez le zeste de citron et le poivre.

Astuce
Si la mayonnaise vegan n'est pas assez acidulée, ajoutez un peu plus de jus de citron. Si elle l'est trop, ajoutez de l'eau froide.

Mayonnaise harissa

2 | 10' | 4h

160 g d'amandes entières mondées
125 ml d'eau
1 c. à c. de vinaigre de cidre
1 c. à s. de jus de citron
1 c. à c. de moutarde de Dijon
125 ml d'huile d'olive
Harissa

1 Préparez la mayonnaise vegan comme ci-contre puis incorporez de la harissa selon votre goût.

Astuce
Étalez la mayonnaise vegan sur des sandwichs, servez-la avec des plats vegan ou utilisez-la à la place d'une mayonnaise aux œufs pour y tremper des bâtonnets de légumes crus.

Mayonnaise aïoli

2 | 10' | 4h

160 g d'amandes entières mondées
125 ml d'eau
1 c. à c. de vinaigre de cidre
1 c. à s. de jus de citron
1 c. à c. de moutarde de Dijon
125 ml d'huile d'olive
1 gousse d'ail écrasée

1 Préparez la mayonnaise vegan comme ci-contre puis incorporez la gousse d'ail écrasée.

Le lait d'avoine est, de tous les laits de céréales et de fruits à coque, le plus riche en protéines (6 g pour 250 ml). À volume équivalent, le lait de vache apporte 9 g de protéines, et le lait de riz 1 g.

Le lait de riz enrichi en protéines a une teneur en protéines plus élevée que le lait de riz classique. Fabriqué avec du riz complet et de l'eau, il est naturellement sans gluten.

Le lait d'amande, préparé avec de l'eau et des amandes broyées, est un produit idéal pour les végétaliens et les personnes souffrant d'intolérance aux produits laitiers et au soja. Il contient autant de calories que le lait écrémé, mais beaucoup moins de protéines.

Le lait de quinoa est deux fois moins riche en glucides que le lait de riz (mais est plus difficile à trouver). Bien que son IG n'ait pas encore été évalué, il aura par conséquent un effet moins important sur le taux de glucose sanguin. Il contient peu de calories (encore moins que le lait écrémé), mais également peu de protéines.

Le lait de riz contient plus de glucides que le lait de vache, mais moins de calcium et de protéines.

Le lait de noisettes est riche en vitamine E et constituent une bonne source de cuivre, d'acide folique et de manganèse. Elles sont également riches en antioxydants et en fibres, surtout si vous laissez leur peau quand vous préparez le lait.

LAITS VÉGÉTAUX

Les personnes qui ne consomment pas de produits laitiers peuvent utiliser toute une gamme de laits végétaux. Ces derniers peuvent être préparés avec des céréales comme les flocons d'avoine, le riz ou le quinoa, et presque tous les fruits à coque – l'amande et le soja étant les plus courants. Leurs qualités nutritionnelles diffèrent beaucoup selon les marques. Consultez la liste d'ingrédients pour vous assurer de leur qualité.

Le lait de noix de cajou (à confectionner vous-même) est une bonne source de graisses mono-insaturées et de magnésium, de zinc, de potassium et de fer. Lorsqu'il n'est pas filtré, il contient également des fibres.

Le lait de soja contient presque autant de protéines que le lait de vache, mais il peut aussi être allergisant. Les laits de moins bonne qualité (les moins chers) sont préparés à partir d'isolat de protéine de soja. Nous vous conseillons de les éviter et de choisir uniquement les laits préparés avec des graines de soja entières. À la différence des autres laits végétaux, la plupart des laits de soja sont enrichis en calcium.

Le lait de noix de macadamia (à confectionner vous-même) est un lait délicieusement crémeux qui contient des acides gras mono-insaturés bons pour le cœur. Lorsqu'il n'est pas filtré, il est riche en fibres.

Le lait de riz est préparé avec du riz complet moulu et de l'eau. On y ajoute souvent de l'huile et un édulcorant sous forme de sirop. Il est pauvre en protéines et a un IG élevé : ce n'est donc pas la meilleure alternative pour les personnes ne pouvant pas consommer de produits laitiers ou de soja.

Lait végétal à la vanille

2 · 4 h · 10'

70 g d'amandes mondées
70 g de noix de cajou
500 ml d'eau
1 gousse de vanille

1 Dans un grand bol, faites tremper les amandes et les noix de cajou au moins 4 h, à couvert. Égouttez, rincez à l'eau froide, puis égouttez de nouveau.

2 Mixez avec l'eau jusqu'à obtenir un mélange lisse.

3 Filtrez dans une passoire tapissée de mousseline au-dessus d'un grand bol. Réservez les fruits à coque broyés pour un autre emploi.

4 Fendez en deux la gousse de vanille et versez les graines dans le lait.

Astuce
Posez les fruits à coque broyés et filtrés sur une plaque de four et faites-les sécher à 150 °C. Éparpillez-les sur vos céréales du petit déjeuner ou ajoutez-les à un curry ou à des pâtes.

Lait végétal aux épices

2 · 4 h · 10'

140 g de noix de pécan
500 ml d'eau
Bâtons de cannelle
Anis étoilé
Filaments de safran

1 Dans un grand bol, faites tremper les noix de pécan au moins 4 h, à couvert. Égouttez, rincez à l'eau froide, puis égouttez de nouveau.

2 Mixez avec l'eau jusqu'à obtenir un mélange lisse.

3 Filtrez dans une passoire tapissée de mousseline au-dessus d'un grand bol. Réservez les noix de pécan broyées pour un autre emploi.

4 Ajoutez des bâtons de cannelle, de l'anis étoilé et des filaments de safran selon votre goût.

Astuce
Utilisez un mixeur à vitesse rapide afin d'obtenir un lait plus homogène et plus lisse.

Lait végétal

2 · 4h · 10'

140 g de noisettes mondées
500 ml d'eau

1 Dans un grand bol, faites tremper les noisettes au moins 4 h, à couvert. Égouttez, rincez à l'eau froide, puis égouttez de nouveau.

2 Mixez avec l'eau jusqu'à obtenir un mélange lisse.

3 Filtrez dans une passoire tapissée de mousseline au-dessus d'un grand bol. Réservez les noisettes broyées pour un autre emploi.

Astuce
Vous pouvez utiliser des noisettes, des amandes, des noix de cajou ou des noix de pécan. Utilisez des fruits à coque mondés pour que le lait soit plus blanc. Sucrez avec du sirop d'érable, du miel ou de la purée de dattes.

Yaourt vegan

3 | 4h | 5'

150 g de noix de cajou
160 g d'amandes mondées
250 ml d'eau

1 Versez les noix de cajou et les amandes dans un grand saladier. Recouvrez d'eau froide. Laissez tremper au moins 4 h, à couvert. Égouttez, rincez à l'eau froide, égouttez de nouveau.

2 Mixez avec l'eau jusqu'à ce que le mélange ait la consistance d'un yaourt.

Conservation
Ce yaourt vegan se garde 1 semaine au réfrigérateur.

Astuce
Ajoutez le jus de 1 citron au yaourt et agrémentez-en salades, soupes et currys.

Yaourt vegan Passion

3 | 4h | 10'

150 g de noix de cajou
160 g d'amandes mondées
250 ml d'eau
La pulpe de **3** fruits de la Passion

1 Préparez le yaourt comme indiqué page ci-contre puis ajoutez la pulpe de fruits de la Passion.

Astuce
Vous pouvez utiliser différents fruits à coque pour préparer ces yaourts.

Yaourt vegan fraise

3 | 4h | 5'

150 g de noix de cajou
120 g de noix de pécan
250 ml d'eau
250 g de fraises

1 Préparez le yaourt comme indiqué page ci-contre.

2 Mixez les fraises en une purée lisse. Incorporez-les au yaourt en créant des marbrures.

Veggie

L'amidonnier (également connu sous le nom italien de *farro*) est une variété de blé ancien et l'une des premières céréales à avoir été cultivées. Vendu entier, il est très riche en nutriments et en fibres.

Le millet décortiqué est une petite céréale sans gluten, dont on retire l'enveloppe dure avant utilisation. Il possède un léger goût de noix et de maïs. C'est une céréale très répandue en Afrique et en Inde, où elle est souvent utilisée pour préparer des pains plats.

L'épeautre est une autre céréale ancienne, de retour dans les cuisines. Très riche en fibres, en protéines, en vitamines et en minéraux, il se distingue par un goût de noix subtil.

L'orge est riche en fibres. Les recherches ont prouvé qu'elle aidait à réduire le taux de cholestérol dans le sang. L'orge perlé (en photo ci-contre) est débarrassé de son enveloppe extérieure, puis il est décortiqué et poli pour qu'il ne reste que la « perle » de la céréale. Il possède un IG faible, même après avoir été décortiqué.

CÉRÉALES ANCIENNES

Cultivées pendant des siècles à travers le monde, de nombreuses céréales anciennes sont tombées dans l'oubli avec l'évolution des techniques de moissonnage, l'uniformisation des cultures et le développement de céréales permettant de faire du pain, des pâtes, etc. Elles font aujourd'hui leur grand retour.

Le freekeh (ou frik) est une céréale ancienne préparée à partir du blé vert tendre rôti. Il a un IG faible, est quatre fois plus riche en fibres que le riz complet et plus généreux en protéines que le blé classique.

Le teff (photographié ici sous forme de farine) est une céréale à très petites graines, contenant beaucoup d'amidon, qui favorise le développement de bonnes bactéries dans le système digestif. Sans gluten, il est très riche en calcium, et est donc recommandé aux personnes suivant un régime sans produits laitiers.

Galettes indiennes au quinoa

4 — 15' — 30' — 35' — kcal 611

400 g de patates douces en morceaux
500 ml d'eau
200 g de quinoa blanc, rincé et égoutté
80 ml d'huile d'olive
1 oignon jaune (150 g), finement haché
1 c. à c. de gingembre frais, finement haché
2 gousses d'ail pilées
1 long piment rouge frais, finement haché
1 ½ c. à s. de curry en poudre
½ bouquet de coriandre ciselée
1 œuf
40 g de farine complète
1 c. à s. d'huile d'olive
500 g de tomates roma mûres, coupées en 6 quartiers
1 c. à s. de graines de moutarde jaune
2 c. à s. de feuilles de curry (ou kaloupilé) fraîches
190 g de yaourt à la grecque
40 g de jeunes feuilles de salade

1 Faites cuire les patates douces 5 min dans de l'eau bouillante. Égouttez-les. Écrasez-les en purée (il vous en faudra 250 ml). Laissez refroidir.

2 Portez l'eau à ébullition dans une petite casserole. Versez le quinoa et laissez-le cuire 15 min à feu doux. Égouttez et laissez refroidir.

3 Faites chauffer 1 c. à s. d'huile dans une poêle sur feu moyen. Faites revenir l'oignon 8 min, en remuant. Ajoutez le gingembre, l'ail, le piment et le curry en poudre, et poursuivez la cuisson 3 min à feu doux.

4 Dans un saladier, mélangez la purée de patates douces, le quinoa, l'oignon épicé, la coriandre, l'œuf et la farine. Assaisonnez. Formez 8 galettes de 8 cm de diamètre. Déposez-les sur une plaque chemisée de papier sulfurisé. Couvrez et placez 30 min au réfrigérateur.

5 Faites chauffer l'huile restante dans une grande poêle sur feu moyen. Faites cuire les galettes 3 min sur chaque face. Déposez-les sur du papier absorbant.

6 Faites chauffer la cuillerée à soupe d'huile dans la même poêle, sur feu moyen. Faites revenir les tomates avec les graines de moutarde et les feuilles de curry 5 min, en remuant de temps en temps. Assaisonnez.

7 Servez les galettes avec des tomates, du yaourt et de la salade.

Galettes de légumes aux amandes & au miso

4 | 15' | 15' | kcal 738

2 c. à s. de miso blanc
2 c. à s. de graines de sésame grillées
160 g d'amandes grillées
2 c. à s. d'huile végétale
2 ciboules émincées
180 g de champignons de Paris hachés
1 c. à s. de sauce soja
1 c. à c. de cinq-épices chinois
2 c. à c. de miel
35 g de panko (ou de chapelure)
1 œuf, légèrement battu
2 c. à s. d'huile végétale
150 g de mayonnaise aux œufs
2 c. à c. de jus de citron vert
1 citron vert, coupé en quartiers

Salade de chou mariné
450 g de chou rouge, émincé
2 ciboules émincées
4 radis rouges (140 g), coupés en fines rondelles
1 c. à s. de gingembre mariné, haché
2 c. à s. de jus de citron vert
2 c. à s. de vinaigre de riz
1 c. à s. de sauce soja
1 c. à c. de sucre

1 Préparez la salade de chou mariné. Mettez le chou, les ciboules, les radis et le gingembre dans un saladier. Mélangez le jus de citron vert, le vinaigre, la sauce soja et le sucre, et versez sur la salade. Mélangez.

2 Mixez le miso avec les graines de sésame et les amandes pour bien les mélanger. Laissez-les dans le bol du robot.

3 Huilez une grande poêle. Faites dorer les ciboules et les champignons 3 min sur feu moyen, sans cesser de remuer. Ajoutez la sauce soja et le cinq-épices, et poursuivez la cuisson 30 s. Versez cette préparation dans le bol du robot, incorporez le miel, le panko et l'œuf, et mixez pour obtenir une préparation bien amalgamée, mais pas lisse. Confectionnez 12 galettes avec 1 ½ c. à s. de préparation. Assaisonnez.

4 Faites chauffer un tiers de l'huile dans une grande poêle sur feu moyen. Faites cuire les galettes 2 min sur chaque face.

5 Dans un bol, mélangez la mayonnaise et le jus de citron vert.

6 Servez les galettes avec la salade de chou mariné, la mayonnaise au citron vert et des quartiers de citron vert.

Beignets courgettes & maïs

4 | 30' | 20' | kcal 459

2 épis de maïs (800 g)
2 petites courgettes (180 g)
1 carotte (120 g) râpée
2 œufs, blancs et jaunes séparés
90 g de fécule de maïs
2 c. à s. d'eau
2 c. à s. d'huile de riz

Salade d'avocat à la coriandre
1 gros avocat (320 g) taillé en minces quartiers
250 g de petites tomates coupées en quatre
2 c. à s. de jus de citron
25 g de brins de coriandre fraîche

1 Retirez les feuilles et la soie des épis de maïs. Avec un couteau bien affûté, détachez les grains des épis et faites-les cuire dans une petite casserole d'eau bouillante. Égouttez-les et laissez refroidir.

2 Râpez grossièrement les courgettes. Pressez-les pour en extraire l'excès d'eau, puis mélangez-les avec le maïs, la carotte, les jaunes d'œufs, la fécule et l'eau. Assaisonnez.

3 Montez les blancs d'œufs en neige. Incorporez-les à la préparation aux légumes. Façonnez 12 beignets.

4 Faites chauffer l'huile de riz dans une grande poêle antiadhésive sur feu moyen. Faites-y cuire les beignets en 3 fois, 2 min de chaque côté.

5 Mélangez tous les ingrédients de la salade ; assaisonnez. Servez les beignets avec la salade.

Petits cakes à la ricotta, salsa verde & légumes grillés

6 | 35' | 25' | 5' | 180 °C | kcal 404

Huile de cuisson en spray
750 g de ricotta ferme
1 œuf
20 g de parmesan râpé
15 g de ciboulette fraîche, ciselée
¼ de c. à c. de piment séché
12 tranches de pain au levain complet (135 g)
1 aubergine (440 g) émincée dans la longueur
2 poivrons rouges (400 g), coupés en 8 larges rubans
2 courgettes (240 g) émincées dans la longueur
4 gros cœurs d'artichaut marinés, coupés en quartiers
Sel et poivre
Le zeste de **1** citron (140 g)
12 petites feuilles de laurier frais

Salsa verde
80 g de feuilles de basilic frais
100 g de feuilles de persil plat frais
2 gousses d'ail pilées
2 filets d'anchois hachés
2 c. à c. de minicâpres
1 c. à c. de zeste de citron râpé
80 ml d'huile d'olive vierge extra
2 c. à c. de jus de citron

1 Préchauffez le four à 180 °C. Vaporisez d'huile un moule à muffins de 12 alvéoles (80 ml). Chemisez les alvéoles de papier sulfurisé.

2 Mélangez la ricotta, l'œuf, le parmesan et la ciboulette dans un grand bol ; assaisonnez. Répartissez la préparation dans les alvéoles du moule et lissez la surface. Parsemez de piment séché.

3 Faites cuire 20 min au four. Laissez les petits cakes reposer 5 min dans le moule.

4 Préparez la salsa verde. Hachez grossièrement le basilic, le persil et l'ail. Mettez-les dans le robot avec les anchois, les câpres, le zeste de citron et la moitié de l'huile. Sans couper le moteur, ajoutez le reste de l'huile en filet mince jusqu'à ce que le mélange soit lisse. Versez la préparation dans un petit bol et incorporez le jus de citron. Assaisonnez et recouvrez le bol de film alimentaire.

5 Vaporisez les tranches de pain et les légumes d'huile en spray. Assaisonnez les légumes. Faites cuire les légumes dans une poêle-gril préchauffée (ou sur un gril ou un barbecue), sur feu moyen-vif, 2 min de chaque côté. Faites légèrement griller les tranches de pain dans la poêle-gril, 1 min de chaque côté.

6 Disposez les petits cakes sur un plat. Décorez chaque cake de salsa verde, de zeste de citron et de 1 feuille de laurier. Servez-les accompagnés de légumes et de pain.

Tarte aux carottes, chou & graines

6 | 20' | 40' | 180 °C | kcal 485

60 ml d'huile d'olive
1 blanc de poireau (200 g) émincé
2 gousses d'ail pilées
2 c. à c. de graines de carvi
2 carottes (270 g) râpées
250 g de chou de Milan (ou chou frisé) émincé
40 g de raisins de Corinthe
2 c. à s. de menthe fraîche, hachée
14 feuilles de pâte filo (210 g)
80 ml d'huile d'olive

Garniture aux graines
50 g de graines de courge
35 g d'amandes effilées
25 g de noix hachées
1 c. à s. de graines de pavot
1 c. à s. de graines de sésame

Salade d'herbes
2 miniconcombres (260 g)
1 bouquet de persil plat
1 bouquet de persil frisé
1 petit bouquet de menthe fraîche
1 petit bouquet d'aneth frais
2 ciboules émincées
1 c. à s. de vinaigre de vin rouge
2 c. à s. d'huile d'olive
75 g de chèvre frais, émietté

1 Faites chauffer l'huile dans une grande poêle sur feu moyen. Faites revenir le poireau, l'ail et les graines de carvi pendant 5 min, sans cesser de remuer. Ajoutez les carottes et poursuivez la cuisson 3 min. Incorporez le chou, poursuivez la cuisson 5 min. Ajoutez les raisins et la menthe. Laissez refroidir.

2 Mélangez les ingrédients de la garniture dans un bol.

3 Préchauffez le four à 180 °C.

4 Divisez la garniture en 7 portions. Badigeonnez 1 feuille de pâte filo d'huile à l'aide d'un pinceau et recouvrez-la d'une seconde feuille ; conservez les autres feuilles sous un torchon propre humide. Déposez une portion de garniture en formant une ligne fine le long d'un bord et roulez la pâte. Commencez à former une spirale au centre d'un moule à charnière de 24 cm, en plaçant la jointure de la pâte vers le fond.

5 Répétez l'opération avec les feuilles restantes, en collant les rouleaux les uns aux autres pour recouvrir le fond du moule. Badigeonnez le dessus des rouleaux avec l'huile restante à l'aide d'un pinceau.

6 Enfournez la tarte 18 min. Parsemez-la de garniture aux carottes et au chou et poursuivez la cuisson 8 min.

7 Préparez la salade d'herbes. Coupez les concombres en rubans avec un couteau économe. Mélangez-les avec les herbes, les ciboules, le vinaigre et l'huile. Garnissez de fromage de chèvre. Servez la tarte avec la salade.

Salade de couscous aux patates douces & à l'orange

4 | 15' | 25' | 220 °C | kcal 444

2 patates douces (800 g) coupées en morceaux
2 c. à s. d'huile d'olive
1 c. à c. de cumin moulu
½ c. à c. de noix de muscade moulue
100 g de couscous
125 ml d'eau bouillante
2 oranges (480 g) détaillées en quartiers
60 g de canneberges séchées
40 g de noix de pécan grillées

Sauce balsamique à l'orange
1 c. à s. de jus d'orange
1 c. à s. de vinaigre balsamique
1 c. à c. de moutarde de Dijon
1 gousse d'ail écrasée
2 c. à s. d'huile d'olive

1 Préchauffez le four à 220 °C. Mélangez les morceaux de patate douce, l'huile d'olive, le cumin et la muscade sur une plaque de cuisson. Faites rôtir 25 min.

2 Mélangez le couscous et l'eau bouillante dans un grand saladier, couvrez et laissez gonfler 5 min.

3 Préparez la sauce en mélangeant les ingrédients dans un shaker pour sauce à salade.

4 Mélangez les oranges, les canneberges et les noix de pécan avec le couscous. Servez les patates douces accompagnées de couscous et de sauce.

Pizza d'épeautre à la patate douce, graines de courge & chèvre

4 · 35' · 30' · 40' · 220 °C · kcal 840

2 c. à c. de levure de boulanger sèche (7 g)
½ c. à c. de sel
300 g de farine d'épeautre
250 ml d'eau tiède
80 ml d'huile d'olive
3 oignons jaunes (600 g), coupés en deux puis émincés
2 gousses d'ail pilées
800 g de patates douces, coupées en fines rondelles
65 g de graines de courge
1 long piment vert frais, épépiné et finement haché
200 g de chèvre frais, émietté
20 g de petites feuilles de roquette

1 Dans un saladier, mélangez la levure, le sel et la farine. Creusez un puits au centre. Versez l'eau et 2 c. à s. d'huile. Mélangez bien. Pétrissez la pâte sur un plan de travail fariné 5 min. Placez-la dans un saladier huilé et couvrez de film alimentaire. Laissez lever 30 min.

2 Faites chauffer l'huile restante dans une grande poêle sur feu moyen à vif. Faites revenir les oignons et l'ail 5 min, en remuant. Baissez le feu et poursuivez la cuisson 20 min, en continuant de mélanger. Laissez refroidir.

3 Préchauffez le four à 220 °C. Huilez 2 plaques à pizza de 30 cm (ou 2 plaques de cuisson classiques).

4 Coupez la pâte en deux et formez 2 disques de 25 cm de diamètre. Posez-les sur les plaques. Répartissez les oignons sur les pâtes, garnissez de patate douce et parsemez de graines de courge.

5 Faites cuire les pizzas 15 min en inversant les plaques à mi-cuisson. Servez-les garnies de piment, de chèvre et de roquette.

Pizzas à la betterave rôtie & à la feta

4 | 15' | 30' | 200 °C | kcal 602

2 c. à s. d'huile d'olive
1 kg de betteraves nouvelles crues parées, pelées et coupées en quatre
4 gousses d'ail écrasées
2 c. à c. de feuilles de thym frais
4 grands pains pita (320 g)
260 g de sauce tomate toute prête
200 g de feta émiettée
20 g de jeunes pousses de roquette

1 Préchauffez le four à 200 °C.

2 Mélangez l'huile d'olive, les betteraves, l'ail et le thym dans un plat à gratin et enfournez 20 min environ jusqu'à ce que les betteraves soient tendres.

3 Posez les pains pita sur des plaques et nappez-les de sauce tomate. Répartissez les betteraves rôties sur les pitas et parsemez de feta.

4 Faites cuire les pizzas pendant 10 min environ pour que les pains soient croustillants.

5 Garnissez de roquette et servez ces pizzas coupées en quatre.

Note
Les betteraves sous vide ne donneront pas un aussi bon résultat que des betteraves fraîches rôties. Les pains pita permettent de préparer des pizzas individuelles.

Tarte aux betteraves rôties, ail & graines de chia

4 | 15' | 20' | 30' | 1h15 | 200 °C | kcal 802

500 g de jeunes betteraves avec leur tige et leurs feuilles
8 gousses d'ail en chemise
6 brins de thym frais
2 ½ c. à s. d'huile d'olive
3 oignons rouges (510 g), émincés
1 gousse d'ail pilée
60 g de chèvre frais, émietté
2 c. à s. d'huile d'olive vierge extra
2 c. à s. de jus d'orange
1 c. à c. de graines de chia blanches

Pâte
2 c. à s. de graines de chia blanches
2 c. à s. d'eau tiède
240 g de farine complète
1 c. à c. de fleur de sel
50 g de beurre doux froid, coupé en dés
1 œuf
60 ml d'huile d'olive

1 Parez les betteraves en laissant un petit morceau des tiges. Hachez finement les tiges coupées pour obtenir 2 c. à s. Couvrez 20 g de feuilles de betterave de papier absorbant humide. Ciselez 100 g de feuilles. Placez le tout au réfrigérateur.

2 Préparez la pâte. Dans un saladier, mélangez les graines de chia et l'eau. Laissez reposer 20 min. Ajoutez la farine, le sel et le beurre ; amalgamez du bout des doigts. Incorporez les tiges hachées. Fouettez l'œuf et l'huile dans un bol, versez sur la pâte et mélangez à la main. Formez une boule. Couvrez et placez 30 min au réfrigérateur.

3 Préchauffez le four à 200 °C. Chemisez une plaque de papier d'aluminium. Mettez les betteraves, l'ail et le thym au centre de la plaque. Arrosez de 2 c. à c. d'huile d'olive. Enveloppez de papier d'aluminium. Faites rôtir 30 min. Épluchez-les et coupez-les en quartiers.

4 Faites chauffer l'huile restante dans une poêle, sur feu doux. Faites revenir les oignons et l'ail pilé 20 min. Ajoutez les feuilles de betterave ciselées et poursuivez la cuisson 3 min. Assaisonnez et laissez refroidir.

5 Étalez la pâte en un disque de 30 cm de diamètre. Repliez le bord sur 1 cm. Enfournez 12 min.

6 Étalez les oignons sur la pâte, ajoutez les betteraves rôties et l'ail, puis le chèvre. Enfournez 10 min.

7 Fouettez les 2 c. à s. d'huile d'olive avec le jus d'orange. Assaisonnez. Ajoutez les feuilles de betterave et mélangez. Garnissez-en la tarte et saupoudrez de graines de chia.

Tourtes lentilles & patate douce

8 | 20' | 20' | 30' | 1h | 200 °C

2 c. à s. d'huile d'olive
1 oignon rouge (170 g), finement haché
3 gousses d'ail finement hachées
1 branche de céleri (150 g) parée et finement hachée
2 c. à s. de harissa
1 c. à c. de cumin moulu
1 c. à c. de coriandre moulue
450 g de lentilles vertes du Puy
2 petites patates douces (500 g) coupées en morceaux de 3 cm
500 ml de bouillon de légumes
125 ml d'eau
400 g de tomates concassées en boîte, avec leur jus
60 g de jeunes pousses d'épinard
½ bouquet de persil plat
½ bouquet de coriandre
1 ½ c. à c. de zeste de citron râpé
4 feuilles de pâte feuilletée
1 œuf légèrement battu

Yaourt aux herbes et au citron
280 g de yaourt à la grecque
4 c. à s. de persil plat frais, ciselé
4 c. à s. de coriandre fraîche, ciselée
1 c. à s. de zeste de citron confit finement haché
1 c. à s. de jus de citron

1 Faites chauffer l'huile à feu moyen dans une grande casserole et faites-y revenir l'oignon, l'ail et le céleri 5 min. Ajoutez la harissa et les épices, et faites cuire 1 min, en remuant. Versez dans la casserole les lentilles, les patates douces, le bouillon et l'eau. Portez à ébullition. Baissez le feu et laissez frémir 20 min, à couvert.

2 Ajoutez les tomates et ramenez à ébullition. Faites cuire 5 min, sans couvrir, jusqu'à épaississement. Incorporez les épinards, les herbes et le zeste de citron. Assaisonnez et laissez refroidir.

3 Préparez le yaourt aux herbes et au citron : mélangez les ingrédients dans un bol.

4 Préchauffez le four à 200 °C. Graissez 8 ramequins de 250 ml (diamètre de 7,5 cm à la base et de 12,5 cm en haut).

5 Découpez 8 carrés de pâte de 13 cm de côté ; réservez au réfrigérateur.

6 Remplissez les ramequins de préparation aux lentilles refroidie. Recouvrez avec un carré de pâte, en pressant les bords pour souder. Badigeonnez le dessus d'œuf battu et percez-le pour que la vapeur puisse s'échapper.

7 Enfournez 30 min. Servez avec le yaourt aux herbes et au citron.

Pizzas à la patate douce & à l'oignon caramélisé

4 | 15' | 45' | 220 °C | kcal 665

1 patate douce orange (500 g) grossièrement hachée
2 gousses d'ail écrasées
1 c. à s. de romarin finement haché
1 c. à c. de flocons de piment séché
2 c. à s. d'huile d'olive
45 g de beurre
1 gros oignon rouge (300 g) émincé
4 grandes pitas (320 g)
250 g de sauce tomate prête à l'emploi
200 g de mozzarella grossièrement râpée
1 poignée de feuilles de menthe

1 Préchauffez le four à 220 °C.

2 Dans un plat à four, mélangez la patate douce, l'ail, le romarin, les flocons de piment et l'huile d'olive. Enfournez 20 min.

3 Faites fondre le beurre dans une poêle et faites caraméliser l'oignon pendant 15 min.

4 Posez les pitas sur des plaques de cuisson et couvrez-les de sauce tomate. Répartissez dessus la patate douce et l'oignon caramélisé, ainsi que la mozzarella.

5 Enfournez 10 min. Décorez de menthe avant de servir.

Risotto d'orge aux tomates & au romarin

4 | 10' | 50' | kcal 592

1 c. à s. d'huile d'olive
1 petit oignon jaune (80 g) finement haché
2 gousses d'ail pilées
1 poivron rouge (200 g), en fines lamelles
1 c. à s. de romarin frais, haché
300 g d'orge perlé
1,25 litre de bouillon de légumes
400 g de tomates pelées, coupées en dés
280 g de passata
2 c. à c. de sucre
2 c. à c. de zeste de citron râpé
200 g de mozzarella di bufala déchirée
1 c. à s. d'huile d'olive pimentée
1 petit bouquet de persil plat

1 Faites chauffer l'huile d'olive dans une grande casserole sur feu moyen. Faites revenir l'oignon, l'ail, le poivron et le romarin 5 min.

2 Ajoutez l'orge et remuez 1 min. Incorporez le bouillon, les tomates, la passata, le sucre et le zeste de citron. Portez à ébullition, puis baissez le feu et poursuivez la cuisson 45 min, en remuant de temps en temps. Assaisonnez.

3 Servez le risotto dans des assiettes creuses, garnissez de mozzarella, arrosez d'un filet d'huile pimentée et parsemez de feuilles de persil.

Risotto de sarrasin aux champignons & à la sauge

4 | 20' | 40'

60 ml d'huile d'olive
650 g de champignons de Paris émincés
1 oignon (150 g) finement haché
3 gousses d'ail émincées
2 c. à s. de feuilles de sauge fraîche, ciselées
300 g de sarrasin
250 ml de vin blanc
1,25 litre de bouillon de légumes chaud
80 g de parmesan râpé
2 c. à s. d'huile d'olive supplémentaire
1 petite poignée de feuilles de sauge supplémentaires
200 g de labné ou de chèvre frais
55 g d'amandes effilées, grillées

1 Faites chauffer 2 c. à s. d'huile dans une grande casserole à feu vif. Faites-y dorer les champignons 10 min, en 2 fois, puis retirez-les de la casserole.

2 Faites chauffer le reste de l'huile à feu moyen dans la même casserole et faites revenir l'oignon, l'ail et la sauge ciselée 5 min. Ajoutez le sarrasin et faites revenir 1 min, en remuant. Ajoutez le vin et poursuivez la cuisson 1 min, en remuant.

3 Ajoutez le bouillon et portez à ébullition. Baissez le feu sur feu doux et laissez frémir 30 min, à découvert, en remuant de temps en temps. Incorporez les champignons et le parmesan puis assaisonnez.

4 Faites chauffer l'huile supplémentaire à feu moyen dans une petite poêle et faites-y frire la sauge 30 s pour qu'elle soit croustillante. Égouttez-la sur du papier absorbant.

5 Servez le risotto recouvert de labné, de sauge et d'amandes.

Risotto de quinoa, champignons & chou noir

2 | 10' | 30' | kcal 416

10 g de cèpes séchés
125 ml d'eau bouillante
1 c. à s. d'huile d'olive
1 petit oignon (80 g) finement haché
1 gros champignon portobello (80 g), haché
100 g de champignons cremini, en fines lamelles
2 gousses d'ail pilées
100 g de quinoa rincé et égoutté
625 ml de bouillon de légumes
1 branche de thym frais
100 g de chou noir de Toscane (cavolo nero), émincé
25 g de parmesan finement râpé

1 Mettez les cèpes dans un saladier et couvrez-les d'eau bouillante. Laissez reposer 5 min.

2 Faites chauffer l'huile d'olive dans une poêle à feu moyen et faites revenir l'oignon 3 min, en remuant. Ajoutez les champignons frais et faites cuire 3 min, en remuant. Ajoutez l'ail et poursuivez la cuisson 1 min.

3 Ajoutez le quinoa, le bouillon de légumes et le thym. Égouttez les cèpes ; conservez le liquide de trempage. Hachez-les grossièrement. Ajoutez les cèpes et le liquide de trempage dans la poêle. Portez à ébullition puis laissez mijoter 20 min, sans couvrir, pour que le liquide soit absorbé et le quinoa tendre. Jetez le thym.

4 Ajoutez le chou et remuez jusqu'à ce qu'il soit flétri. Hors du feu, ajoutez la moitié du parmesan.

5 Servez le risotto garni du reste de parmesan.

Couscous au potiron & aux abricots

6 | 10' | 20' | 200°C | kcal 393

750 g de potiron non pelé, coupé en fins quartiers
2 c. à s. d'huile d'olive
250 ml d'eau bouillante
2 c. à s. de zeste de citron
200 g de couscous
150 g d'abricots secs, coupés en deux
80 g de graines de courge
2 c. à s. de jus de citron
2 c. à s. de persil plat frais ciselé
125 g de fromage de chèvre frais émietté

1 Préchauffez le four à 200 °C. Mélangez le potiron et l'huile d'olive dans un plat à gratin. Faites rôtir 20 min environ jusqu'à ce que le potiron soit tendre.

2 Pendant ce temps, mélangez l'eau bouillante, le zeste de citron et le couscous dans un grand saladier résistant à la chaleur, couvrez et laissez reposer 5 min environ. Quand tout le liquide a été absorbé, décollez les grains à l'aide d'une fourchette.

3 Incorporez les abricots secs, les graines de courge, le jus de citron et le persil au couscous. Assaisonnez à votre goût.

4 Garnissez le couscous de potiron rôti et de fromage de chèvre.

Nasi goreng de riz complet & œufs mollets

4 | 20' | 25' | kcal 527

400 g de brocoli chinois (gai lan) ou brocoli
375 g de choy sum ou épinards frais
1 petit bouquet de coriandre
4 œufs
2 c. à s. d'huile végétale
6 échalotes (150 g) émincées
4 cm de gingembre frais (20 g), taillé en allumettes
2 gousses d'ail pilées
2 longs piments rouges frais, émincés
150 g de champignons de Paris coupés en quatre
100 g de champignons shiitake émincés
115 g de petits épis de maïs coupés en deux dans la longueur
625 g de riz complet cuit (300 g de riz cru)
1 c. à c. d'huile de sésame
2 c. à s. de sauce soja

1 Séparez les feuilles et les tiges du brocoli chinois et du choy sum. Coupez les tiges en tronçons de 10 cm et les feuilles en morceaux de 10 cm. Hachez la moitié de la coriandre et réservez les feuilles restantes.

2 Faites cuire les œufs 5 min dans de l'eau bouillante, puis égouttez-les et écalez-les.

3 Faites chauffer la moitié de l'huile végétale dans un wok sur feu moyen. Faites revenir les échalotes 8 min. Ajoutez le gingembre, l'ail et la moitié des piments. Poursuivez la cuisson 4 min. Transférez la préparation dans un plat.

4 Faites chauffer l'huile restante dans un wok sur feu moyen-vif. Faites sauter les champignons et le maïs 4 min. Ajoutez les tiges des légumes et poursuivez la cuisson 3 min. Incorporez les feuilles des légumes, le riz, l'huile de sésame, la sauce soja, les échalotes sautées et la coriandre hachée. Faites sauter 3 min. Assaisonnez.

5 Servez le nasi goreng avec les feuilles de coriandre réservées, le piment restant et les œufs.

Pâtes à l'épeautre, poivrons, pignons & piment

4 | 10' | 40' | kcal 648

60 ml d'huile d'olive
2 gousses d'ail pilées
1 oignon (150 g) finement haché
1 c. à c. de graines de fenouil
3 poivrons rouges (600 g), coupés en dés
3 poivrons jaunes (600 g), coupés en dés
1 long piment rouge frais, épépiné et haché
2 c. à s. de concentré de tomates
430 ml de bouillon de légumes
2 c. à s. de vinaigre de vin rouge
375 g de fettucine à l'épeautre
50 g de basilic frais
2 c. à s. de pignons de pin grillés
40 g de parmesan râpé

1 Faites chauffer l'huile dans une grande cocotte sur feu moyen-vif. Faites-y revenir l'ail, l'oignon et les graines de fenouil 5 min, en remuant. Ajoutez les poivrons et le piment, couvrez et faites cuire 8 min. Ajoutez le concentré de tomates et poursuivez la cuisson 2 min, puis versez le bouillon et portez à ébullition. Réduisez le feu et laissez mijoter 25 min, sans enlever le couvercle : les poivrons doivent être fondants. Hors du feu, ajoutez le vinaigre et assaisonnez.

2 Faites cuire les pâtes dans une grande quantité d'eau bouillante salée. Égouttez-les et mettez-les dans la cocotte.

3 Mélangez les pâtes avec les poivrons et la moitié du basilic. Servez les pâtes dans les assiettes et décorez-les avec les pignons, le parmesan et le reste de basilic.

Pâtes aux haricots borlotti, poires & pesto amandes-noix

4 | 25' | 35' | kcal 1 108

600 g de haricots borlotti frais, écossés
80 g d'amandes mondées, grillées
50 g de noix grillées
1 gousse d'ail pilée
15 g de feuilles de persil plat frais, ciselées
½ c. à c. de poivre noir, fraîchement moulu
125 ml d'huile d'olive
375 g de penne
2 poires (460 g), en minces quartiers
1 c. à s. d'huile d'olive supplémentaire
1 trévise (200 g) effeuillée et déchiquetée
120 g de bleu coupé en morceaux
15 g de brins de persil plat supplémentaire

1 Mettez les haricots dans une grande marmite remplie d'eau froide. Portez à ébullition et laissez bouillir 25 min. Égouttez.

2 Hachez finement les amandes, les noix, l'ail, le persil et le poivre dans un robot. Sans arrêter le moteur, incorporez progressivement 60 ml d'huile d'olive. Salez le mélange.

3 Faites cuire les pâtes. Égouttez ; réservez 125 ml d'eau de cuisson. Remettez les pâtes dans la casserole et couvrez-les pour les maintenir au chaud.

4 Assaisonnez les poires. Faites chauffer la cuillerée à soupe d'huile supplémentaire dans une grande poêle, sur feu moyen. Faites-y dorer les quartiers de poire 2 min de chaque côté. Égouttez-les sur du papier absorbant. Versez les haricots dans la poêle et réchauffez 2 min, en remuant.

5 Ajoutez le pesto d'amandes et de noix aux pâtes, en ajoutant progressivement assez d'eau de cuisson pour que la purée enrobe les pâtes. Ajoutez les poires, les haricots et la trévise. Mélangez et assaisonnez.

6 Décorez les pâtes de petits morceaux de bleu et de brins de persil, arrosez avec le reste d'huile et servez.

Spaghettis complets au brocoli & au pain à l'ail

4 | 25' | 15' | kcal 685

6 tranches de pain complet (270 g), sans la croûte
375 g de spaghettis complets
420 g de fleurettes de brocoli surgelées
150 g de pois mange-tout surgelés
80 ml d'huile d'olive vierge extra
2 gousses d'ail pilées
1 petit piment rouge, épépiné et finement haché
2 ciboules finement hachées
1 jeune poireau
1 courgette (120 g) émincée
2 filets d'anchois finement hachés
2 c. à c. de zeste de citron râpé
60 ml de jus de citron
75 g de fromage de chèvre crémeux, coupé en morceaux

1 Rompez le pain en petits morceaux. Faites cuire les pâtes dans de l'eau bouillante salée. Ajoutez le brocoli et les pois mange-tout 5 min avant la fin de la cuisson. Égouttez ; réservez 60 ml d'eau de cuisson.

2 Mettez la moitié de l'huile à chauffer dans une grande poêle, sur feu moyen-vif. Faites-y revenir les morceaux de pain avec l'ail et le piment, pendant 5 min, en remuant souvent, jusqu'à ce que le pain soit doré et croustillant. Épongez le pain avec du papier absorbant.

3 Hachez finement le vert du poireau. Mettez le reste d'huile à chauffer dans la même poêle, préalablement essuyée, et faites-y cuire le poireau, la courgette et les anchois, en remuant 5 min.

4 Mélangez dans un saladier les pâtes au brocoli et à la préparation à la courgette. Ajoutez le zeste et le jus de citron, ainsi que les 60 ml d'eau de cuisson des pâtes.

5 Parsemez l'ensemble de pain à l'ail et de fromage de chèvre.

Fèves & artichauts

4 | 10' | 2' | kcal 129

300 g de fèves fraîches ou surgelées
400 g d'artichauts en conserve, égouttés et coupés en deux

Vinaigrette à la tomate
1 tomate (150 g) épépinée et finement hachée
2 c. à s. de feuilles de basilic frais, ciselées
2 c. à s. d'huile d'olive
1 c. à s. de vinaigre blanc

1 Préparez la vinaigrette à la tomate en mélangeant tous les ingrédients dans un bol. Assaisonnez.

2 Plongez les fèves écossées dans une casserole d'eau bouillante salée et faites-les cuire 2 min, sans couvrir, pour que leur peau se flétrisse, puis égouttez-les. Plongez-les dans un récipient rempli d'eau glacée et laissez reposer 2 min, puis égouttez-les. Dérobez-les et jetez la peau.

3 Mélangez les fèves avec les artichauts et la vinaigrette dans un saladier. Assaisonnez.

Astuce
Pour cette recette, il vous faudra 1,25 kg de fèves fraîches non écossées.

Linguine primavera & œufs pochées

4 | 15' | 15' | kcal 763

180 g de fèves fraîches, écossées
100 g de pois gourmands
2 c. à c. de sel
500 g de linguine
60 ml d'huile d'olive vierge extra
2 gousses d'ail émincées
170 g d'asperges vertes, en tronçons
1 c. à s. de vinaigre blanc
4 œufs
15 g de feuilles de cerfeuil frais
80 g de parmesan râpé

1 Plongez les fèves dans une grande casserole d'eau bouillante 2 min, sortez-les de l'eau avec une écumoire et rincez-les sous l'eau froide. Égouttez. Plongez les pois gourmands dans la même eau bouillante 30 s. Sortez les pois gourmands avec une écumoire, rincez-les sous l'eau froide et égouttez-les. Épluchez les fèves.

2 Portez de nouveau l'eau à ébullition et ajoutez le sel. Faites cuire les pâtes 8 min. Égouttez-les et remettez-les dans la casserole.

3 Faites chauffer 1 c. à s. d'huile dans une grande poêle, sur feu moyen-vif. Faites-y revenir l'ail et les asperges 2 min, en remuant. Ajoutez les fèves et les pois gourmands, puis retirez la poêle du feu.

4 Faites bouillir de l'eau dans une poêle à bord haut, et ajoutez le vinaigre. Cassez 1 œuf dans une tasse, puis faites-le glisser dans l'eau bouillante. Procédez de la même manière avec les 3 autres œufs. Quand tous les œufs sont dans la poêle, portez de nouveau à ébullition. Couvrez la poêle et retirez-la du feu. Laissez reposer 3 min. Sortez les œufs avec une écumoire et égouttez-les sur du papier absorbant.

5 Remettez les légumes sur le feu avec le reste d'huile et les pâtes, et réchauffez en remuant. Assaisonnez.

6 Servez les linguine avec les œufs pochés, le cerfeuil, du parmesan et du poivre noir du moulin.

Penne aux courgettes & à la ricotta

4 | 10' | 15' | kcal 306

500 g de penne
4 grosses courgettes (600 g) taillées en rubans fins
80 ml d'huile d'olive
1 c. à s. de zeste de citron râpé
80 ml de jus de citron
2 gousses d'ail écrasées
400 g de ricotta émiettée
20 g de basilic frais, finement haché

1 Faites cuire les pâtes dans une grande quantité d'eau bouillante. Égouttez-les.

2 Pendant ce temps, mélangez les rubans de courgette et la moitié de l'huile d'olive dans un récipient. Faites cuire les courgettes en plusieurs fois dans une poêle-gril huilée bien chaude jusqu'à ce qu'elles soient fondantes.

3 Dans un grand saladier, mélangez les courgettes avec le zeste et le jus de citron, l'ail et le reste d'huile d'olive. Ajoutez les pâtes, la ricotta et le basilic. Remuez délicatement.

Lasagnes petits pois, fenouil & épinards

6 | 25' | 45' | 10' | 200 °C | kcal 630

1 bulbe de fenouil (300 g) paré (réservez les feuilles)
60 ml d'huile d'olive vierge extra
2 gousses d'ail pilées
2 échalotes (50 g) finement hachées
1 c. à c. de fenouil en poudre
2 c. à c. de zeste de citron râpé
500 g d'épinards parés
240 g de petits pois frais
1,2 kg de tomates concassées en conserve
50 g de feuilles de basilic frais, froissées
250 g de feuilles de lasagne à la farine complète
60 g de ricotta
2 c. à s. d'huile d'olive vierge extra supplémentaire
15 g de petites feuilles de basilic supplémentaire

Béchamel à la ricotta
420 g de ricotta
3 œufs
140 g de yaourt à la grecque
60 ml de jus de citron
200 g de feta coupée en morceaux
125 ml d'eau gazeuse

1 Hachez finement le fenouil. Réservez 2 c. à s. de feuilles pour le décor.

2 Mettez 1 ½ c. à s. d'huile à chauffer dans une grande poêle, sur feu moyen. Faites-y cuire le fenouil, l'ail, les échalotes et le fenouil en poudre 8 min, en remuant. Versez la préparation dans un saladier, ajoutez le zeste de citron et assaisonnez.

3 Lavez les épinards, puis faites-les cuire dans la même poêle, sur feu vif, en 2 fois. Égouttez-les. Lorsqu'ils ont tiédi, essorez-les entre vos mains. Hachez-les grossièrement, ajoutez-les dans le saladier et assaisonnez. Faites refroidir au réfrigérateur, puis ajoutez les petits pois.

4 Préchauffez le four à 200 °C. Mélangez les tomates, le basilic et le reste d'huile dans un bol ; assaisonnez.

5 Préparez la béchamel à la ricotta. Fouettez la ricotta, les œufs, le yaourt, le jus de citron et la feta dans un saladier. Sans cesser de fouetter, incorporez l'eau gazeuse. Assaisonnez.

6 Étalez un tiers de la préparation aux tomates dans le fond d'un plat à gratin d'une contenance de 3 litres. Recouvrez avec un tiers des feuilles de lasagne. Poursuivez avec la moitié du mélange aux épinards et la moitié de la béchamel. Continuez d'alterner les couches, en finissant par des feuilles de lasagne et une couche de tomates. Déposez quelques cuillerées de ricotta sur le dessus.

7 Enfournez 45 min. Laissez reposer 10 min avant de servir. Arrosez d'un filet d'huile, décorez de feuilles de basilic et de fenouil, puis servez.

Légumes rôtis & polenta

6 | 20' | 30' | 220°C

500 g de courge, en morceaux
2 grosses courgettes (300 g), en morceaux
2 oignons rouges (340 g), en quartiers
2 gros poivrons rouges (700 g), en morceaux
1 c. à s. de graines de cumin
2 c. à c. de coriandre moulue
½ c. à c. de piment séché
2 gousses d'ail écrasées
60 ml d'huile d'olive
2 c. à s. de vinaigre de vin rouge
1,5 litre de bouillon de légumes
250 g de polenta
200 g de feta émiettée
½ bouquet de basilic frais, feuilles déchiquetées
45 g de noisettes grillées, hachées

1 Préchauffez le four à 220 °C.

2 Mélangez la courge, les courgettes, les oignons, les poivrons, le cumin, la coriandre, le piment, l'ail et l'huile dans un grand saladier. Assaisonnez. Disposez les légumes sur 2 plaques et enfournez 30 min. Arrosez-les de vinaigre.

3 Portez le bouillon à ébullition dans une grande casserole. Versez-y la polenta en pluie, en fouettant. Baissez le feu et laissez épaissir 10 min, en remuant. Incorporez 125 g de feta et la moitié du basilic.

4 Servez la polenta garnie de légumes rôtis, de noisettes, du reste de feta et du reste de basilic.

Spaghettis de courgettes tomate-feta

4 | 20' | 35' | 200°C

500 g de tomates cerises en grappe
60 ml d'huile d'olive
4 c. à s. de feuilles d'origan frais
200 g de feta coupée en 4 tranches dans la longueur
¼ de c. à c. de piment séché
5 petites courgettes (450 g)
3 gousses d'ail émincées
2 c. à c. de zeste de citron râpé
60 ml de jus de citron
2 c. à s. d'huile d'olive supplémentaire
2 c. à s. d'origan frais haché supplémentaire
1 bouquet de basilic
2 c. à s. de parmesan râpé

1 Préchauffez le four à 200 °C et chemisez 2 plaques de papier sulfurisé.

2 Placez les tomates sur une plaque et arrosez-les de 1 c. à s. d'huile. Éparpillez sur le dessus 2 c. à s. de feuilles d'origan et assaisonnez. Enfournez 20 min jusqu'à ce que leur peau soit boursouflée.

3 Disposez les tranches de feta sur la seconde plaque et arrosez-les de 1 c. à s. d'huile. Parsemez de piment séché et de 2 c. à c. d'origan. Enfournez 12 min.

4 Avec un éplucheur à julienne, transformez les courgettes en « spaghettis » ; placez-les dans un saladier.

5 Faites chauffer le reste d'huile dans une petite poêle à feu moyen et faites blondir l'ail 2 min. Ajoutez le zeste et le jus de citron, l'huile supplémentaire et l'origan ciselé supplémentaire.

6 Incorporez l'assaisonnement à l'ail, les tomates rôties avec leur jus, le basilic et le reste des feuilles d'origan dans les courgettes. Mélangez et assaisonnez. Servez, parsemé de feta émiettée et de parmesan.

Petits sandwichs au tofu

4 25' 20' 20' 200 °C

300 g de tofu ferme
1 c. à c. de paprika
1 ½ c. à s. de sauce tomate (ou ketchup)
1 ½ c. à s. de sauce barbecue
60 ml de sauce soja
60 ml de vinaigre de riz
2 c. à s. de cassonade
1 miniconcombre (130 g) émincé dans la longueur
1 grosse carotte (180 g) émincée dans la longueur
1 long piment rouge coupé finement de biais
1 c. à s. de sucre
2 c. à s. de vinaigre de riz supplémentaire
4 brins de coriandre fraîche
1 c. à s. de cacahuètes salées grillées, hachées
4 petits pains blancs ronds (520 g), fendus

1 Préchauffez le four à 200 °C. Graissez une plaque de four et chemisez-la de papier sulfurisé.

2 Placez le tofu sur une assiette recouverte de papier absorbant. Posez dessus une autre assiette et laissez reposer 10 min. Coupez le tofu de biais en 8 tranches, frottez avec le paprika puis assaisonnez.

3 Versez les sauces, le vinaigre et la cassonade dans une petite casserole et laissez frémir sur feu moyen. Laissez mijoter 3 min jusqu'à épaississement. Nappez-en le tofu et retournez-le pour l'enduire. Placez-le sur la plaque et enfournez 20 min, en le badigeonnant de sauce de temps en temps.

4 Mélangez le concombre, la carotte, le piment, le sucre et le vinaigre supplémentaire dans un bol. Laissez reposer 10 min. Égouttez.

5 Garnissez les pains de tofu, de légumes vinaigrés, de coriandre et de cacahuètes.

Pilaf à la tomate, tofu & piment

6 | 15' | 20' | 5'

60 g de beurre
2 petits oignons rouges (200 g), émincés
200 g de tofu aux herbes coupé en morceaux de 2,5 cm
2 c. à c. de gingembre frais, râpé
1 long piment rouge frais et haché
2 c. à s. de pâte de curry rouge thaïe
300 g de riz thaï rincé
400 g de tomates en boîte, hachées
375 ml d'eau bouillante
100 g de pois mange-tout parés
35 g de cacahuètes grillées, hachées
2 ciboules émincées
4 c. à s. de brins de coriandre
1 citron vert (65 g) coupé en quartiers

1 Faites chauffer le beurre à feu moyen dans une poêle de 26 cm de diamètre et faites revenir les oignons et le tofu 5 min. Ajoutez le gingembre, le piment et la pâte de curry dans la poêle. Augmentez le feu et remuez 3 min sur feu vif. Ajoutez le riz rincé de façon à bien l'enduire de ce mélange, puis les tomates et l'eau. Salez.

2 Portez à ébullition, couvrez et baissez le feu. Laissez cuire 15 min à feu doux. Hors du feu, disposez les pois mange-tout sur le riz. Couvrez et laissez reposer 5 min (la chaleur résiduelle va finir de faire cuire les pois et le riz).

3 Parsemez les cacahuètes, les ciboules et la coriandre sur le pilaf. Servez avec les quartiers de citron vert.

Chakchouka aux pois chiches

4 | 10' | 20'

1 c. à c. de graines de carvi
1 c. à c. de graines de cumin
1 c. à c. de paprika
2 c. à s. d'huile d'olive
2 gousses d'ail écrasées
1 long piment rouge frais, haché
1 gros oignon (200 g) haché
1 gros poivron rouge (350 g), haché
400 g de pois chiches en boîte, rincés et égouttés
400 g de tomates en boîte, en dés
250 ml d'eau
2 c. à c. de harissa
2 c. à c. de sucre
4 œufs
4 c. à s. de coriandre fraîche

1 Faites chauffer une grande poêle profonde allant au four sur feu moyen et faites-y revenir les graines et le paprika 1 min, en remuant. Ajoutez l'huile, l'ail et le piment, et faites revenir jusqu'à ce qu'ils embaument.

2 Ajoutez l'oignon et le poivron. Faites cuire 8 min, en remuant. Ajoutez les pois chiches, les tomates, l'eau, la harissa et le sucre. Portez à ébullition puis baissez le feu et laissez frémir 5 min jusqu'à épaississement.

3 Avec une cuillère, faites 4 petits creux peu profonds dans la préparation. Cassez les œufs et faites-en glisser un dans chaque puits. Faites cuire 5 min à feu doux, à couvert. Servez, parsemé de coriandre.

Curry thaï

4 · 20' · 40'

1 c. à s. d'huile de son de riz
1 oignon rouge moyen (170 g), émincé
75 g de pâte de curry jaune
2 gousses d'ail écrasées
10 cm de tige de citronnelle écrasée
4 feuilles de citron kaffir fraîches, ciselées
400 ml de lait de coco
250 ml d'eau
750 g de patate douce, en morceaux
200 g de haricots verts parés
250 g de champignons asiatiques
1 c. à s. de sucre roux
1 c. à s. de nuoc-mâm
2 c. à s. de jus de citron vert
1 long piment rouge frais, épépiné et émincé
20 g d'échalotes asiatiques frites
½ bouquet de basilic thaï

1 Faites chauffer l'huile dans un wok ou un grand faitout à feu vif et faites revenir l'oignon 5 min, en remuant. Ajoutez la pâte de curry, l'ail, la citronnelle et les feuilles de kaffir ; faites cuire 1 min, en remuant.

2 Ajoutez le lait de coco, l'eau et la patate douce ; portez à ébullition. Baissez le feu et laissez mijoter 20 min, à découvert. Incorporez les haricots verts et les champignons, et poursuivez la cuisson 5 min, à découvert. Ajoutez le sucre, le nuoc-mâm et le jus de citron vert. Jetez la citronnelle.

3 Servez le curry garni de piment, d'échalotes frites et de basilic.

Haricots au piment & chimichurri

4 | 20' | 20' | 20'

2 piments chipotles
125 ml d'eau bouillante
1 c. à s. d'huile d'olive
1 gros oignon (200 g), finement haché
2 c. à c. de cumin moulu
2 c. à c. de coriandre moulue
1 c. à c. de piment doux moulu
400 g de haricots rouges en boîte
400 g de pois chiches en boîte, rincés et égouttés
2 x 400 g de tomates en boîte, coupées en dés
60 ml d'eau
1 petit bouquet de brins de coriandre

Chimichurri
½ petit oignon rouge (50 g) finement haché
1 gousse d'ail finement hachée
½ **c. à c.** de paprika doux
125 ml d'huile d'olive
1 ½ **c. à c.** de vinaigre de vin rouge
½ bouquet de persil plat ciselé
2 c. à s. d'origan frais ciselé

1 Faites tremper les piments 20 min dans l'eau bouillante. Hachez-les grossièrement ; jetez les tiges. Mixez les piments hachés avec le liquide de trempage.

2 Préparez le chimichurri en mélangeant tous les ingrédients dans un bol.

3 Faites chauffer l'huile dans une grande casserole à feu moyen et faites revenir l'oignon 5 min, en remuant. Ajoutez le cumin, la coriandre moulue et le piment moulu ; faites cuire 1 min, en remuant.

4 Ajoutez les haricots, les pois chiches, les chipotles mixés, les tomates et l'eau. Portez à ébullition, puis baissez le feu et faites mijoter 15 min jusqu'à épaississement.

5 Servez les haricots pimentés, nappés de sauce chimichurri et de coriandre fraîche.

Potiron & pois chiches aux épices

4 | 10' | 10' | kcal 198

2 c. à s. d'huile d'arachide
500 g de potiron coupé en morceaux de 1 cm de côté
1 c. à s. d'épices chermoula
420 g de pois chiches en conserve, égouttés et rincés
350 g d'épinards grossièrement hachés

1 Faites chauffer l'huile d'arachide dans un wok. Faites sauter le potiron 6 min environ jusqu'à ce qu'il soit presque tendre.

2 Ajoutez les épices chermoula puis faites sauter 2 min jusqu'à ce que le potiron soit cuit.

3 Ajoutez les pois chiches et les épinards grossièrement hachés. Faites fondre les épinards ; assaisonnez. Servez avec du riz thaï nature et des quartiers de citron.

À savoir
Les épices chermoula sont une spécialité marocaine. C'est un mélange de cumin, de paprika, de curcuma, de poivre de Cayenne, d'ail, d'oignon, de persil, de sel et de poivre.

Tajine de pois chiches & légumes

6 | 25' | 40' | kcal 393

1 c. à s. de graines de coriandre
1 c. à s. de graines de cumin
1 c. à s. de graines de carvi
1 c. à s. d'huile végétale
2 gros oignons émincés
3 gousses d'ail écrasées
2 c. à c. de paprika doux
2 c. à c. de gingembre moulu
1 c. à s. de concentré de tomates
500 ml d'eau
800 g de tomates concassées en conserve
600 g de potiron en gros cubes
8 pâtissons jaunes, coupés en quatre
200 g de haricots verts, coupés en deux
400 g de pois chiches en conserve, rincés et égouttés

Couscous au citron
400 g de couscous
1 c. à c. de zeste de citron râpé
2 c. à c. de jus de citron
2 c. à s. de persil plat ciselé

1 Pilez les graines de coriandre, de cumin et de carvi dans un mortier. Versez l'huile dans une cocotte. Quand elle est chaude, faites revenir les oignons et l'ail, puis ajoutez les graines pilées ainsi que le paprika et le gingembre. Faites chauffer ce mélange jusqu'à ce qu'il embaume.

2 Ajoutez le concentré de tomates, l'eau, les tomates avec leur jus et le potiron. Portez à ébullition puis laissez frémir 20 min, sans couvrir. Ajoutez les pâtissons, les haricots verts et les pois chiches. Couvrez et laissez cuire encore 10 min pour que les pâtissons soient tendres.

3 Préparez le couscous en le faisant gonfler pendant 5 min dans 500 ml d'eau bouillante. Quand toute l'eau est absorbée, remuez avec une fourchette pour l'aérer, puis ajoutez le zeste de citron, le jus de citron et le persil. Servez aussitôt avec le tajine.

Ratatouille de potiron aux pois chiches

4 · 15' · 25' · 220°C · kcal 215

1,6 kg de potiron japonais (kabocha) coupé en morceaux
1 c. à s. d'huile d'olive
1 oignon rouge (170 g) émincé
2 gousses d'ail émincées
2 c. à s. de concentré de tomates
2 c. à s. de vinaigre de vin rouge
400 g de tomates concassées en conserve
125 ml d'eau
1 c. à c. de poivre de la Jamaïque moulu
400 g de pois chiches en conserve, rincés et égouttés

1 Préchauffez le four à 220 °C. Disposez les morceaux de potiron en une seule couche sur une plaque de cuisson et arrosez-les avec la moitié de l'huile d'olive. Faites rôtir 20 min environ.

2 Faites chauffer l'huile restante dans une grande poêle puis, en remuant, faites revenir l'oignon et l'ail jusqu'à ce que l'oignon ait ramolli. Ajoutez le concentré de tomates et poursuivez la cuisson 1 min, sans cesser de remuer. Ajoutez le vinaigre et laissez cuire le tout 1 min de plus, en remuant. Incorporez les tomates et leur jus, l'eau, le poivre de la Jamaïque, les pois chiches et le potiron, puis portez à ébullition. Laissez mijoter 5 min.

3 Vous pouvez accompagner la ratatouille de couscous à la vapeur, parfumé avec 1 petite botte de basilic effeuillé.

Tajine de légumes épicé

8 | 15' | 40' | kcal 205

2 c. à s. d'huile d'olive
1 oignon (150 g) émincé
5 cm de gingembre frais (25 g), râpé
2 gousses d'ail écrasées
2 c. à c. de cumin moulu
2 c. à c. de coriandre moulue
1 c. à c. de paprika doux
500 g de potiron grossièrement découpé
1 patate douce (400 g) coupée en morceaux
2 petits panais (240 g) coupés en morceaux
500 ml de bouillon de légumes
400 g de tomates en dés, en conserve
2 c. à s. de miel
8 petits pâtissons jaunes (200 g), coupés en deux
375 g de petites carottes parées
50 g de raisins secs
2 c. à s. de persil plat frais, ciselé
20 g d'amandes effilées, grillées

1 Faites chauffer l'huile d'olive dans un tajine ou une cocotte et faites revenir l'oignon, en remuant. Ajoutez le gingembre, l'ail et les épices, puis faites revenir 1 min, en remuant, jusqu'à ce que les arômes se dégagent.

2 Ajoutez le potiron, la patate douce, les panais, le bouillon, les tomates avec leur jus et le miel, puis portez à ébullition. À feu réduit, laissez mijoter 15 min, à couvert. Ajoutez les pâtissons et les carottes, puis laissez mijoter 20 min, sans couvrir, jusqu'à ce que les légumes soient tendres. Assaisonnez à votre goût.

3 Incorporez les raisins secs et le persil. Parsemez d'amandes.

Les pickles sont des légumes fermentés, ce qui permet de les conserver dans des bocaux pendant plusieurs mois. Des bactéries spécifiques transforment les sucres des aliments en acide lactique, qui agit comme un conservateur. Les aliments fermentés sont bons pour le système digestif et renforcent le système immunitaire.

est le plus sain des aliments fermentés. N'achetez que ceux qui contiennent uniquement du lait et des ferments.

Le pain au levain n'est pas confectionné avec de la levure, mais avec une culture bactérienne appelée « chef » ou « mère ». C'est ce qui donne au pain une légère acidité et fait baisser son index glycémique.

Le kimchi, recette coréenne traditionnelle, est un accompagnement à base de légumes fermentés (souvent du chou) et épicés.

Le miso blanc (ou shiro) est préparé avec un mélange de riz et de fèves de soja fermentés. Le miso est salé, mais a un goût plutôt neutre.

Le miso est un aliment traditionnel japonais, à base de fèves de soja fermentées avec du sel, du riz, de l'orge et/ou du blé, et un champignon microscopique (*Aspergillus oryzae*). Le miso rouge est préparé avec de l'orge et des fèves de soja fermentées.

ALIMENTS FERMENTÉS

Avant l'invention de la réfrigération, certains aliments traditionnels étaient fermentés pour être conservés. S'ils améliorent la flore intestinale, certains sont très riches en sel et ne conviennent pas aux personnes ayant des problèmes de reins ou de tension.

Le kéfir est une boisson à base de lait fermenté, au goût proche de celui du yaourt. Il est plus riche en bactéries probiotiques que la plupart des yaourts vendus en supermarchés. Le kéfir est une bonne alternative pour les personnes intolérantes au lactose car les bactéries qu'il contient transforment ce dernier : il n'en reste que des traces dans le produit final.

Les olives fraîchement cueillies sont amères et indigestes. Depuis des siècles, dans les pays méditerranéens comme la Grèce et l'Italie, elles sont fermentées avec des bactéries et des levures.

La choucroute (mot issu de l'allemand *Sauerkraut*, « chou aigre »), préparée avec du chou mariné, est pauvre en graisse, riche en vitamine C et en fibres, mais souvent très salée.

Freekeh épicé & concombre, yaourt à l'ail & à la menthe

6 | 20' | 25' | 10' | kcal 450

2 c. à s. d'huile d'olive
1 gros oignon jaune (200 g), finement haché
2 gousses d'ail pilées
2 carottes (240 g) coupées en petits dés
1 c. à c. de poivre de la Jamaïque moulu
1 c. à c. de coriandre moulue
½ c. à c. de piment moulu
2 c. à c. de graines de cumin
300 g de freekeh (blé vert concassé)
1 feuille de laurier
625 ml de bouillon de légumes ou d'eau
2 miniconcombres (260 g)
1 long piment vert frais, émincé
½ petit bouquet de coriandre
80 g d'amandes effilées, grillées

Yaourt à l'ail et à la menthe
420 g de yaourt à la grecque
2 gousses d'ail pilées
½ bouquet de menthe hachée

1 Faites chauffer l'huile dans une grande casserole sur feu moyen. Faites revenir l'oignon, l'ail et les carottes 3 min, en remuant. Ajoutez les épices et les graines, et poursuivez la cuisson 2 min, en remuant. Incorporez le freekeh, mélangez pour bien l'enrober. Ajoutez la feuille de laurier, versez le bouillon et portez à ébullition. Baissez le feu, couvrez et laissez cuire 20 min jusqu'à ce que presque tout le liquide soit absorbé. Laissez reposer 10 min hors du feu, à couvert.

2 Préparez le yaourt à l'ail et à la menthe : mélangez tous les ingrédients dans un petit bol. Assaisonnez.

3 Avec un couteau économe, coupez de longs rubans de concombre.

4 Servez le freekeh garni de sauce au yaourt, de concombre et du mélange de piment, coriandre et amandes.

« Riz frit » de chou-fleur

4 | 15' | 15' | kcal 211

½ chou-fleur (700 g), bouquets détachés et coupés en morceaux, sans les tiges
2 c. à s. d'huile de coco
2 œufs légèrement battus
½ c. à c. de cinq-épices chinois
1 grosse carotte (180 g) coupée en deux dans la longueur et émincée en biais
1 oignon rouge (170 g), coupé en quartiers fins
300 g de fleurettes de brocoli
60 ml d'eau
2 gousses d'ail pilées
1 c. à s. de gingembre frais, râpé
2 ciboules émincées
2 c. à c. d'huile de sésame
1 long piment rouge frais, émincé

1 Mixez le chou-fleur au robot jusqu'à l'obtention de morceaux de la taille de grains de riz. Faites-les cuire 6 min à la vapeur. Salez et poivrez.

2 Faites chauffer un grand wok sur feu vif. Huilez-le avec 1 c. à c. d'huile de coco. Ajoutez les œufs et faites tourner le wok pour obtenir une omelette fine. Quand elle est prise, déposez-la sur une planche à découper. Roulez-la en la serrant bien et coupez-la en fines lamelles.

3 Versez 1 c. à c. d'huile de coco dans le wok. Faites sauter le chou-fleur et le cinq-épices 2 min jusqu'à ce que le chou-fleur soit légèrement doré. Transférez sur une assiette.

4 Faites chauffer l'huile restante dans le wok. Faites sauter la carotte et l'oignon rouge 4 min. Incorporez le brocoli et l'eau. Poursuivez la cuisson 2 min, puis ajoutez l'ail, le gingembre et la moitié des ciboules. Lorsque le mélange embaume, ajoutez le chou-fleur et l'huile de sésame. Poursuivez la cuisson 1 min. Assaisonnez.

5 Servez ce « riz frit » sans attendre, garni de lamelles d'omelette, de piment et du reste de ciboules.

Pâtes épinards, brocoli & pesto

6 | 10' | 15' | kcal 674

400 g de spaghettis complets
470 g de fleurettes de brocoli
2 c. à s. d'huile d'olive
2 gousses d'ail pilées
400 g de petites pousses d'épinard
240 g de ricotta fraîche, émiettée
50 g de noix grillées, hachées

Pesto de roquette aux noix
60 g de roquette
2 petits bouquets de basilic frais
50 g de noix torréfiées
2 gousses d'ail pilées
1 c. à c. de zeste de citron râpé
25 g de parmesan râpé
125 ml d'huile d'olive vierge extra

1 Pour le pesto, mixez la roquette, le basilic, les noix, l'ail, le zeste de citron et le parmesan avec 1 c. à s. d'huile. Lorsque les ingrédients sont hachés, incorporez l'huile restante en filet fin. Assaisonnez.

2 Faites cuire les pâtes dans de l'eau bouillante 10 min. Ajoutez le brocoli 2 min avant la fin de la cuisson. Égouttez, en réservant 125 ml d'eau de cuisson.

3 Faites chauffer l'huile dans une grande casserole sur feu moyen. Faites revenir l'ail et les épinards 2 min, en remuant. Assaisonnez. Ajoutez les pâtes, le brocoli, le pesto et l'eau de cuisson.

4 Servez les pâtes garnies de ricotta et de noix.

Kebbé végétarien

6 | 30' | 30' | 50' | 200 °C | kcal 438

160 g de boulgour
800 g de pommes de terre coupées en cubes
1 c. à c. de poivre de la Jamaïque moulu
1 c. à s. d'huile d'olive
600 g d'oignons émincés
1 c. à s. de sucre roux
40 g d'amandes grillées grossièrement pilées
1 grosse poignée de persil plat ciselé

Salade libanaise
3 petits concombres (390 g) épépinés et coupés en tranches fines
450 g de tomates coupées en cubes
4 oignons de printemps émincés
3 radis rouges moyens, coupés en tranches fines
1 grosse botte de persil plat
1 grosse poignée de menthe fraîche, ciselée
2 c. à c. d'huile d'olive
60 ml de jus de citron
6 pains pita

1 Laissez tremper le boulgour 30 min dans de l'eau froide puis égouttez-le.

2 Faites cuire les pommes de terre, puis écrasez-les en purée en y incorporant le poivre de la Jamaïque.

3 Préchauffez le four à 200 °C.

4 Faites chauffer l'huile dans une sauteuse et faites revenir les oignons 10 min en remuant. Versez le sucre et 2 c. à s. d'eau, laissez cuire encore 10 min à feu doux, sans cesser de remuer. Incorporez les amandes quand les oignons sont bien caramélisés.

5 Mélangez dans un saladier la purée, le boulgour et le persil pour obtenir une pâte homogène.

6 Étalez la moitié de la purée dans un plat légèrement huilé. Ajoutez une couche d'oignons et couvrez avec le reste de purée, en tassant bien. Faites dorer au four pendant 20 min. Coupez le kebbé en triangles.

7 Pour la salade, mélangez les légumes dans un récipient, ajoutez le persil et la menthe, puis l'huile d'olive et le jus de citron fouettés au préalable. Faites dorer les pains pita au four puis coupez-les en morceaux avant de les ajouter sur la salade. Servez aussitôt avec le kebbé.

Enchiladas aux courgettes, haricots noirs & maïs

4 | 35' | 1h30 | 180 °C

3 grosses courgettes (450 g)
80 ml d'huile d'olive
2 épis de maïs parés (500 g)
8 tortillas de maïs
400 g de haricots noirs en boîte, rincés et égouttés
½ bouquet de coriandre
100 g de feta
4 c. à s. de feuilles d'origan frais
1 c. à s. d'origan frais supplémentaire

Sauce pour enchiladas
800 g de tomates concassées, en boîte
375 ml de bouillon de légumes
2 c. à s. d'huile d'olive
2 c. à s. d'origan frais, ciselé
2 c. à s. de vinaigre de cidre
1 oignon (150 g) haché
1 gousse d'ail hachée
1 c. à s. de piments jalapeños marinés, hachés
1 c. à c. de cumin moulu
1 c. à c. de sucre
¼ de c. à c. de piment en poudre

1 Préchauffez le four à 180 °C et recouvrez une plaque de four de papier sulfurisé. Graissez un plat allant au four de 25 x 30 cm.

2 Coupez les courgettes en deux dans la longueur puis en fins morceaux. Placez-les sur la plaque de four et arrosez-les avec la moitié de l'huile. Faites-les rôtir 30 min puis hachez-les grossièrement.

3 Préparez la sauce pour enchiladas. Mixez les ingrédients en une purée homogène. Versez-la dans une casserole, portez à ébullition puis laissez frémir 20 min à feu moyen jusqu'à épaississement.

4 Badigeonnez les épis de maïs de 1 c. à s. d'huile. Faites chauffer une poêle-gril à feu moyen-vif et faites-y dorer les épis 10 min, en les retournant de temps en temps. À l'aide d'un couteau pointu, égrenez-les.

5 Réchauffez la poêle-gril et faites-y légèrement griller les tortillas 30 s sur chaque face. Placez-les sur un plat, couvrez-les pour les garder au chaud.

6 Mélangez les courgettes, les haricots noirs, la coriandre, la moitié du maïs, la moitié de la feta, la moitié de l'origan et 125 ml de sauce pour enchiladas dans un grand saladier.

7 Répartissez cette préparation sur les tortillas chaudes puis roulez. Disposez-les dans le plat allant au four et badigeonnez le dessus avec le reste d'huile. Nappez du reste de la sauce, en laissant une bordure de 2 cm intacte à chaque bout. Recouvrez avec le reste de feta et d'origan.

8 Enfournez 30 min. Parsemez du reste de maïs et d'origan supplémentaire avant de servir.

Pizza au chou-fleur, courgettes & mozzarella

4 | 25' | 1h | 200 °C

1 petit chou-fleur (1 kg) détaillé en bouquets
30 g de cheddar râpé
1 œuf légèrement battu
60 g de parmesan râpé
130 g de passata à la tomate
2 petites courgettes (180 g) détaillées en rubans
1 bouquet de basilic
1 petit piment rouge (serrano), émincé
100 g de mozzarella de bufflonne déchiquetée
1 c. à s. d'huile d'olive
1 c. à s. de zeste de citron râpé
ou de lanières de zeste de citron
1 c. à s. de jus de citron

1 Préchauffez le four à 200 °C et chemisez 2 plaques de four de papier sulfurisé. Tracez un cercle de 22 cm de diamètre sur chaque feuille de papier et retournez le papier.

2 Hachez menu le chou-fleur à l'aide d'un robot. Placez-le dans un bol allant au micro-ondes, couvrez de film alimentaire et enfournez 12 min à pleine puissance (100 W) (ou faites-le cuire à la vapeur sans laisser bouillir sinon il sera trop pâteux). Égouttez-le puis posez-le au centre d'un torchon propre. Serrez le torchon pour exprimer l'excédent d'eau.

3 Mélangez le chou-fleur, le cheddar, l'œuf battu et 20 g de parmesan dans un saladier. Assaisonnez puis étalez cette préparation à l'intérieur des cercles tracés sur le papier sulfurisé. Lissez la surface et enfournez 25 min.

4 Étalez sur les deux pizzas la passata, la moitié des courgettes et la moitié du basilic, puis garnissez de piment, de mozzarella et du reste de parmesan. Faites cuire 20 min au four.

5 Mélangez l'huile, le zeste de citron, le jus de citron, le reste des courgettes et le reste de basilic dans un bol. Assaisonnez.

6 Servez les pizzas garnies de salade de courgettes.

Huevos rancheros

4 | 35' | 30' | 180 °C | kcal 324

1 c. à s. d'huile d'olive vierge extra
1 oignon jaune (150 g), haché
250 g de petits poivrons rouges, coupés en quatre
2 gousses d'ail pilées
2 c. à c. de cumin moulu
1 kg de tomates en grappe, coupées en morceaux
400 g de haricots rouges en conserve, rincés et égouttés
2 c. à s. de feuilles de coriandre fraîche, hachées
100 g de feta marinée, émiettée
4 œufs
1 piment vert frais, émincé
1 petit bouquet de coriandre

1 Faites chauffer l'huile dans une grande poêle sur feu moyen. Faites revenir l'oignon et les poivrons 5 min, en remuant. Ajoutez l'ail et le cumin ; poursuivez la cuisson, sans cesser de remuer, pour qu'ils libèrent leurs arômes. Incorporez les tomates et les haricots et laissez mijoter 20 min, sans couvrir, afin que la sauce épaississe. Assaisonnez. Ajoutez la coriandre.

2 Placez un plat de 1 litre dans le four. Préchauffez le four à 180 °C.

3 Versez la sauce dans le plat chaud et ajoutez la feta. Formez 4 trous dans la préparation. Cassez les œufs dans un bol, un à un, puis faites-les glisser dans les trous. Parsemez de piment.

4 Enfournez 8 min. Servez, parsemé de coriandre.

Omelette aux blettes

4 | 20' | 15' | 15' | 200 °C

260 g de poivrons rouges grillés en bocal, en morceaux
1 c. à s. de feuilles de thym frais
1 gousse d'ail écrasée
1 c. à s. de vinaigre balsamique
1 c. à s. d'huile d'olive
6 blettes à côtes
10 œufs
60 ml de lait
2 gousses d'ail écrasées supplémentaires
350 g de pousses de pois mange-tout
40 g de pecorino en copeaux

1 Mélangez les poivrons, le thym, l'ail, le vinaigre et l'huile dans un grand saladier. Laissez reposer 15 min.

2 Ôtez les côtes des blettes et taillez les feuilles en lanières. Fouettez les œufs avec le lait, les blettes et l'ail supplémentaire dans un grand saladier ; assaisonnez.

3 Faites chauffer à feu moyen une petite poêle antiadhésive. Versez-y un quart de la préparation aux œufs. Faites cuire 3 min à feu moyen. Faites glisser l'omelette sur une assiette et couvrez-la pour la garder au chaud. Recommencez pour préparer 3 autres omelettes.

4 Incorporez les pousses de pois mange-tout et le pecorino aux poivrons. Remuez. Servez les omelettes garnies de salade de poivrons.

Omelette aux asperges & à la menthe

2 | 10' | 10' | kcal 335

1 petite pomme de terre nouvelle (40 g), coupée en cubes de 5 mm
170 g d'asperges parées
120 g de petits pois surgelés
2 œufs
½ bouquet de menthe
1 c. à s. d'huile d'olive
2 tranches de pain de seigle au levain (90 g), grillées

1 Faites cuire les cubes de pomme de terre 3 min dans une petite casserole d'eau bouillante. Ajoutez les asperges et les petits pois, poursuivez la cuisson 1 min, puis égouttez. Quand les asperges sont tièdes, coupez les pointes et découpez les tiges en rondelles.

2 Fouettez les œufs dans un saladier. Assaisonnez. Ajoutez les cubes de pomme de terre, les petits pois, les feuilles de menthe et les rondelles d'asperge.

3 Versez la moitié de l'huile dans une petite poêle antiadhésive, sur feu vif. Faites cuire la moitié de l'omelette 2 min, en étalant l'œuf avec une spatule pour accélérer la cuisson. Repliez l'omelette et glissez-la sur une assiette tiède. Répétez l'opération avec le reste d'huile et du mélange œufs-légumes.

4 Garnissez les omelettes avec les pointes d'asperge et servez-les accompagnées de pain grillé.

Œufs au sésame & au quinoa vert

2 | 5' | 30'

250 ml de bouillon de légumes
100 g de quinoa blanc, rincé
4 œufs, à température ambiante
2 c. à c. d'huile de coco
1 petite gousse d'ail écrasée
1 petit piment rouge frais, émincé
80 g de chou kale émincé
90 g de blettes émincées
1 c. à s. de jus de citron
4 c. à s. de persil plat frais, ciselé
1 c. à s. de graines de sésame blanc
1 c. à s. de graines de sésame noir
1 c. à c. de fleur de sel

1 Versez le bouillon et le quinoa dans une casserole. Portez à ébullition puis baissez le feu et laissez frémir 15 min sur feu doux. Couvrez et laissez reposer 5 min hors du feu.

2 Faites cuire les œufs 5 min à l'eau bouillante. Retirez-les et faites-les refroidir à l'eau froide.

3 Faites chauffer l'huile de coco dans une casserole à feu moyen. Faites revenir l'ail et le piment 2 min, en remuant. Ajoutez le chou kale et les blettes. Remuez jusqu'à ce qu'ils soient flétris. Ajoutez le quinoa cuit et le jus de citron. Assaisonnez.

4 Mélangez le persil, les graines de sésame et le sel dans un petit bol. Écalez les œufs et roulez-les dans ce mélange. Servez le quinoa avec les œufs.

Œufs au four, fenouil & épinards

2 | 10' | 10' | kcal 378

2 c. à c. d'huile d'olive
1 gousse d'ail pilée
1 petit piment rouge thaï frais, émincé
½ petit bulbe de fenouil (100 g) paré et émincé (réservez les fanes)
100 g de petits épis de maïs coupés en deux
50 g de pousses d'épinard
2 œufs
1 c. à s. de parmesan râpé
2 tranches de pain de seigle au levain (90 g), grillées

1 Préchauffez le gril en sélectionnant la puissance maximale.

2 Faites chauffer l'huile dans une poêle allant au four, sur feu moyen. Faites revenir l'ail, le piment, le fenouil et le maïs 5 min, en remuant de temps en temps : le fenouil doit être tendre. Ajoutez les épinards et poursuivez la cuisson 1 min pour qu'ils se flétrissent.

3 Formez 2 creux dans les épinards et cassez 1 œuf dans chacun d'eux. Saupoudrez de parmesan. Placez environ 2 min sous le gril jusqu'à ce que les œufs soient cuits.

4 Parsemez de fanes de fenouil et servez avec le pain grillé.

Œufs pochés, champignons & épinards, röstis de patate douce

4 | 15' | 25' | 180 °C | kcal 615

1 citron (140 g)
1 long piment rouge frais, épépiné et haché
2 c. à s. de thym citron frais, haché
1 gousse d'ail pilée
125 ml d'huile d'olive vierge extra
4 champignons plats (480 g), sans le pied
2 petites patates douces (600 g), râpées
1 c. à s. de farine de blé complète, de riz ou de noix de coco
5 œufs
60 ml d'huile d'olive
1 c. à s. de vinaigre blanc
600 g d'épinards frais, parés
4 tiges de thym frais et quartiers de citron, pour décorer

1 Préchauffez le four à 180 °C. À l'aide d'un zesteur, prélevez le zeste du citron en longues bandes fines. Pressez le citron.

2 Préparez la vinaigrette au citron et au piment : dans une petite casserole, faites chauffer le zeste, le piment, le thym citron haché, l'ail et l'huile 5 min à feu doux. Hors du feu, ajoutez 2 ½ c. à s. de jus de citron. Assaisonnez.

3 Disposez les champignons sur une plaque. Arrosez-les d'un peu de sauce au citron ; assaisonnez. Faites-les cuire 15 min.

4 Pressez les patates douces râpées pour ôter le maximum d'eau. Mélangez-les avec la farine et 1 œuf ; assaisonnez. Faites chauffer la moitié de l'huile d'olive dans une grande poêle, à feu moyen. Formez 4 röstis de 13 cm de diamètre et faites-les cuire 2 min sur chaque face. Gardez-les au chaud.

5 Remplissez une grande sauteuse d'eau à mi-hauteur. Ajoutez le vinaigre et portez à frémissement. Cassez 1 œuf dans un bol. Faites un tourbillon dans la casserole et glissez l'œuf dedans. Faites-les pocher 3 min, 2 par 2. Sortez-les à l'aide d'une écumoire et égouttez-les sur du papier absorbant. Réservez-les au chaud.

6 Faites chauffer l'huile restante dans une grande casserole, sur feu moyen-vif. Faites suer les épinards 2 min, sans cesser de remuer. Assaisonnez.

7 Disposez les röstis sur les assiettes, ajoutez les épinards, les champignons et les œufs. Arrosez avec le reste de vinaigrette au citron. Décorez de brins de thym et de quartiers de citron. Servez.

Soupes

Bouillon de légumes

2,5 l | 30' | 2h

1 poireau (350 g)
1 gros oignon avec la peau (200 g)
2 grosses carottes (360 g)
1 gros rutabaga (400 g)
2 branches de céleri avec les feuilles (300 g)
3 gousses d'ail non pelées
1 c. à c. de grains de poivre noir
1 bouquet garni
5 litres d'eau

1 Hachez grossièrement le poireau, l'oignon, les carottes, le rutabaga, le céleri et l'ail. Placez les légumes dans une casserole avec les grains de poivre, le bouquet garni et l'eau.

2 Portez à ébullition puis baissez le feu et laissez mijoter 2 h, à découvert. Filtrez le bouillon au-dessus d'un récipient ; jetez les ingrédients solides. Laissez refroidir, couvrez et placez au réfrigérateur.

Bouquet garni
Pour composer un bouquet garni, nouez ensemble 3 feuilles de laurier, 2 brins de romarin frais, 6 brins de thym frais et 6 tiges de persil plat frais.

Astuce
Pour que le bouillon ait du goût, laissez-le mijoter à feu doux sans le faire bouillir, sinon il perdra sa saveur.

Bouillon à l'italienne

2,5 l · 30' · 2h

2 gros oignons avec la peau (200 g)
2 grosses carottes (360 g)
2 branches de céleri avec les feuilles (300 g)
3 gousses d'ail non pelées
1 c. à c. de grains de poivre noir
1 bouquet garni
1 croûte de parmesan
1 c. à c. de graines de fenouil
400 g de tomates pelées en boîte
5 litres d'eau

1 Hachez grossièrement les oignons, les carottes, le céleri et l'ail. Placez ces ingrédients dans une casserole avec les grains de poivre, le bouquet garni, la croûte de parmesan, les graines de fenouil, les tomates pelées et l'eau.

2 Portez à ébullition puis baissez le feu et laissez mijoter 2 h, à découvert. Filtrez le bouillon au-dessus d'un récipient ; jetez les ingrédients solides. Laissez refroidir, couvrez et placez au réfrigérateur.

Astuce
Préparez le bouillon 1 jour à l'avance et laissez-le reposer toute une nuit avant de le filtrer. Il sera ainsi plus parfumé. Congelez les restes dans des bacs à glaçons pour les utiliser ultérieurement. Gardez les épluchures des légumes au réfrigérateur et mettez-les dans vos bouillons pour leur donner plus de saveur.

Bouillon asiatique

2,5 l · 30' · 2h

1 poireau (350 g)
2 grosses carottes (360 g)
2 branches de céleri avec les feuilles (300 g)
3 gousses d'ail non pelées
10 cm de gingembre frais
4 ciboules
1 c. à c. de grains de poivre noir
20 brins de coriandre fraîche
1 bâton de cannelle
3 anis étoilés
125 ml de tamari
5 litres d'eau

1 Hachez grossièrement le poireau, les carottes, le céleri, l'ail, le gingembre et les ciboules. Placez ces ingrédients dans une casserole avec les grains de poivre, la coriandre, la cannelle, les anis étoilés, le tamari et l'eau.

2 Portez à ébullition puis baissez le feu et laissez mijoter 2 h, à découvert. Filtrez le bouillon au-dessus d'un récipient ; jetez les ingrédients solides. Laissez refroidir, couvrez et placez au réfrigérateur.

Soupe lentilles & patate douce rôtie

2 | 20' | 25' | 10' | 220 °C | kcal 209

1 patate douce (250 g), en cubes
Huile en spray
1 petit oignon (80 g), en morceaux
1 gousse d'ail pilée
125 ml de bouillon de légumes
½ c. à c. de cumin moulu
½ c. à c. de coriandre moulue
¼ de c. à c. de curcuma moulu
50 g de lentilles corail
500 ml d'eau
95 g de yaourt nature allégé
2 c. à s. de coriandre fraîche, hachée

1 Préchauffez le four à 220 °C. Disposez les cubes de patate douce sur une plaque chemisée de papier sulfurisé et huilez-les avec le spray. Faites cuire 25 min : les cubes doivent être dorés et tendres.

2 Faites revenir l'oignon, l'ail et 2 c. à s. de bouillon dans une poêle moyenne, 3 min à feu vif, en remuant. Ajoutez les épices et faites revenir 30 s, en remuant. Ajoutez les lentilles, le reste de bouillon et l'eau ; portez à ébullition. Baissez le feu et laissez mijoter 15 min, sans couvrir. Ajoutez la patate douce. Poursuivez la cuisson 5 min. Laissez refroidir 10 min.

3 Mixez la soupe. Réchauffez, si nécessaire.

4 Mélangez le yaourt et la coriandre dans un bol. Servez la soupe garnie d'un peu de sauce au yaourt et de feuilles de coriandre.

Soupe au potiron et crème à la cannelle

4 | 10' | 30' | kcal 366

1 c. à s. d'huile d'olive
1 oignon (150 g), coupé en dés
1 gousse d'ail écrasée
2 c. à c. de cumin moulu
½ c. à c. de coriandre moulue
1 kg de potiron coupé en morceaux
400 g de pommes de terre coupées en morceaux
500 ml d'eau
375 ml de bouillon de légumes
1 lanière de 5 cm de zeste d'orange

Crème à la cannelle
160 ml de crème liquide
½ c. à c. de cannelle en poudre

1 Faites chauffer l'huile d'olive dans une grande casserole. Faites fondre l'oignon et l'ail, en remuant. Ajoutez les épices et remuez jusqu'à ce qu'elles libèrent leurs arômes. Ajoutez le potiron, les pommes de terre, l'eau, le bouillon de légumes et le zeste d'orange. Portez à ébullition. Baissez le feu et laissez cuire 20 min, à couvert.

2 Fouettez la crème liquide et la cannelle avec un batteur électrique jusqu'à ce que des pointes souples se forment.

3 Mixez la soupe. Si vous la moulinez, réchauffez-la avant de la servir.

4 Servez la soupe avec la crème fouettée à la cannelle.

Soupe de carottes aux épices & amandes fumées

4 | 20' | 25' | 10' | kcal 284

1 c. à s. d'huile d'olive vierge extra
2 oignons (300 g) hachés
1 c. à c. de gingembre frais, râpé
2 c. à c. de cumin moulu
1 c. à c. de coriandre moulue
½ bâton de cannelle
1 kg de carottes coupées en morceaux
500 ml de bouillon de légumes
750 ml d'eau
200 g de yaourt à la grecque (facultatif)
2 gousses d'ail pilées (facultatif)
½ petit oignon rouge (50 g), émincé
40 g d'amandes fumées, hachées
8 tiges de coriandre fraîche

1 Faites chauffer l'huile dans une grande casserole sur feu moyen. Faites revenir les oignons, en remuant, jusqu'à ce qu'ils soient tendres.

2 Ajoutez le gingembre, le cumin, la coriandre et la cannelle. Poursuivez la cuisson jusqu'à ce qu'ils libèrent leurs arômes. Incorporez les carottes, le bouillon et l'eau ; portez à ébullition. Baissez le feu et laissez mijoter 20 min, à couvert. Lorsque les carottes sont tendres, retirez le bâton de cannelle et laissez reposer 10 min.

3 Mélangez le yaourt et l'ail dans un bol.

4 Mixez la soupe dans un blender ou avec un mixeur plongeant. Réchauffez-la, si nécessaire. Assaisonnez.

5 Versez la soupe dans des bols ou des assiettes creuses, garnissez-la de yaourt (facultatif), d'oignon rouge, d'amandes et de coriandre fraîche.

Vichyssoise

6 · 20' · 40' · 10' · 3h · kcal 377

50 g de beurre
2 poireaux (700 g), parés et émincés
750 g de pommes de terre pelées et coupées en morceaux
500 ml de bouillon de poulet
500 ml d'eau
300 ml de crème liquide
2 c. à s. de ciboulette fraîche, ciselée

1 Faites fondre le beurre dans une casserole et faites revenir les poireaux à couvert, en remuant de temps en temps, pendant 20 min environ, jusqu'à ce qu'ils soient bien tendres : ils ne doivent pas devenir bruns.

2 Ajoutez alors les pommes de terre, le bouillon et l'eau. Portez à ébullition, puis laissez mijoter à couvert jusqu'à ce que les pommes de terre soient tendres. Laissez refroidir 10 min.

3 Mixez la soupe en plusieurs fois. Ajoutez la crème liquide, couvrez et laissez 3 h ou 1 nuit au réfrigérateur. Répartissez la soupe dans des bols et parsemez-la de ciboulette juste avant de servir.

Soupe de panais & chou kale croquant

8 · 10' · 1h10 · 10' · 220 °C · kcal 357

2 kg de panais pelés et coupés en gros morceaux
2 oignons (300 g) coupés en gros morceaux
1 branche de céleri (150 g), parée
3 gousses d'ail coupées en quartiers
1,5 litre d'eau
1 litre de bouillon de volaille ou de légumes
80 ml d'huile d'olive
6 gousses d'ail supplémentaires, écrasées
125 ml de crème liquide
2 c. à s. de jus de citron

Chou croquant
200 g de chou kale lavé et séché
1 gousse d'ail écrasée
2 c. à s. d'huile d'olive vierge extra
2 c. à s. de dukkah

1 Faites chauffer les panais, les oignons, le céleri, l'ail en quartiers, l'eau et le bouillon dans une grande casserole. Quand le mélange bout, réduisez le feu, couvrez et laissez mijoter 1 h. Retirez la marmite du feu et laissez refroidir 10 min, sans le couvercle.

2 Faites chauffer l'huile et l'ail supplémentaire dans une petite casserole, sur feu moyen. Quand l'huile commence à grésiller, retirez la casserole du feu. Quand l'huile est froide, jetez l'ail.

3 Préparez le chou croquant. Préchauffez le four à 220 °C. Détachez les parties feuillues du chou des côtes, puis déchirez-les en morceaux de 3 cm. Jetez les côtes. Répartissez les feuilles de chou sur 2 grandes plaques de cuisson recouvertes de papier sulfurisé. Mélangez l'huile et l'ail, et arrosez le chou de ce mélange. Remuez. Étalez à nouveau les feuilles de chou de manière qu'elles ne se chevauchent pas. Enfournez 8 min, en tournant les feuilles de chou et en inversant les plaques dans le four à mi-cuisson. Salez et parsemez de dukkah.

4 Mixez la soupe jusqu'à ce qu'elle soit lisse. Remettez-la dans la casserole et incorporez la crème. Réchauffez la soupe sur feu moyen-vif, assaisonnez et ajoutez le jus de citron.

5 Arrosez la soupe avec l'huile aillée et déposez en surface les feuilles de chou croquant.

Soupe d'orge & de légumes aux graines

6 | 10' | 35' | kcal 298

2 c. à s. d'huile d'olive vierge extra
1 gros oignon rouge (300 g), coupé en petits morceaux
1 panais (250 g) coupé en petits morceaux
2 branches de céleri (300 g) coupées en petits morceaux
4 gousses d'ail hachées
250 ml de passata
1 litre de bouillon de légumes
1 litre d'eau
2 poivrons rouges (400 g), en petits morceaux
400 g de haricots blancs en conserve, rincés et égouttés
100 g d'orge perlé ou d'épeautre, rincé et égoutté
2 c. à s. de graines de courge
2 c. à s. de graines de tournesol
2 c. à s. de câpres rincées et égouttées
2 c. à s. de raisins de Corinthe
½ petit bouquet de basilic, ciselé
40 g de parmesan râpé ou de fromage vegan

1 Faites chauffer la moitié de l'huile dans une grande casserole sur feu moyen. Faites revenir l'oignon, le panais, le céleri et l'ail 5 min, sans cesser de remuer.

2 Ajoutez la sauce tomate, le bouillon et l'eau. Portez à ébullition. Incorporez les poivrons, les haricots et l'orge. Couvrez et laissez mijoter 25 min. Assaisonnez.

3 Faites chauffer l'huile restante dans une petite poêle, sur feu moyen-vif. Faites revenir les graines et les câpres, en remuant, jusqu'à ce qu'elles soient dorées et libèrent leurs parfums. Ajoutez les raisins secs et mélangez.

4 Avant de servir, incorporez le basilic dans la soupe. Versez-la dans des bols, garnissez de graines et de fromage, puis servez.

Harira

6 | 12h | 20' | 1h40 | kcal 362

200 g de pois chiches secs
1 belle pincée de filaments de safran
1 c. à s. d'eau
2 kg de tomates mûres
2 c. à s. d'huile d'olive
2 oignons (340 g) hachés
2 branches de céleri (300 g) parées et coupées en morceaux
1 ½ c. à c. de cannelle moulue
1 c. à c. de curcuma
1 c. à c. de gingembre moulu
1,25 litre d'eau
200 g de lentilles vertes
1 petit bouquet de persil plat ciselé
1 petit bouquet de coriandre ciselée

1 Faites tremper les pois chiches une nuit dans de l'eau froide. Égouttez-les et rincez-les.

2 Laissez le safran tremper dans la cuillerée à soupe d'eau.

3 Faites une entaille superficielle en forme de croix à la base des tomates et placez-les dans un saladier. Couvrez-les d'eau bouillante, puis égouttez-les au bout de 30 s. Pelez les tomates et mixez la chair au robot.

4 Faites chauffer l'huile dans une grande casserole sur feu moyen. Faites revenir les oignons, le céleri, les épices moulues, le safran et son eau de trempage 5 min, sans cesser de remuer. Incorporez la chair des tomates, l'eau et les pois chiches. Portez à ébullition. Écumez.

5 Baissez le feu et laissez cuire 45 min, en couvrant partiellement la casserole. Ajoutez les lentilles et poursuivez la cuisson 45 min (la casserole doit toujours être à moitié couverte). Salez.

6 Incorporez la moitié des herbes. Versez la soupe dans des bols et garnissez avec les herbes restantes.

Ribollita

2 · 12h · 10' · 1h30 · kcal 422

100 g de haricots cannellini secs
2 c. à s. d'huile d'olive vierge extra
1 carotte (120 g) coupée en cubes de 1 cm de côté
1 petit oignon rouge (100 g), coupé en cubes de 1 cm de côté
1 branche de céleri (100 g) coupée en cubes de 1 cm de côté
1 gousse d'ail émincée
4 grosses tomates roma (360 g), vidées, coupées en cubes de 1 cm de côté
3 feuilles de blette (130 g), sans les tiges, coupées en morceaux
875 ml d'eau
50 g de pain de seigle au levain, sans la croûte, coupé en morceaux
2 c. à s. de parmesan râpé

1 Faites tremper les haricots dans de l'eau toute la nuit. Égouttez-les, rincez-les sous l'eau froide. Faites-les cuire 40 min dans de l'eau bouillante. Égouttez-les.

2 Pendant ce temps, faites chauffer la moitié de l'huile dans une casserole à feu doux et faites revenir la carotte, l'oignon, le céleri et l'ail 20 min, en remuant. Ajoutez les tomates. Passez à feu moyen et laissez mijoter 10 min.

3 Écrasez la moitié des haricots cannellini à la fourchette, ajoutez-les dans la casserole avec les haricots entiers, les feuilles de blette et l'eau. Laissez mijoter 20 min. Hors du feu, incorporez le pain.

4 Servez avec le parmesan et arrosez d'huile.

Soupe primavera & pangrattato

4 · 10' · 15' · kcal 420

250 g de fleurs de courgette, avec la courgette attachée
30 g de beurre
4 échalotes (100 g) hachées
1 litre de bouillon de légumes
500 ml d'eau
75 g de risonis
150 g d'asperges vertes, coupées en tronçons de 3 cm
240 g de petits pois extrafins surgelés
1 c. à c. de zeste de citron râpé

Pangrattato
200 g de pain italien croustillant
2 c. à s. d'huile d'olive vierge extra
1 long piment rouge frais, finement haché
2 gousses d'ail hachées
15 g de petites feuilles de persil plat frais
1 c. à c. de zeste de citron râpé

1 Détachez les fleurs des courgettes et retirez les étamines jaunes au cœur de chaque fleur. Coupez les courgettes en deux dans la longueur.

2 Mettez le beurre à chauffer dans une grande casserole, sur feu moyen. Faites-y fondre les échalotes 3 min, en remuant. Versez le bouillon et l'eau dans la casserole. Portez à ébullition. Plongez les pâtes et les courgettes dans l'eau bouillante, baissez le feu et laissez frémir 5 min, en remuant de temps en temps.

3 Préparez le pangrattato. Retirez la croûte du pain. Rompez le pain en petits dés de 1 cm de côté. Faites chauffer l'huile dans une grande poêle, sur feu moyen-vif, et faites dorer le piment et le pain, en remuant. Ajoutez l'ail et poursuivez la cuisson jusqu'à ce que le mélange embaume. Hors du feu, ajoutez le persil et le zeste de citron, puis assaisonnez.

4 Ajoutez les asperges et les petits pois à la soupe, laissez mijoter 5 min et assaisonnez. Ajoutez les fleurs de courgette et retirez la casserole du feu.

5 Versez la soupe dans des bols. Déposez le pangrattato et le zeste de citron en surface.

Soupe quinoa & maïs

6 | 20' | 1h25 | 20' | 200 °C

4 épis de maïs (1,7 kg) ébarbés
60 ml d'huile d'olive
4 tortillas de blé complet
Huile de cuisson en spray
1 gros oignon (200 g) finement haché
1 grosse pomme de terre (300 g), en morceaux
2 gousses d'ail écrasées
1 c. à c. de piment séché
¼ de c. à c. de paprika
1 litre de bouillon de légumes
125 ml de crème liquide
70 g de quinoa rouge ou blanc
180 ml d'eau
4 c. à s. de feuilles de coriandre fraîche

Guacamole au poulet
100 g de blanc de poulet cuit, en fines lanières
½ c. à c. de paprika
1 avocat (250 g), en morceaux
1 ciboule émincée
2 c. à s. de feuilles de coriandre fraîche
2 c. à s. de jus de citron vert

1 Préchauffez le four à 180 °C. Graissez et chemisez une plaque de four de papier sulfurisé. Mettez les épis de maïs sur la plaque et arrosez-les de 1 c. à s. d'huile d'olive. Assaisonnez-les puis faites-les griller 45 min, en les retournant de temps en temps. Avec un couteau bien aiguisé, égrenez-les.

2 Augmentez la température du four à 200 °C. Placez les tortillas sur 2 plaques de four et vaporisez-les d'huile. Enfournez 5 min puis brisez-les en morceaux.

3 Faites chauffer à feu moyen le reste d'huile d'olive dans une grande casserole et faites cuire le maïs, l'oignon et la pomme de terre 10 min, à couvert. Ajoutez l'ail, le piment et le paprika. Faites cuire 1 min, en remuant.

4 Ajoutez le bouillon et la crème. Portez à ébullition sur feu vif. Baissez le feu, couvrez et faites cuire 10 min à feu moyen. Quand la pomme de terre est tendre, retirez du feu et laissez reposer 10 min. Mixez la moitié de la soupe, puis remettez-la dans la casserole. Assaisonnez et réchauffez.

5 Versez le quinoa et l'eau dans une petite casserole, portez à ébullition. Baissez le feu, couvrez et faites cuire 12 min à feu doux. Laissez reposer 10 min, à couvert. Aérez avec une fourchette puis incorporez le quinoa dans la soupe.

6 Préparez le guacamole au poulet. Mélangez le poulet et le paprika dans un petit bol. Ajoutez l'avocat, la ciboule, la coriandre et le jus de citron vert ; mélangez. Assaisonnez.

7 Répartissez la soupe dans des bols. Garnissez de guacamole et de coriandre. Servez avec les morceaux de tortilla.

Soupe aux boulettes & aux macaronis

4 · 30' · 5' · 30' · 15'

210 g de chapelure fraîche
2 c. à s. d'eau
110 g de noix grillées, hachées
240 g de ricotta
60 g de parmesan râpé
5 tranches de prosciutto (75 g) hachées
2 œufs légèrement battus
4 c. à s. de basilic frais, ciselé
2 litres de bouillon de légumes ou de poulet
500 ml d'eau supplémentaire
120 g de macaronis
2 c. à s. de petites feuilles de basilic frais
20 g de parmesan râpé supplémentaire

1 Mélangez la chapelure avec l'eau dans un grand saladier ; laissez reposer 5 min. Ajoutez les noix, la ricotta, le parmesan, le prosciutto, les œufs et le basilic. Assaisonnez puis, avec des mains humides, façonnez des boulettes avec des cuillerées à soupe de cette préparation. Disposez-les sur une plaque de four et mettez 30 min au réfrigérateur.

2 Portez le bouillon et l'eau supplémentaire à ébullition dans une grande casserole. Plongez les boulettes puis baissez le feu et laissez mijoter 6 min. Ajoutez les pâtes et amenez à ébullition. Baissez le feu et laissez frémir jusqu'à ce que les pâtes soient cuites.

3 Assaisonnez la soupe. Répartissez-la dans des bols et servez-la garnie de basilic et de parmesan.

Porc à la japonaise & soupe aux légumes

2 | 5' | 10' | kcal 298

2 c. à c. d'huile de colza
120 g de viande de porc maigre, hachée
3 c. à c. de dashi en poudre
1 petite carotte (70 g) coupée en bâtonnets
½ petit oignon rouge (40 g), émincé
60 g de haricots verts parés, coupés en tronçons de 3 cm
1 litre d'eau
50 g de petit daikon coupé en bâtonnets
40 g de champignons shiitake frais, sans les pieds, émincés
1 petit piment rouge thaï frais (ou serrano), émincé
60 g de nouilles de riz sèches
1 c. à c. d'huile de sésame

1 Faites chauffer l'huile à feu moyen dans une casserole et faites revenir le porc 5 min, en remuant. Ajoutez le dashi, la carotte, l'oignon, les haricots verts et l'eau, et passez à feu vif. Portez à ébullition puis baissez le feu et laissez mijoter 3 min. Ajoutez le daikon, les champignons et le piment. Mélangez puis retirez du feu.

2 Faites cuire les nouilles dans de l'eau bouillante en suivant les indications du paquet. Égouttez.

3 Répartissez les nouilles dans des assiettes creuses, ajoutez de la soupe et agrémentez d'huile de sésame.

Soupe de légumes tom yum

4 | 10' | 30' | kcal 144

2 c. à s. d'huile végétale
1 c. à c. de gingembre frais, râpé
1 gousse d'ail pilée
2 tiges de citronnelle de 20 cm (40 g), finement hachées
2 longs piments rouges frais, finement hachés
100 g de champignons shiitake frais, en lamelles épaisses
125 g de tomates cerises, coupées en deux
2 ciboules émincées
2 c. à c. de sucre roux
60 ml de sauce soja ou de tamari
60 ml de jus de citron vert
160 g de pousses de soja
½ petit bouquet de coriandre fraîche

Bouillon
1 long piment rouge frais, émincé
2 ciboules émincées
2 petits bouquets de coriandre ciselée
1 c. à c. de gingembre frais, râpé
6 feuilles de citron kaffir fraîches, ciselées
2 c. à s. de concentré de tomates
1 c. à s. de zeste de citron vert, râpé
2 litres d'eau
500 ml de bouillon de légumes

1 Préparez le bouillon. Mélangez tous les ingrédients dans une grande casserole et portez à ébullition. Baissez le feu et laissez mijoter 20 min, sans couvrir ; écumez. Retirez du feu. Filtrez le bouillon à travers un tamis fin et jetez les végétaux. (Pour cette recette, vous aurez besoin de 3 litres de bouillon.)

2 Faites chauffer l'huile dans une grande casserole sur feu moyen. Faites revenir le gingembre, l'ail, la citronnelle et la moitié des piments 3 min, sans cesser de remuer, jusqu'à ce que le mélange embaume. Ajoutez les champignons et poursuivez la cuisson 2 min.

3 Incorporez le bouillon, les tomates, les ciboules, le sucre et la sauce. Portez à ébullition, baissez le feu et laissez mijoter 5 min.

4 Juste avant de servir, ajoutez le jus de citron vert. Versez la soupe dans des bols, garnissez de pousses de soja, de coriandre et du piment restant.

Soupe au riz complet & ail frit

6 | 15' | 10' | 2h10

6 gousses d'ail
1,75 litre d'eau
500 ml de bouillon de légumes
300 g de riz complet
2 c. à s. de gingembre frais, haché
4 ciboules émincées
200 g de blancs de poulet fermier
125 ml d'huile végétale
2 c. à s. de tamari
½ bouquet de coriandre
2 c. à c. de graines de sésame grillées

1 Versez l'eau, le bouillon, le riz, 1 gousse d'ail hachée, le gingembre et ¼ des ciboules dans une grande casserole. Portez à ébullition. Ajoutez le poulet et portez de nouveau à ébullition. Baissez le feu puis laissez mijoter 12 min, en couvrant partiellement. Retirez-le et laissez-le refroidir 10 min, puis coupez-le en grosses lanières.

2 Portez le contenu de la casserole à ébullition. Baissez le feu et laissez frémir 1 h 30, en couvrant partiellement.

3 Faites chauffer l'huile à feu moyen dans une petite casserole et faites-y dorer l'ail restant émincé 1 min. Retirez-le avec une écumoire et égouttez-le sur du papier absorbant. Réservez l'huile.

4 Ajoutez le poulet et le tamari au riz. Réchauffez. Servez la soupe garnie d'ail frit, de graines de sésame et du reste de ciboules. Arrosez avec l'huile réservée.

Poulet & nouilles au bouillon de coco

4 | 10' | 30'

1 litre d'eau de coco
1 c. à s. de gingembre frais, râpé
2 gousses d'ail finement hachées
60 ml de nuoc-mâm
30 g de sucre roux
300 g de blancs de poulet fermier
600 g de nouilles de riz cuites
2 miniconcombres (260 g) coupés en deux dans la longueur et émincés
4 ciboules émincées
160 g de germes de soja
1 petit bouquet de coriandre
1 petit bouquet de menthe
1 petit bouquet de basilic thaï
1 long piment rouge émincé de biais
45 g d'amandes effilées, grillées
1 citron vert (90 g) coupé en quartiers

1 Dans une grande casserole, portez à ébullition l'eau de coco avec le gingembre, le nuoc-mâm et le sucre. Ajoutez le poulet et amenez de nouveau à ébullition. Baissez le feu, couvrez et laissez frémir 12 min. Retirez le poulet et détaillez-le en grosses lanières.

2 Amenez de nouveau le bouillon à ébullition. Baissez le feu et laissez frémir 10 min, à découvert. Retirez du feu.

3 Mettez le poulet et les nouilles dans le bouillon et faites chauffer 5 min. Répartissez cette soupe dans des bols. Garnissez des ingrédients restants. Servez avec des quartiers de citron vert.

Soupe piquante crevettes-poulet

2 | 10' | 20' | kcal 263

50 ml d'eau
4 feuilles de citron kaffir fraîches
40 g de gingembre en lamelles
1 petit piment rouge thaï frais (ou serrano), émincé
100 g de nouilles de riz sèches
4 grosses crevettes (140 g)
100 g de blancs de poulet, coupés en fines lamelles
1 c. à s. de jus de citron vert
100 g de pois gourmands, émincés
350 g de petites feuilles de choy sum coupées en morceaux
40 g de germes de soja
8 tiges de coriandre fraîche
8 tiges de menthe fraîche
8 tiges de basilic thaï frais

1 Portez à ébullition l'eau, les feuilles de citron kaffir, le gingembre et la moitié du piment dans une casserole à feu vif. Baissez le feu, laissez mijoter 10 min à couvert puis jetez les feuilles de kaffir et le gingembre.

2 Faites cuire les nouilles. Égouttez-les.

3 Décortiquez les crevettes en laissant leur queue. Ôtez le filament noir. Ajoutez les crevettes et le poulet au bouillon et poursuivez la cuisson 3 min. Ajoutez le jus de citron vert.

4 Répartissez les nouilles, les pois gourmands et le choy sum dans 2 bols puis versez le bouillon. Garnissez des ingrédients restants.

Soupe haricots blancs & chou

2 | 12h | 10' | 1h | kcal 525

200 g de haricots cannellini secs
1 c. à c. d'huile d'olive
1 oignon (150 g) coupé en morceaux
1 branche de céleri (150 g) coupée en morceaux
2 gousses d'ail émincées
1,5 litre de bouillon de légumes
1 tranche de prosciutto (15 g)
300 g de chou coupé en fines lanières
3 c. à c. de jus de citron
2 c. à s. de feuilles de persil plat frais

1 Faites tremper les haricots dans de l'eau toute la nuit. Rincez-les sous l'eau froide et égouttez-les.

2 Faites chauffer l'huile à feu moyen dans une grande poêle. Faites revenir l'oignon, le céleri et l'ail 5 min. Quand ils sont tendres, ajoutez le bouillon et les haricots, et portez à ébullition. Baissez le feu et laissez mijoter 50 min, à couvert.

3 Faites dorer le prosciutto dans une poêle antiadhésive 1 min de chaque côté, à feu vif, pour qu'il soit croustillant. Coupez-le en lamelles.

4 Ajoutez le chou à la soupe et poursuivez la cuisson 5 min, à couvert, pour qu'il se flétrisse légèrement. Incorporez le jus de citron. Servez la soupe garnie de prosciutto et de feuilles de persil.

Bouillon de ramen oriental

4 | 30' | 12h | 1h30 | 30' | kcal 269

1 litre de bouillon de poulet
10 g de dashi en poudre instantané (dashi no-moto)
750 ml d'eau
3 gousses d'ail émincées
60 ml de sauce soja
2 c. à s. de saké
1 c. à c. d'édulcorant à la stévia
20 g de gingembre frais, émincé
1 long piment rouge frais, coupé en quatre dans la longueur
300 g de nouilles soba
2 ciboules émincées
3 feuilles d'algue nori grillées, coupées en quatre
1 c. à c. de graines de sésame noir

Œufs au thé

750 ml d'eau
250 ml de sauce soja
20 g de thé noir en vrac
4 anis étoilés
Le zeste de **1** mandarine
4 œufs tout juste sortis du réfrigérateur

Kimchi

250 g de miniconcombres
2 c. à s. d'édulcorant à la stévia
2 c. à s. de sel
60 ml d'eau bouillante
2 ciboules hachées
2 c. à c. de gingembre frais, râpé
1 gousse d'ail
1 long piment vert frais, émincé
2 c. à s. de vinaigre de riz
1 c. à c. de sauce de poisson
1 c. à s. de sauce soja
1 ½ c. à s. de graines de sésame grillées

1 Préparez les œufs au thé. Portez l'eau à ébullition avec la sauce soja, le thé, les étoiles d'anis et le zeste de mandarine. Baissez le feu et laissez mijoter 1 h. Laissez refroidir. Faites cuire les œufs 7 min dans de l'eau bouillante. Passez-les sous l'eau froide pour arrêter la cuisson. Brisez la coquille des œufs, sans les écaler. Plongez-les dans la préparation au thé refroidie. Couvrez et placez au réfrigérateur toute une nuit.

2 Mettez le bouillon, le dashi, l'eau, l'ail, la sauce soja, le saké, l'édulcorant, le gingembre et le piment dans une casserole et portez à ébullition. Baissez le feu et laissez mijoter 30 min.

3 Préparez le kimchi. Coupez les concombres en deux dans la longueur, puis en tranches de 5 mm. Faites dissoudre l'édulcorant et le sel dans l'eau bouillante. Versez les tranches de concombre et l'eau dans un sac congélation à zip, faites sortir l'air et fermez. Posez le sac à plat et laissez reposer 30 min. Mixez finement les ingrédients restants et mettez-les dans un saladier. Égouttez les concombres, rincez-les et séchez-les avec du papier absorbant. Mettez-les dans le saladier et mélangez.

4 Faites cuire les nouilles 6 min dans de l'eau bouillante. Égouttez-les.

5 Écalez les œufs et coupez-les en deux. Servez les nouilles et le bouillon dans des bols. Ajoutez les œufs, du kimchi, de la ciboule et de l'algue nori, et parsemez de graines de sésame.

Soupe de chou-fleur au curry

6 | 20' | 15' | 25' | kcal 224

1 c. à s. d'huile d'olive
1 oignon (150 g) haché
2 gousses d'ail écrasées
150 g de pâte de curry douce
2 litres d'eau
1 petit chou-fleur (1 kg) haché
2 pommes de terre (400 g) grossièrement coupées
1 c. à s. de concentré de tomates
250 ml de lait fermenté
30 g de feuilles de coriandre fraîche

1 Faites chauffer l'huile d'olive dans une grande casserole puis faites revenir l'oignon et l'ail, en remuant, jusqu'à ce que l'oignon devienne tendre. Ajoutez la pâte de curry et faites revenir 5 min, en remuant.

2 Ajoutez l'eau, le chou-fleur, les pommes de terre et le concentré de tomates. Portez à ébullition puis laissez mijoter 15 min, à découvert. Laissez refroidir 15 min.

3 Mixez la préparation en plusieurs fois pour obtenir une soupe onctueuse. Reversez la soupe dans la casserole puis ajoutez le lait fermenté et réchauffez à feu doux, sans cesser de remuer.

4 Versez dans des bols, parsemez de coriandre et servez avec du pain naan chaud.

Soupe de carottes & lentilles, pesto à la coriandre

4 | 10' | 45'

2 c. à s. d'huile d'olive
1 gros oignon (200 g) haché
750 g de carottes hachées
2 c. à c. de cumin moulu
2 c. à c. de coriandre moulue
1 pincée de piment séché
100 g de lentilles rouges
1 litre de bouillon de légumes
375 ml d'eau
½ bouquet de coriandre

Pesto à la coriandre
1 bouquet de coriandre
1 petite gousse d'ail écrasée
2 c. à s. de pistaches grillées
1 c. à s. de jus de citron
60 ml d'huile d'olive

1 Faites chauffer l'huile dans une grande casserole à feu moyen et faites-y cuire l'oignon et les carottes 10 min, à couvert, en remuant de temps en temps. Ajoutez le cumin, la coriandre et le piment. Remuez pour en enrober les légumes. Versez les lentilles et le bouillon dans la casserole. Portez à ébullition puis baissez le feu et laissez mijoter 35 min, à couvert, jusqu'à ce que les lentilles et les carottes soient tendres.

2 Préparez le pesto à la coriandre. Hachez finement la coriandre, l'ail et les pistaches à l'aide d'un robot. En continuant de hacher, ajoutez le jus de citron et l'huile en un filet continu jusqu'à ce que les ingrédients soient mélangés. Assaisonnez.

3 Mixez la soupe. Remettez-la dans la casserole avec l'eau et portez à ébullition. Assaisonnez et servez avec un filet de pesto, parsemé de feuilles de coriandre.

Soupe crémeuse au céleri-rave

6 | 15' | 20' | 10' | kcal 238

2 kg de céleri-rave coupé en morceaux
1 oignon (150 g) haché
3 gousses d'ail coupées en quatre
1 bâton de céleri (150 g) paré et coupé en rondelles
1,5 litre d'eau
1 litre de bouillon de poulet
125 ml de crème liquide
½ botte de cerfeuil effeuillé
1 c. à s. d'huile d'olive

1 Mélangez le céleri-rave, l'oignon, l'ail, le céleri, l'eau et le bouillon dans une grande casserole. Portez à ébullition puis couvrez et laissez mijoter 20 min. Laissez refroidir 10 min.

2 Mixez la préparation en plusieurs fois jusqu'à l'obtention d'une soupe lisse. Remettez la soupe dans la casserole, incorporez la crème liquide et réchauffez. Assaisonnez.

3 Servez la soupe parsemée de cerfeuil et arrosée d'un peu d'huile d'olive.

Velouté de chou-fleur

4 | 30' | 55' | 220 °C | kcal 202

1 chou-fleur détaillé en petits bouquets
1 poireau coupé en tranches fines
8 gousses d'ail non pelées
1 c. à s. d'huile d'olive
2 c. à c. de graines de cumin
1 litre de bouillon de légumes
375 ml d'eau
125 ml de lait
2 c. à s. de persil plat ciselé

Rouille
1 petit poivron rouge
½ **c. à c.** de paprika fort
1 gousse d'ail coupée en quatre
35 g de chapelure
2 c. à c. de jus de citron
2 c. à c. d'huile d'olive
1 c. à s. d'eau

1 Préchauffez le four à 220 °C. Mettez dans un grand plat le chou-fleur, le poireau et l'ail. Versez l'huile et mélangez bien. Faites rôtir les légumes au four pendant 25 min.

2 Faites griller le cumin à sec dans une casserole, en remuant sans cesse. Réservez-en 1 c. à c. pour servir avec la soupe.

3 Quand l'ail a refroidi, enlevez la peau et mettez-le dans la casserole. Ajoutez le chou-fleur, le poireau, le bouillon et l'eau. Portez à ébullition puis laissez frémir 15 min, sans couvrir. Réservez 2 c. à s. de liquide de cuisson pour la rouille.

4 Pour préparer la rouille, coupez le poivron en quatre, puis retirez les pépins et les membranes blanches. Faites griller les quartiers de poivron au four, côté peau vers le haut, jusqu'à ce que celle-ci commence à noircir. Laissez-les tiédir dans un sac alimentaire avant de les peler. Coupez-les en lanières et mixez-les avec le paprika, l'ail, la chapelure, le jus de citron, le bouillon réservé et 1 c. à s. d'eau. Versez l'huile d'olive en filet, sans cesser de mixer, pour obtenir une sauce onctueuse.

5 Versez le lait dans la soupe et mixez-la. Réchauffez-la à feu doux puis incorporez le persil.

6 Servez le potage avec la rouille et les graines de cumin réservées.

Soupe aux épinards & à la feta

8 | 20' | 20' | 10'

40 g de beurre
1 oignon (150 g) coupé en morceaux
4 ciboules coupées en gros morceaux
2 gousses d'ail coupées en quatre
1 c. à s. de zeste de citron râpé
1,5 kg d'épinards parés et coupés en morceaux
3 grosses pommes de terre (900 g) coupées en morceaux
750 ml de bouillon de légumes
1,25 litre d'eau
180 ml de crème liquide
150 g de feta émiettée

1 Faites fondre le beurre dans une grande casserole, puis faites-y revenir l'oignon, les ciboules et l'ail, en remuant, jusqu'à ce que l'oignon soit tendre. Ajoutez le zeste de citron, les épinards et les pommes de terre, et faites cuire, en remuant, jusqu'à ce que les épinards commencent à se flétrir.

2 Ajoutez le bouillon et l'eau. Portez à ébullition puis laissez frémir, à couvert, pendant 15 min.

3 Laissez reposer 10 min puis mixez dans un blender.

4 Remettez la soupe dans la casserole nettoyée, incorporez la crème et faites chauffer le tout, en remuant. Versez la soupe dans des bols et garnissez de feta émiettée.

Crème de betterave & boulettes de fromage de chèvre à la ciboulette

4 | 25' | 50' | 15' | kcal 500

30 g de beurre
1 c. à s. d'huile d'olive
1 gros oignon brun (200 g) grossièrement haché
2 gousses d'ail écrasées
1 c. à c. de paprika doux
125 ml de vin blanc sec
5 betteraves moyennes (1,5 kg) parées, pelées et coupées en gros morceaux
1 litre de bouillon de poulet
180 ml de crème fraîche
2 c. à c. de ciboulette fraîche grossièrement hachée

Boulettes de fromage de chèvre à la ciboulette
110 g de fromage de chèvre
2 jaunes d'œufs
50 g de farine avec levure incorporée
35 g de parmesan finement râpé
1 c. à s. de ciboulette fraîche finement hachée

1 Faites chauffer le beurre et l'huile d'olive dans une casserole, puis faites revenir l'oignon et l'ail. Ajoutez le paprika et continuez à remuer jusqu'à ce que le mélange soit bien odorant. Ajoutez le vin et faites réduire de moitié pendant 2 min. Ajoutez les betteraves et le bouillon. Portez à ébullition puis laissez mijoter 40 min, en remuant. Laissez refroidir 15 min.

2 Préparez les boulettes de fromage de chèvre à la ciboulette. Dans un saladier, mélangez le fromage de chèvre, les jaunes d'œufs, la farine, le parmesan et la ciboulette. À l'aide de 2 cuillères à soupe, déposez des boulettes du mélange dans une casserole d'eau frémissante et faites cuire 5 min. Sortez les boulettes avec une écumoire et posez-les sur du papier absorbant.

3 Mixez la soupe dans un blender puis rincez la casserole et remettez la soupe dedans. Ajoutez la crème et réchauffez à feu moyen. Versez dans des bols puis ajoutez les boulettes et la ciboulette hachée.

Soupe de miso au tofu & aux épinards

4 | 10' | 10' | kcal 192

1,5 litre d'eau
75 g de miso jaune
1 c. à s. de sauce soja japonaise
15 g de gingembre frais, râpé
100 g de nouilles soba sèches
200 g de tofu mariné coupé en dés de 2 cm de côté
4 ciboules émincées
100 g de petites feuilles d'épinard
1 long piment rouge frais, émincé

1 Versez l'eau dans une casserole, ajoutez le miso, la sauce soja et le gingembre, et portez à ébullition. Ajoutez les nouilles, portez de nouveau à ébullition puis laissez cuire 3 min jusqu'à ce que les nouilles soient juste tendres.

2 Ôtez du feu, ajoutez le tofu, les ciboules et les feuilles d'épinard. Remuez doucement jusqu'à ce que les épinards commencent à se flétrir.

3 Versez la soupe dans des bols et parsemez de piment.

Tom yum goong

4 | 20' | 40' | kcal 203

900 g de grosses crevettes crues
1 c. à s. d'huile d'arachide
1,5 litre d'eau
2 c. à s. de pâte de curry rouge
1 c. à s. de concentré de tamarin
20 g de tige de citronnelle fraîche finement hachée
1 c. à c. de curcuma moulu
2 petits piments rouges thaïs frais grossièrement hachés
1 cm de gingembre frais (5 g), râpé
6 feuilles de combava finement ciselées
1 c. à c. de sucre de palme râpé
100 g de champignons shiitake frais coupés en deux
2 c. à s. de nuoc-mâm
2 c. à s. de jus de citron vert
15 g de feuilles de menthe vietnamienne
15 g de feuilles de coriandre fraîche

1 Décortiquez les crevettes en laissant leur queue et réservez les têtes et les carapaces.

2 Faites chauffer l'huile dans une grande casserole. Ajoutez les têtes et les carapaces des crevettes et faites revenir 5 min, en remuant, jusqu'à ce que les morceaux deviennent orange foncé.

3 Ajoutez 250 ml d'eau et la pâte de curry. Portez à ébullition tout en remuant, puis ajoutez le reste de l'eau. Portez de nouveau à ébullition. Baissez le feu et laissez mijoter 20 min, à découvert. Passez le bouillon au chinois au-dessus d'un grand saladier résistant à la chaleur et jetez les résidus solides.

4 Rincez la casserole et reversez le bouillon dedans. Ajoutez le tamarin, la citronnelle, le curcuma, les piments rouges, le gingembre, les feuilles de combava et le sucre de palme, et portez à ébullition. Faites bouillir 2 min, en remuant. Ajoutez les champignons. Baissez le feu et faites cuire 3 min, en remuant. Ajoutez les crevettes. Laissez mijoter 5 min à découvert pour que les crevettes soient cuites. Ôtez du feu et ajoutez le nuoc-mâm et le jus de citron vert.

5 Servez dans des bols en décorant de feuilles de menthe vietnamienne et de coriandre.

Conseil
Coupez la tige de la citronnelle en commençant par son extrémité blanche et en remontant jusqu'à la base de sa partie verte (commela ciboule). Ses fibres résistant bien à la cuisson, jetez l'extrémité verte et coupez la partie blanche en tranches très fines pour éviter d'obtenir une soupe trop fibreuse.

Soupe à la tomate & au fenouil

4 | 15' | 45' | 180 °C | kcal 141

2 c. à s. d'huile d'olive
300 g de fenouil grossièrement coupé
300 g d'oignons grossièrement coupés
2 gousses d'ail taillées en quatre
1 kg de tomates coupées en quatre
750 ml de bouillon de légumes
4 tranches de pain de campagne sans la croûte
Huile en spray

1 Préchauffez le four à 180 °C.

2 Faites chauffer l'huile d'olive dans un faitout et faites revenir le fenouil, les oignons et l'ail en remuant, puis ajoutez les tomates et le bouillon. Portez à ébullition. Laissez frémir 15 min à couvert, en remuant de temps en temps. Retirez le couvercle et laissez frémir encore 15 min jusqu'à ce que les tomates s'écrasent en purée.

3 Coupez le pain en cubes. Mettez-les sur la lèchefrite et badigeonnez-les d'huile. Laissez dorer les croûtons 10 min au four pour qu'ils soient croustillants.

4 Mixez la soupe et passez-la à travers un tamis fin. Réchauffez-la rapidement avant de la servir avec les croûtons.

Velouté de fenouil grillé & aïoli au poivron

4 | 10' | 15' | 1h10 | 200 °C | kcal 327

2 bulbes de fenouil moyens (600 g)
1 gros oignon (200 g) grossièrement haché
4 gousses d'ail non pelées, écrasées
2 c. à c. de graines de fenouil séchées
1 c. à s. d'huile d'olive
500 ml de bouillon de légumes
250 ml de lait
250 ml d'eau
2 c. à c. de jus de citron

Aïoli au poivron
1 poivron rouge moyen (200 g)
2 gousses d'ail
1 jaune d'œuf
1 c. à s. de jus de citron
½ c. à c. de moutarde de Dijon
80 ml d'huile d'olive

1 Préchauffez le four à 200 °C.

2 Réservez 4 plumets de feuilles de fenouil. Parez et hachez grossièrement le fenouil, puis mélangez-le, dans un plat creux allant au four, avec l'oignon, l'ail, les graines de fenouil et l'huile d'olive. Enfournez 30 min, à découvert, puis couvrez et laissez cuire 20 min de plus.

3 Laissez refroidir puis écrasez l'ail non pelé dans une grande casserole et jetez sa peau. Ajoutez le mélange de fenouil, le bouillon, le lait et l'eau. Portez à ébullition, laissez mijoter 10 min à découvert puis laissez refroidir 15 min.

4 Préparez l'aïoli au poivron. Coupez le poivron en quatre puis jetez ses graines et ses membranes blanches. Enfournez les morceaux sous le gril ou à four chaud, peau vers le haut, jusqu'à ce que cette dernière noircisse. Couvrez de plastique ou de papier pendant 5 min. Pelez le poivron et hachez grossièrement sa chair. Mixez l'ail, le jaune d'œuf, le jus de citron et la moutarde jusqu'à obtention d'une crème homogène. Laissez tourner le mixeur et ajoutez l'huile d'olive en filet pour faire épaissir l'aïoli. Ajoutez le poivron. Mixez pour obtenir une sauce onctueuse.

5 Mixez la soupe en plusieurs fois. Rincez la casserole et remettez-la dedans. Ajoutez le jus de citron et réchauffez en remuant, à feu moyen.

6 Versez dans des bols et agrémentez chacun d'un peu d'aïoli et de 1 plumet de feuille de fenouil.

Soupe de navets marocaine

4 | 15' | 35' | kcal 303

1 c. à s. d'huile d'olive
1 gros oignon (200 g) grossièrement haché
2 gousses d'ail écrasées
2 c. à c. de graines de cumin
2 c. à c. de coriandre moulue
½ c. à c. de paprika fort
1,5 kg de navets nettoyés et grossièrement hachés
1,5 litre de bouillon de poulet
125 ml de crème liquide
20 g de persil plat grossièrement haché

1 Faites chauffer l'huile d'olive dans une grande casserole. Faites fondre l'oignon et l'ail, en remuant. Ajoutez les épices. Faites revenir, en remuant, jusqu'à ce que les arômes se libèrent. Ajoutez les navets puis le bouillon. Portez à ébullition. Baissez le feu et laissez mijoter sans couvrir jusqu'à ce que les navets soient cuits.

2 Mixez jusqu'à ce que le mélange soit onctueux. Ajoutez la crème liquide et réchauffez en remuant.

3 Servez dans des bols, parsemé de persil.

Soupe de lentilles & d'ail au yaourt

6 | 10' | 45' | kcal 277

1 c. a s. d'huile d'olive
10 gousses d'ail émincées
2 branches de thym frais
400 g de petites lentilles vertes
500 ml de bouillon de légumes
2 litres d'eau
175 g de cresson paré et haché

Yaourt à la menthe
280 g de yaourt
1 c. à s. de jus de citron
Quelques branches de menthe fraîche grossièrement hachées

1 Faites chauffer l'huile d'olive dans une grande casserole puis faites-y revenir l'ail et le thym, en remuant. Ajoutez les lentilles puis le bouillon et l'eau, et portez à ébullition. Réduisez le feu et laissez frémir, à couvert, pendant 35 min environ jusqu'à ce que les lentilles soient tendres.

2 Pendant ce temps, préparez le yaourt à la menthe en mélangeant tous les ingrédients dans un bol.

3 Mixez la soupe en plusieurs fois jusqu'à l'obtention d'une préparation lisse, et remettez-la dans la casserole. Ajoutez le cresson et poursuivez la cuisson, en remuant, jusqu'à ce qu'il soit flétri. Servez la soupe avec du yaourt à la menthe.

Soupe de petits pois & pistou à la menthe

4 | 10' | 15' | 20' | kcal 391

1 c. à s. d'huile d'olive
1 petit poireau (200 g) émincé
1 gousse d'ail écrasée
2 grosses pommes de terre (600 g) grossièrement coupées
360 g de petits pois surgelés
750 ml d'eau
500 ml de bouillon de légumes

Pistou à la menthe
120 g de feuilles de menthe fraîche
20 g de parmesan finement râpé
1 c. à s. de jus de citron
1 gousse d'ail coupée en quatre
60 ml d'huile d'olive

1 Faites chauffer l'huile d'olive dans une grande casserole, puis faites revenir le poireau et l'ail, en remuant, jusqu'à ce que le poireau devienne tendre. Ajoutez les pommes de terre, les petits pois, l'eau et le bouillon. Portez à ébullition, couvrez puis laissez mijoter 10 min. Laissez refroidir 15 min.

2 Pendant ce temps, préparez le pistou à la menthe en mixant tous les ingrédients jusqu'à l'obtention d'une sauce veloutée.

3 Mixez la soupe en plusieurs fois. Rincez la casserole, remettez la soupe dedans et réchauffez à feu moyen. Versez dans des bols et décorez de pistou à la menthe.

Soupe de légumes au maïs

1 | 10' | 20' | kcal 257

500 ml de bouillon de légumes
1 épi de maïs
50 g de chou-fleur détaillé en petits bouquets
½ petite carotte coupée en petits dés
30 g de pois gourmands coupés en petits tronçons
1 oignon vert coupé en fines rondelles

1 Portez le bouillon à ébullition dans une petite cocotte. Détachez les grains de l'épi de maïs et mettez-les dans le bouillon avec le chou-fleur et la carotte. Quand le mélange recommence à bouillir, réduisez le feu. Couvrez et laissez mijoter 10 min.

2 Incorporez les pois gourmands et l'oignon. Laissez frémir 2 min, sans couvrir.

Soupe épicée à la coriandre & aux haricots

4 | 10' | 15' | 1h20 | kcal 323

1 c. à s. de graines de coriandre
1 c. à s. de graines de cumin
1 c. à s. de beurre clarifié
6 gousses d'ail écrasées
2 petits piments thaïs rouges frais finement hachés
250 g de mélange de haricots pour soupe
1 litre de bouillon de poulet
875 ml d'eau
60 g de coriandre fraîche grossièrement hachée
100 g de yaourt à la grecque
1 c. à s. de chutney à la mangue

1 Faites griller les graines de coriandre et de cumin à sec dans une casserole, en remuant, jusqu'à ce qu'elles soient bien odorantes, puis pilez-les dans un mortier.

2 Faites fondre le beurre clarifié dans la même casserole, puis faites revenir les graines pilées, l'ail et les piments 5 min, en remuant.

3 Ajoutez le mélange de haricots, le bouillon et l'eau. Portez à ébullition, couvrez et laissez mijoter 1 h, en remuant de temps en temps. Laissez refroidir 15 min.

4 Mixez la moitié de la préparation pour obtenir une soupe onctueuse. Remettez la soupe mixée dans la casserole avec la soupe non mixée, et réchauffez à feu moyen, sans cesser de remuer. Ôtez du feu et ajoutez la coriandre.

5 Versez dans des bols et ajoutez une touche de yaourt et de chutney à la mangue.

Gaspacho

4 · 25' · 3h · kcal 134

750 g de jus de tomate
8 tomates allongées (600 g) grossièrement hachées
1 oignon rouge (170 g), grossièrement haché
1 gousse d'ail coupée en quatre
1 petit concombre (130 g) grossièrement haché
1 petit poivron rouge (150 g) grossièrement haché
2 c. à c. de Tabasco®
4 ciboules finement hachées
½ petit concombre (65 g) épépiné et grossièrement haché
½ petit poivron jaune (75 g) finement haché
2 c. à c. d'huile d'olive
1 c. à s. de vodka
2 c. à s. de coriandre fraîche, ciselée

1 Mixez ensemble le jus de tomate, les tomates, l'oignon, l'ail, le concombre, le poivron et le Tabasco® pour obtenir une purée. Passez la préparation au chinois au-dessus d'un grand récipient, couvrez puis placez 3 h au réfrigérateur.

2 Mélangez les ingrédients restants dans un saladier.

3 Versez le gaspacho dans des bols et agrémentez de légumes.

Note
Il est encore meilleur quand il est préparé la veille et conservé au réfrigérateur pour faire ressortir toutes ses saveurs.

Gaspacho de tomates grillées

4 · 10' · 10' · 3h · kcal 99

3 poivrons rouges moyens (600 g)
Huile en spray
6 tomates moyennes (450 g) coupées en deux
1 oignon rouge moyen (170 g) coupé en rondelles épaisses
4 gousses d'ail non pelées
2 miniconcombres (260 g) hachés
2 c. à s. de vinaigre de vin
415 ml de coulis de tomate
60 ml d'eau froide
1 c. à s. de persil plat finement haché

1 Préchauffez le gril. Coupez les poivrons en quatre puis retirez les graines et les membranes blanches. Faites-les griller côté peau sous le gril. Couvrez les poivrons 5 min puis retirez la peau. Hachez-les grossièrement.

2 Faites chauffer un gril à rainures et vaporisez-le très légèrement d'huile. Faites cuire les tomates, l'oignon et les gousses d'ail en les retournant régulièrement. Laissez tiédir l'ail avant de le peler.

3 Mixez au robot ou au blender les poivrons, les tomates, l'oignon, l'ail, les concombres, le vinaigre et le coulis de tomate, en plusieurs fois. Versez dans un grand saladier, couvrez et placez 3 h au réfrigérateur.

4 Ajoutez l'eau au gaspacho. Au moment de servir, parsemez le gaspacho de persil haché.

Gaspacho vert & croûtons aux pistaches

6 | 25' | 5' | 30' | kcal 416

1 avocat (250 g) coupé en dés
50 g de jeunes pousses d'épinard
360 g de melon honeydew, en gros morceaux
½ petit bouquet de basilic frais
2 gousses d'ail pilées
10 ciboules hachées (que le blanc)
200 g de raisin blanc sans pépins
2 longs piments verts frais, hachés
750 g de tomates vertes de variétés anciennes, en morceaux
1 concombre (400 g), en morceaux
2 c. à s. de vinaigre blanc
60 ml d'huile d'olive vierge extra
8 glaçons
½ petit bouquet de basilic supplémentaire

Croûtons aux pistaches
60 ml d'huile d'olive
1 gousse d'ail pilée
4 tranches de pain de seigle aux graines (260 g), coupées en dés de 1 cm de côté
35 g de pistaches hachées

1 Préparez les croûtons aux pistaches. Faites chauffer l'huile dans une petite poêle, à feu moyen. Faites revenir l'ail 30 s. Ajoutez les dés de pain et les pistaches ; faites-les dorer 5 min, en remuant. Laissez refroidir.

2 Mixez l'avocat, les épinards, le melon, le basilic, l'ail, les ciboules, le raisin, les piments, les tomates et le concombre dans un blender, en 2 fois. Filtrez la préparation à travers un tamis fin posé sur un saladier, en pressant les solides pour extraire le maximum de liquide. Jetez les solides. Ajoutez le vinaigre, la moitié de l'huile et les glaçons. Salez, poivrez et mélangez. Placez 30 min au réfrigérateur.

3 Servez le gaspacho bien froid dans des bols ou des verres réfrigérés. Garnissez de croûtons, de feuilles de basilic et d'huile.

Salades

Le thym citron a un parfum citronné en raison de sa forte teneur en citral, une substance présente dans les citrons, les oranges, la verveine et la citronnelle. Écrasez les feuilles avant de les utiliser.

Le romarin est une source importante d'antioxydants, aux effets bénéfiques sur le cerveau et les yeux.

Le persil plat est riche en nutriments, notamment en caroténoïdes, qui réduisent le risque de dégénérescence maculaire, cause de cécité.

La menthe 'Berries and Cream' est ainsi nommées car ses feuilles exhalent un léger parfum de fruits rouges.

La menthe est un antioxydant puissant. De nombreuses recherches ont prouvé ses bienfaits sur les intestins. Elle est également utilisée pour rafraîchir l'haleine.

La sauge contribuerait à réduire la déperdition de minéraux au niveau osseux, et améliorerait la mémoire à long terme.

HERBES

Les bienfaits des herbes sont innombrables : outre le parfum qu'elles libèrent dans les plats, elles favorisent l'assimilation de nutriments comme les antioxydants et possèdent de nombreuses vertus médicinales.

Le laurier est très utilisé pour son pouvoir antioxydant, antibactérien, anti-inflammatoire et antifongique.

L'origan est très riche en antioxydants.

Les feuilles de coriandre fraîche ont d'intéressantes propriétés antioxydantes et constituent une excellente source de vitamine K.

Le basilic a des effets anti-inflammatoires. Il contient de la vitamine A, de l'acide folique, de la vitamine C et de nombreux minéraux. Le basilic thaï, au goût anisé, est utilisé dans la cuisine asiatique.

Le thym possède lui aussi des propriétés antioxydantes. Il contribue également à la bonne santé osseuse.

Crevettes grillées & salsa à l'avocat

6 | 25' | 15' | kcal 484

180 ml d'huile d'olive
2 échalotes (50 g) émincées
4 gousses d'ail écrasées
1 long piment rouge frais, émincé
2 étoiles d'anis
2 feuilles de laurier fraîches
24 crevettes crues (1,2 kg)
2 c. à s. de coriandre fraîche

Salsa à l'avocat
2 avocats (500 g), en petits dés
½ petit oignon rouge (50 g), finement haché
1 tomate roma (75 g), en petits dés
1 c. à s. de jus de citron
15 g de feuilles de coriandre fraîche, hachées

1 Faites chauffer l'huile dans une casserole avec les échalotes, l'ail, le piment, l'anis étoilé et le laurier 5 min. Retirez du feu.

2 Décortiquez les crevettes en laissant les queues. Piquez chacune sur un bâtonnet en bois. Posez les brochettes sur une plaque de cuisson ; assaisonnez.

3 Mélangez les ingrédients de la salsa et assaisonnez.

4 Faites cuire les crevettes 1 min sous le gril du four chaud. Retirez les gousses d'ail de l'huile chaude. Posez les crevettes sur un plat, puis arrosez-les d'huile parfumée. Servez avec la salsa à l'avocat et parsemez de coriandre.

Salade de tomates au labné & aux graines

4 | 24h | 35' | kcal 445

2 c. à c. de graines de sésame
2 c. à c. de graines de tournesol
2 c. à s. de pistaches hachées
2 c. à c. de cumin moulu
1 c. à c. de sel de mer en paillettes
1 kg de tomates (variétés anciennes), grosses et petites
60 g d'olives vertes en saumure
½ petit oignon rouge (50 g), émincé
350 g de cresson
15 g de brins de coriandre fraîche

Labné
1 c. à c. de sel de mer en paillettes
500 g de yaourt à la grecque

Sauce
60 ml d'huile d'olive vierge extra
1 ½ c. à s. de jus de citron
1 gousse d'ail coupée en quatre

1 Préparez le labné. Mélangez le sel et le yaourt dans un bol. Tapissez une passoire avec 2 épaisseurs de mousseline. Posez la passoire sur un bol profond ou un broc. Versez le yaourt dans la passoire. Rassemblez les bords de la mousseline (ou du torchon) et formez une boule que vous nouerez avec de la ficelle de cuisine. Laissez s'égoutter 24 h au réfrigérateur, en pressant de temps en temps la boule. Jetez le liquide. Prélevez des cuillerées à soupe de labné et façonnez des boulettes.

2 Mettez tous les ingrédients de la sauce dans un shaker pour sauce à salade, assaisonnez et secouez. Laissez reposer au moins 20 min, ou placez au réfrigérateur jusqu'au lendemain. Jetez l'ail avant utilisation.

3 Faites griller à sec les graines de sésame, de tournesol, les pistaches, le cumin et le sel 5 min à feu doux dans une poêle. Retirez les graines de la poêle et laissez refroidir.

4 Coupez quelques-unes des plus grosses tomates en deux ou en tranches épaisses. Mettez-les dans un grand saladier avec les autres tomates. Coupez les olives en longeant le noyau et ajoutez-les aux tomates avec l'oignon, le cresson, la coriandre et la moitié de la sauce. Mélangez et assaisonnez.

5 Servez la salade de tomates avec le labné, les graines grillées et le reste de sauce.

Salade au fenouil, au céleri & au pamplemousse

4 | 20' | kcal 213

2 pamplemousses roses (700 g)
1 bulbe de fenouil (300 g) émincé
2 branches de céleri (300 g) émincées
40 g de persil plat frais
25 g de cerneaux de noix grillés

Sauce au balsamique blanc
60 ml d'huile d'olive
1 c. à s. de vinaigre balsamique blanc

1 Pelez les pamplemousses à vif et détachez les quartiers au-dessus d'un bol. Réservez 2 c. à s. de jus pour la sauce.

2 Préparez la sauce au balsamique blanc : versez l'huile, le vinaigre et les 2 c. à s. de jus de pamplemousse dans un shaker pour sauce à salade. Fermez et secouez.

3 Mélangez les quartiers de pamplemousse, la sauce et les autres ingrédients dans un saladier.

Salade de champignons rôtis au cresson

8 | 10' | 20' | 220° C | kcal 145

400 g de champignons de Paris bruns, coupés en deux
1 c. à s. de thym frais
2 gousses d'ail écrasées
2 c. à s. de vinaigre de xérès
125 ml d'huile d'olive
2 bottes de cresson

1 Préchauffez le four à 220 °C. Mélangez les champignons, le thym, l'ail, le vinaigre et l'huile d'olive dans un plat à four huilé peu profond.

2 Faites rôtir les champignons 20 min. Laissez-les refroidir.

3 Mélangez les champignons, leur jus de cuisson et le cresson dans un grand saladier.

Fattouche

4 | 20' | kcal 304

180 g de feta marinée à l'huile et aux herbes
2 c. à s. de mélasse de grenade
2 c. à s. de jus de citron
1 petite romaine (180 g) effeuillée
1 miniconcombre (130 g) émincé
6 radis rouges (300 g) émincés
3 ciboules émincées dans la longueur
1 poivron vert (200 g) coupé en morceaux de 2 cm
250 g de tomates cerises coupées en deux
25 g de feuilles de menthe fraîche
½ c. à c. de sumac en poudre
45 g de chips de pita

1 Égouttez la feta en réservant 60 ml de son huile de marinade.

2 Fouettez la mélasse de grenade, les 60 ml d'huile de la marinade et le jus de citron dans un grand saladier ; assaisonnez. Ajoutez les feuilles de romaine, le concombre, les radis, les ciboules, le poivron, les tomates et la menthe. Mélangez.

3 Parsemez la salade de la feta coupée en morceaux, saupoudrez de sumac et servez avec des chips de pita.

Suggestion
Servez cette salade avec des crevettes ou des tranches de filet d'agneau grillées.

Salade d'orge aux légumes de printemps

6 | 20' | 25' | kcal 346

200 g d'orge perlé
120 g de petits pois surgelés
150 g d'edamame écossés
150 g de pois gourmands émincés
2 ciboules émincées
15 g de feuilles de menthe fraîche
2 c. à s. d'huile d'olive vierge extra
1 c. à s. de jus de citron
335 g de labné à l'huile d'olive, égoutté

1 Faites cuire l'orge perlé dans de l'eau salée, 25 min sur feu moyen. Égouttez-le et rincez-le sous l'eau froide jusqu'à ce qu'il soit froid. Égouttez-le de nouveau.

2 Portez de l'eau salée à ébullition dans une casserole. Plongez-y les petits pois, les edamame et les pois gourmands. Faites bouillir 1 min, puis égouttez et plongez les légumes dans un saladier d'eau glacée. Égouttez.

3 Versez l'orge dans un plat de service avec les légumes refroidis, les ciboules et la menthe. Arrosez d'huile mélangée au jus de citron. Remuez et assaisonnez.

4 Garnissez la salade de labné puis servez.

Laab de légumes

4 | 15' | 15' | 12' | 180 °C | kcal 187

2 c. à s. de nuoc-mâm ou de tamari sans gluten
2 c. à s. de jus de citron vert
½ c. à c. de piment séché
1 betterave (160 g) épluchée et coupée en dés de 5 mm
1 grosse carotte (180 g) non épluchée et coupée en dés de 5 mm
160 g de haricots verts coupés en tronçons de 5 mm
1 miniconcombre (130 g) coupé en deux dans la longueur
50 g de riz thaï
200 g de petites tomates cerises coupées en deux
3 ciboules émincées
1 bouquet de menthe hachée
2 c. à s. de coriandre fraîche, hachée
45 g de cacahuètes grillées sans sel, finement hachées
1 laitue

1 Préchauffez le four à 180 °C. Dans un saladier, mélangez le nuoc-mâm, le jus de citron vert et le piment séché.

2 Dans un bol, mélangez la betterave avec 1 c. à s. de la sauce pimentée. Dans un saladier, mélangez la carotte et les haricots avec 2 c. à s. de la sauce pimentée. Coupez le concombre en dés de 5 mm. Transférez-les dans le saladier contenant la sauce restante. Couvrez chaque récipient de film alimentaire et laissez reposer 15 min.

3 Pendant ce temps, étalez le riz sur une plaque et enfournez-le 12 min. Hachez-le très finement au robot (ou pilez-le dans un mortier).

4 Versez les tomates, les ciboules, les herbes, le riz, la carotte, les haricots et la moitié des cacahuètes dans le saladier contenant le concombre. Égouttez la betterave à travers un tamis et incorporez-la dans le saladier. Mélangez délicatement.

5 Servez le laab avec la laitue, parsemé du reste de cacahuètes.

Salade de quinoa au poulet & au persil

4 | 5' | 15' | kcal 284

100 g de quinoa rouge ou blanc
250 ml d'eau
80 ml de jus de citron
60 ml d'huile d'olive vierge extra
250 g de tomates cerises coupées en deux
75 g de feuilles de persil plat frais
50 g de feuilles de menthe fraîche
3 ciboules émincées dans la longueur
250 g de poulet grillé, déchiqueté

1 Versez le quinoa et l'eau dans une casserole, et portez à ébullition. Réduisez le feu, couvrez et laissez mijoter 10 min jusqu'à ce que l'eau ait été absorbée et que le quinoa soit tendre. Retirez la casserole du feu.

2 Mélangez le jus de citron et l'huile dans un saladier, puis assaisonnez. Ajoutez le quinoa, les tomates, le persil, la menthe, les ciboules et le poulet. Remuez délicatement.

Salade de pois chiches, feta & menthe

4 | 25' | 50' | 220 °C | kcal 470

400 g de courge butternut avec la peau
1 gros oignon rouge (300 g), en quartiers fins
1 poivron rouge (200 g), en lamelles épaisses
1 poivron jaune (200 g), en lamelles épaisses
400 g de petites carottes parées
2 c. à s. d'huile d'olive
400 g de pois chiches en conserve, rincés et égouttés
2 c. à s. de zaatar ou garam masala
60 ml de vinaigre de vin rouge
60 ml d'huile d'olive
100 g de feta émiettée
½ bouquet de menthe

1 Préchauffez le four à 220 °C.

2 Coupez la courge non épluchée en deux, puis en fines tranches. Disposez les tranches de courge, l'oignon, les poivrons et les carottes sur une grande plaque, en une seule couche. Arrosez avec la moitié de l'huile. Faites cuire 25 min.

3 Disposez les pois chiches sur une autre plaque. Arrosez-les du reste d'huile, saupoudrez-les d'épices et mélangez. Faites cuire 25 min.

4 Fouettez le vinaigre et l'huile d'olive dans un bol. Assaisonnez.

5 Disposez les légumes et les pois chiches sur un plat, arrosez de sauce et garnissez de feta et de menthe.

Salade betteraves, carottes & feta

8 | 15' | 45' | 200 °C | kcal 255

500 g de minibetteraves jaunes
500 g de minibetteraves rouges
800 g de minicarottes
800 g de minicarottes pourpres
1 gros oignon rouge (300 g), en gros quartiers
2 c. à c. de moutarde de Dijon
½ bouquet de menthe
180 g de feta marinée, égouttée et coupée en morceaux

Sauce
125 ml d'huile d'olive
60 ml de vinaigre de vin rouge
1 c. à s. de miel

1 Fouettez tous les ingrédients de la sauce dans un bol ; assaisonnez.

2 Préchauffez le four à 200 °C. Nettoyez les betteraves et les carottes à la brosse. Répartissez-les sur les plaques avec l'oignon. Versez la moitié de la sauce sur les légumes et mélangez. Assaisonnez et enfournez 45 min. Pelez les betteraves et coupez-les en deux ou en quatre. Coupez les carottes en deux dans la longueur.

3 Incorporez la moutarde au reste de sauce. Disposez les légumes sur un plat de service. Arrosez-les avec le reste de sauce et décorez de menthe. Servez tiède, accompagné de feta.

Salade de carottes & pois chiches, fromage blanc à la harissa

4 15'

2 c. à s. d'huile d'olive à l'ail
2 c. à s. de jus de citron
2 c. à c. de miel
400 g de carottes en julienne
800 g de pois chiches en boîte, rincés et égouttés
1 petit oignon rouge (100 g) émincé
80 g de raisins de Smyrne
70 g d'amandes effilées, grillées
1 bouquet de menthe
200 g de fromage blanc de chèvre
3 c. à c. de harissa
2 pains lavash au blé complet (150 g), chauds
1 citron (140 g) coupé en quartiers

1 Mélangez l'huile, le jus de citron et le miel dans un grand saladier. Ajoutez les carottes, les pois chiches, l'oignon rouge, les raisins secs, les amandes et la menthe. Mélangez puis assaisonnez.

2 Mélangez le fromage blanc de chèvre avec la harissa dans un bol.

3 Servez la salade nappée de ce mélange avec du pain et des quartiers de citron.

Astuce

Nous utilisons un éplucheur à julienne pour détailler facilement les carottes en longues lanières. On en trouve dans les magasins d'ustensiles de cuisine et dans la plupart des supermarchés.

Salade de chou à l'orange & aux radis

4 | 20' | kcal 225

1 orange (240 g)
160 g de chou vert, râpé
2 radis (70 g) émincés
20 g de feuilles de menthe émincées

Vinaigrette au cumin & à l'orange
1 c. à c. de graines de cumin
¼ de c. à c. de paprika fort
2 c. à s. d'huile d'olive
1 c. à s. de vinaigre balsamique blanc

1 Détachez les quartiers de l'orange au-dessus d'un bol. Réservez 1 c. à s. de jus pour la vinaigrette.

2 Préparez la vinaigrette : dans une petite poêle, faites griller les épices à sec jusqu'à ce qu'elles embaument. Laissez refroidir. Versez les épices dans un shaker pour sauce à salade avec l'huile d'olive, le vinaigre et le jus d'orange. Fermez et secouez.

3 Dans un grand saladier, mélangez les quartiers d'orange avec la vinaigrette et les ingrédients restants.

Coleslaw au céleri

4 | 20' | kcal 113

160 g de chou émincé
1 petit bulbe de fenouil (130 g) émincé
100 g de haricots verts émincés
600 g de céleri-rave pelé et râpé
1 branche de céleri (150 g) émincée
40 g de feuilles de persil plat frais

Sauce au vinaigre de cidre
60 ml d'huile d'olive
2 c. à s. de vinaigre de cidre
1 c. à c. de sucre
1 c. à c. de moutarde de Dijon

1 Préparez la sauce au vinaigre de cidre en mélangeant les ingrédients dans un shaker pour sauce à salade.

2 Dans un grand saladier, mélangez les ingrédients de la salade avec la sauce.

Chou blanc à la sauce citronnée

8 | 25' | kcal 169

1 chou blanc émincé
15 ciboules finement hachées
100 g de menthe fraîche, hachée
50 g de persil plat frais, haché
30 g de coriandre fraîche, hachée

Sauce citronnée
60 ml de jus de citron
1 c. à s. de moutarde de Dijon
125 ml d'huile d'arachide

1 Mélangez le chou, les ciboules, la menthe, le persil et la coriandre dans un grand saladier.

2 Préparez la sauce citronnée en mélangeant le jus de citron, la moutarde et l'huile d'arachide.

3 Versez la sauce sur la salade et remuez.

Salade de concombre à l'ananas

4 | 15' | kcal 118

280 g de yaourt
2 c. à c. de cumin moulu
2 concombres (800 g) coupés en deux dans la longueur et émincés
450 g d'ananas en morceaux, en conserve, égoutté
1 gros bouquet de menthe
1 petit bouquet de coriandre

1 Mélangez le yaourt et le cumin dans un bol. Assaisonnez.

2 Mélangez les concombres, l'ananas, la menthe et la coriandre dans un grand saladier, puis assaisonnez.

3 Servez la salade accompagnée de yaourt.

Astuce
En saison, utilisez de l'ananas frais.

Salade de riz aux légumes verts

4 · 10' · 10'

150 g de pois mange-tout
200 g de haricots verts, coupés en deux dans la longueur
200 g de brocolinis coupés en deux, de biais
2 c. à c. d'huile d'olive
500 g de riz complet cuit
3 c. à s. de graines de courge grillées
1 avocat (250 g), en fines tranches

Sauce au yaourt et à l'avocat
1 avocat (250 g) haché
200 g de yaourt à la grecque
4 c. à s. de feuilles de basilic
2 c. à s. de jus de citron vert
1 petite gousse d'ail hachée
1 c. à s. d'huile d'olive
1 c. à s. d'eau

1 Mixez les ingrédients de la sauce au yaourt et à l'avocat.

2 Faites cuire séparément les pois, les haricots verts et les brocolinis à l'eau ou à la vapeur. Égouttez-les puis mettez-les dans un grand saladier avec l'huile. Mélangez ; couvrez pour garder au chaud.

3 Mélangez le riz avec 2 c. à s. de graines de courge hachées dans un saladier puis assaisonnez.

4 Recouvrez avec les trois quarts de la sauce au yaourt, les légumes, l'avocat, puis nappez avec le reste de sauce et parsemez de graines de courge restantes.

Salade de courge rôtie à la libanaise

6 · 20' · 30' · 200 °C

2 c. à s. de miel
100 g de noix
2 kg de courge musquée, coupée en gros quartiers de 2,5 cm d'épaisseur
2 c. à s. d'huile d'olive
1 gros poivron rouge (350 g), en tranches épaisses
1 gros oignon rouge (300 g), en quartiers
400 g de lentilles en boîte, rincées et égouttées
60 g de cresson

Mélange d'épices libanais
1 c. à c. de paprika doux
1 c. à c. de cumin moulu
1 c. à c. de coriandre moulue
1 c. à c. de cardamome moulue
½ c. à c. de cannelle moulue
½ c. à c. de noix de muscade moulue

Sauce au yaourt
140 g de yaourt à la grecque
60 ml d'huile d'olive
1 c. à s. de zeste de citron râpé
60 ml de jus de citron
1 c. à s. de miel

1 Préchauffez le four à 200 °C et recouvrez 3 plaques de four de papier sulfurisé.

2 Préparez le mélange d'épices libanais : mélangez tous les ingrédients.

3 Versez le miel dans une petite poêle chaude sur feu moyen et portez à ébullition. Ajoutez les noix et 1 c. à c. de mélange d'épices. Remuez pour enrober les noix. Disposez-les sur une plaque de cuisson et laissez refroidir.

4 Placez la courge sur une plaque de four, le poivron et l'oignon sur la plaque restante. Arrosez 2 c. à s. d'huile et saupoudrez le reste du mélange d'épices puis remuez pour enduire les légumes. Enfournez les deux plaques 30 min. Retirez du four.

5 Mélangez tous les ingrédients de la sauce au yaourt.

6 Servez les légumes rôtis avec les lentilles, le cresson, les noix et la sauce au yaourt.

Salade de betteraves, asperges & feta

6 | 10' | 5' | kcal 270

340 g d'asperges parées, coupées en deux
450 g de betteraves rouges cuites, coupées en quartiers
2 bouquets de menthe, les feuilles déchirées
50 g de cerneaux de noix grillés
200 g de feta émiettée

Sauce au citron
1 gousse d'ail écrasée
60 ml d'huile d'olive
1 ½ c. à s. de jus de citron

1 Faites cuire les asperges à l'eau ou à la vapeur. Égouttez-les.

2 Préparez la sauce au citron en mélangeant tous les ingrédients dans un shaker pour sauce à salade.

3 Mettez les asperges, les betteraves, la menthe, les noix et les trois quarts de la feta dans un saladier, versez la sauce et mélangez. Décorez avec le reste de feta.

Salade de saumon fumé & sauce au tamarin

6 | 15' | kcal 153

2 petits concombres (260 g)
200 g de saumon fumé, en tranches
1 avocat (250 g) coupé en morceaux
2 ciboules émincées
1 c. à s. de graines de sésame grillées

Sauce au tamarin
1 c. à s. de sauce soja claire
1 c. à s. d'eau
1 c. à s. de sucre roux
2 c. à c. de concentré de tamarin
1 c. à c. de nuoc-mâm
1 c. à c. d'huile d'olive
1 cm de gingembre frais, râpé
1 gousse d'ail écrasée

1 Taillez les concombres non pelés en longs rubans fins avec un épluche-légumes.

2 Mélangez tous les ingrédients de la sauce au tamarin dans une petite casserole. Faites chauffer à feu vif, sans faire bouillir, en remuant, jusqu'à ce que le sucre soit dissous. Laissez refroidir.

3 Répartissez le saumon, les concombres, l'avocat et les ciboules sur les assiettes. Parsemez de graines de sésame et arrosez de sauce.

Salade épinards, butternut & halloumi

4 | 20' | 15' | kcal 525

2 c. à s. d'huile d'olive
600 g de courge butternut, en petits dés
2 c. à c. de feuilles de thym frais
2 gousses d'ail émincées
360 g de fromage halloumi, en fines tranches
100 g de jeunes pousses d'épinard
2 petites courgettes (180 g) râpées
50 g de noix de cajou grillées, non salées

Vinaigrette
2 c. à s. de vinaigre de vin blanc
2 c. à s. de moutarde à l'ancienne
2 c. à s. d'huile d'olive

1 Faites chauffer la moitié de l'huile dans une poêle et faites cuire les dés de courge 5 min, en remuant. Ajoutez le thym et l'ail. Poursuivez la cuisson, en remuant : la courge doit être tendre. Retirez le tout de la poêle.

2 Faites chauffer le reste de l'huile dans la même poêle et faites griller le fromage des 2 côtés.

3 Préparez la vinaigrette en mélangeant tous les ingrédients. Répartissez les épinards, les courgettes, les dés de courge, les tranches de halloumi et les noix de cajou sur des assiettes. Arrosez de vinaigrette.

Salade de pois chiches, butternut & feta

4 | 10' | 30' | 200 °C | kcal 525

800 g de courge butternut, en dés
1 c. à s. d'huile d'olive
2 gousses d'ail émincées
800 g de pois chiches en conserve, rincés et égouttés
200 g de feta émiettée
40 g de feuilles de coriandre fraîche
60 g de graines de courge grillées

Vinaigrette aux piments rôtis
4 longs piments rouges frais, coupés en deux dans la longueur
2 c. à s. de vinaigre de riz
2 c. à s. de jus de citron vert
1 c. à s. d'huile d'olive

1 Préchauffez le four à 200 °C. Mélangez les dés de courge, l'huile et l'ail dans un grand plat à gratin. Faites rôtir 30 min, en remuant de temps en temps.

2 Préparez la vinaigrette aux piments rôtis. Faites cuire les piments au four, peau vers le haut. Quand la peau a noirci, retirez-les du four, couvrez et laissez reposer 5 min. Pelez les piments et hachez-les finement. Mélangez les piments et le reste des ingrédients dans un shaker pour sauce à salade.

3 Dans un grand saladier, mélangez la courge, la vinaigrette et les ingrédients restants.

Salade aux œufs pochés & pesto de chou kale

2 | 5' | 5' | kcal 1400

45 g de micro-herbes (oseille, persil, coriandre et radis par exemple)
100 g de choux de Bruxelles effeuillés
150 g de mélange de graines germées croquantes
1 petite carotte (80 g) coupée en allumettes
2 c. à s. de graines de tournesol grillées
2 c. à s. de vinaigre de cidre
1 ½ c. à s. d'huile d'avocat
1 c. à c. de miel cru
1 c. à s. de vinaigre blanc
4 œufs
½ avocat (125 g) coupé en fines lamelles

Pesto de chou kale
55 g d'amandes grillées à sec
50 g de noix de cajou grillées
2 petites gousses d'ail
80 g de petites feuilles de chou kale hachées
125 ml d'huile d'olive vierge extra
1 ½ c. à s. de vinaigre de cidre
20 g de parmesan râpé

1 Préparez le pesto de chou kale. Mixez grossièrement les amandes et les noix de cajou avec l'ail, au robot. Ajoutez le chou kale, l'huile et le vinaigre, et mixez pour obtenir une pâte fine. Ajoutez le parmesan, assaisonnez. Mixez rapidement.

2 Mélangez les herbes, les feuilles de chou de Bruxelles, les graines germées, la carotte et les graines de tournesol dans un saladier. Fouettez le vinaigre de cidre avec 1 c. à s. d'huile et le miel dans un bol. Assaisonnez. Versez sur la salade et mélangez.

3 Pour préparer les œufs pochés, remplissez une grande casserole avec de l'eau jusqu'à mi-hauteur, ajoutez le vinaigre blanc et portez à petite ébullition. Cassez 1 œuf dans un bol. Avec une cuillère en bois, créez un tourbillon dans la casserole puis faites glisser l'œuf au centre du tourbillon. Répétez avec les autres œufs. Faites-les cuire 3 min : les blancs doivent être pris et les jaunes rester coulants. Égouttez les œufs à l'aide d'une écumoire et posez-les dans une assiette recouverte de papier absorbant.

4 Servez la salade dans des assiettes creuses. Ajoutez les œufs et de l'avocat. Garnissez les œufs de pesto et arrosez avec le reste d'huile.

Salade de poulet, fenouil, pomme & pistaches

4 | 20' | 5' | kcal 542

500 ml de bouillon de poulet
500 ml d'eau
4 rondelles de citron
4 gousses d'ail écrasées
6 branches de thym frais
2 blancs de poulet de 200 g
125 ml de jus de citron
1 c. à s. de moutarde de Dijon
80 ml d'huile d'olive vierge extra
1 petit bulbe de fenouil (130 g) émincé
1 pomme (150 g) coupée en fines lamelles
40 g de cresson paré
2 petits bouquets de persil plat
2 petits bouquets de menthe ciselée
1 avocat (250 g), en fines lamelles
60 g de pistaches hachées

1 Faites chauffer le bouillon et l'eau avec les rondelles de citron, l'ail et le thym, dans une casserole, à feu moyen. Ajoutez les blancs de poulet et portez à ébullition. Baissez le feu et laissez mijoter 4 min. Couvrez, éteignez le feu et laissez revenir à température ambiante. Égouttez les blancs et effilochez-les grossièrement.

2 Fouettez le jus de citron et la moutarde dans un bol, puis incorporez l'huile progressivement.

3 Mélangez le fenouil, la pomme, le cresson, les herbes, l'avocat, le poulet et la sauce dans un saladier. Parsemez de pistaches puis servez.

Salade de quinoa au saumon

4 | 10' | 15' | kcal 372

200 g de quinoa rincé et égoutté
750 ml d'eau
200 g de haricots mange-tout parés et émincés dans la longueur
1 miniconcombre (130 g) coupé en deux dans la longueur puis émincé
1 petit bouquet de menthe
60 ml de jus de citron
2 c. à s. d'huile d'olive
150 g de saumon fumé, émietté
1 c. à s. de zeste de citron en fines lanières

1 Mélangez le quinoa et l'eau dans une grande casserole et portez à ébullition. Baissez le feu et laissez cuire 15 min, à couvert, jusqu'à ce que le liquide soit absorbé et le quinoa tendre. Rincez et égouttez.

2 Mettez les haricots dans un saladier résistant à la chaleur. Versez de l'eau bouillante par-dessus, laissez reposer 2 min. Passez les haricots sous l'eau froide et égouttez-les.

3 Dans un saladier, mélangez le quinoa, les haricots, le concombre et la menthe ; assaisonnez. Mélangez le jus de citron et l'huile, versez sur la salade et mélangez. Servez la salade garnie de saumon et de zeste de citron.

Salade de risonis, courge & courgette

2 | 15' | 30' | 220 °C | kcal 375

50 g de courge butternut, en cubes
1 grosse courgette (150 g), en morceaux
1 petit oignon rouge (100 g), en quartiers
1 branche de romarin frais
9 petites gousses d'ail (35 g), en chemise
Huile en spray
75 g de risonis
70 g de yaourt nature allégé
1 c. à s. de vinaigre balsamique
2 bouquets de basilic
20 g de pousses d'épinard
1 c. à s. de raisins secs
2 c. à s. de pignons de pin grillés

1 Préchauffez le four à 220 °C. Chemisez une grande plaque de papier sulfurisé. Mélangez la courge, la courgette, l'oignon, le romarin et l'ail en chemise sur la plaque. Huilez légèrement avec le spray. Faites rôtir 30 min. Jetez le romarin.

2 Faites cuire les risonis dans de l'eau bouillante. Égouttez-les, rincez-les sous l'eau froide.

3 Pelez l'ail et écrasez-le à la fourchette dans un bol. Ajoutez le yaourt et le vinaigre ; mélangez.

4 Mélangez les légumes rôtis avec les risonis, le basilic, les épinards, les raisins secs et les pignons dans un saladier. Ajoutez la sauce puis mélangez.

Salade de saumon, concombre & pamplemousse

4 | 10' | 10' | kcal 109

180 g de filet de saumon
1 c. à s. de jus de citron
1 cm de gingembre frais, râpé
½ c. à c. de cumin moulu
2 pamplemousses roses (700 g)
1 c. à s. de vinaigre balsamique blanc
½ c. à c. de sucre
80 g de pousses d'épinard
120 g de germes de soja
1 miniconcombre (130 g) émincé

1 Mélangez le saumon, le jus de citron, le gingembre et le cumin. Faites cuire le saumon 10 min à la vapeur puis émiettez-le.

2 Pelez les pamplemousses à vif et coupez-les en quartiers au-dessus d'un saladier pour récupérer le jus. Préparez la vinaigrette en mélangeant 80 ml de jus de pamplemousse, le vinaigre et le sucre dans un shaker pour sauce à salade.

3 Répartissez les pousses d'épinard, les germes de soja, le concombre et les quartiers de pamplemousse dans les assiettes. Disposez le saumon et versez la vinaigrette.

Salade de chou chinois, herbes & bœuf

4 | 10' | 5' | kcal 455

1 c. à s. d'huile végétale
300 g de lamelles de bœuf
½ petit chou chinois (350 g), émincé
1 long piment rouge frais, émincé
100 g de cacahuètes grillées hachées
100 g de jeunes pousses d'épinard
3 petits bouquets de menthe
1 petit bouquet de menthe vietnamienne

Sauce au tamarin
1 ½ c. à s. de purée de tamarin
175 g de sirop de riz
2 c. à s. de jus de citron vert
2 c. à s. de nuoc-mâm

1 Fouettez dans un bol tous les ingrédients de la sauce au tamarin.

2 Faites chauffer l'huile dans un wok sur feu vif. Faites sauter le bœuf 3 min jusqu'à ce qu'il soit cuit.

3 Placez le bœuf dans un saladier avec le chou chinois, le piment, les cacahuètes, les épinards, les herbes et la sauce. Mélangez délicatement.

Salade de tofu, sauce aux cacahuètes

4 | 30' | 15'

4 œufs
60 ml d'eau
1 c. à s. d'échalotes asiatiques frites
1 c. à c. de tamari
1 c. à s. d'huile de sésame
350 g de tofu fumé, coupé en morceaux de 1 cm
1 avocat (250 g), en fines tranches
250 g de tomates cerises coupées en deux
120 g de germes de soja
½ bouquet de coriandre
½ bouquet de menthe vietnamienne
75 g de mesclun
2 c. à s. de graines de sésame noir

Sauce aux cacahuètes
45 g de cacahuètes grillées, hachées
1 ciboule émincée
1 long piment rouge frais, émincé
1 c. à c. de gingembre frais, râpé
1 gousse d'ail écrasée
1 ½ c. à s. de sucre roux
2 c. à s. d'huile de sésame
2 c. à s. de tamari
60 ml de vinaigre de riz
1 ½ c. à s. de jus de citron vert

1 Fouettez dans un bol tous les ingrédients de la sauce aux cacahuètes.

2 Fouettez les œufs, l'eau, les échalotes et le tamari dans un saladier. Assaisonnez.

3 Faites chauffer l'huile à feu moyen dans un wok. Versez dedans la moitié de la préparation aux œufs et faites cuire, en inclinant le wok, jusqu'à ce que l'omelette ait presque pris. Retirez-la du wok. Recommencez avec le reste de la préparation. Roulez les omelettes en les serrant bien puis coupez-les finement. Réservez.

4 Placez le tofu dans un saladier avec le reste des ingrédients et la sauce aux cacahuètes. Remuez pour mélanger.

5 Servez cette salade de tofu garnie de tranches d'omelette.

Salade de thon façon sushi

4 — 35'

80 ml de sauce teriyaki
80 ml de vinaigre de riz
1 c. à s. de gingembre frais, râpé
450 g de riz complet cuit
2 x 185 g de thon au naturel en boîte, égoutté
1 miniconcombre (130 g) coupé en deux dans la longueur, épépiné puis coupé en fins bâtonnets dans la longueur
1 gros avocat (320 g), en fines tranches
1 grosse carotte (180 g), en fins bâtonnets
90 g de gingembre mariné, émincé
1 c. à s. de graines de sésame grillées
½ feuille de nori (algues séchées) grillée, détaillée en fines lamelles

1 Mélangez la sauce teriyaki, le vinaigre et le gingembre râpé dans un petit bol.

2 Réchauffez le riz. Mélangez-le avec la moitié de la sauce dans un bol.

3 Servez le riz avec le thon, le concombre, l'avocat, la carotte et le gingembre mariné. Arrosez du reste de sauce et parsemez de graines de sésame et de nori.

Salade de poulet grillé au chou kale rôti

4 — 15' — 35' — 180 °C

350 g de chou kale
60 ml d'huile d'olive
400 g de petites carottes coupées en deux dans la longueur
400 g de blancs de poulet fermier
½ petit oignon rouge (50 g), émincé
1 petit bouquet de persil plat
2 c. à s. de graines de courge grillées

Sauce au citron et à la moutarde
100 g de mayonnaise aux œufs entiers
1 c. à c. de zeste de citron râpé
2 c. à s. de jus de citron
2 c. à c. de moutarde de Dijon
1 petite gousse d'ail écrasée

1 Préchauffez le four à 180 °C. Recouvrez 3 plaques de four de papier sulfurisé.

2 Effeuillez le chou kale et jetez les tiges. Disposez les feuilles sur 2 plaques et arrosez-les de 1 c. à s. d'huile. Placez les carottes sur la plaque restante et arrosez-les avec la moitié de l'huile restante. Faites rôtir les carottes 30 min. Enfournez le chou les 10 dernières min de cuisson jusqu'à ce qu'il soit croustillant.

3 Fendez les blancs de poulet en deux dans la longueur pour obtenir 4 filets. Arrosez-les du reste d'huile. Faites-les dorer dans une poêle-gril (ou sous le gril du four, ou au barbecue) puis coupez-les en gros morceaux.

4 Préparez la sauce en fouettant tous les ingrédients dans un bol ; assaisonnez.

5 Placez le chou kale, les carottes, l'oignon, les blancs de poulet, la sauce et la moitié du persil dans un grand saladier. Mélangez. Servez cette salade parsemée du reste de persil et de graines de courge.

Le thé vert est une bonne source d'antioxydants. Des études ont montré qu'une consommation régulière permettait de prévenir certains cancers, ainsi que les maladies cardiaques.

Le maca en poudre aiderait à lutter contre les troubles menstruels et la fatigue chronique. Toutefois, seul son pouvoir aphrodisiaque a été démontré par quelques études. C'est une bonne source de vitamines C et B6, de fer et de calcium.

L'huile d'olive est riche en acides gras mono-insaturés et en antioxydants. Elle aiderait à diminuer la tension artérielle, à réduire les rondeurs abdominales et à prévenir certains cancers, ainsi que les maladies cardiaques.

Les edamame sont des fèves de soja fraîches. Le soja est riche en protéines et en fibres. Il apporte également deux acides gras essentiels, des vitamines et des minéraux.

La grenade est riche en vitamine C, fibres et polyphénols, qui aideraient à prévenir les maladies cardiaques et certains cancers.

Les protéines de lactosérum sont un complément alimentaire populaire dans les salles de gym. Des études montrent que, consommées immédiatement après des exercices de musculation, elles permettent une meilleure réparation musculaire que d'autres formes de protéines.

L'herbe de blé est souvent vendue sous forme de jus ou de poudre séchée, à incorporer dans des smoothies. À la différence du blé, elle ne contient pas de gluten. Elle est riche en nutriments – mais pas plus que les autres légumes verts. Un petit verre de jus d'herbe de blé apporte une bonne dose de fer végétal et de vitamine C, qui favorise son absorption.

TENDANCES ALIMENTAIRES

Les nouveaux aliments à la mode le sont parfois davantage grâce aux médias que parce qu'ils sont réellement bons pour la santé, certains de leurs bienfaits n'ayant pas été prouvés scientifiquement. Toutefois, quelques-uns sont véritablement riches en vitamines, minéraux et fibres.

Les baies de goji, comme tous les fruits rouges, sont riches en antioxydants et en fibres. Elles se distinguent également par leur importante teneur en vitamines A et C et en fer.

La spiruline est riche en protéines et contient tous les acides aminés essentiels. C'est également une bonne source de fer, et un supplément idéal pour les végétaliens et végétariens.

Aucun élément scientifique ne prouve que le pollen stimulerait le système immunitaire. En revanche, plusieurs cas de choc anaphylactique ont été rapportés.

Salade de chou kale, sauce crémeuse à la courgette

6 | 10' | 15' | kcal 487

200 g de quinoa blanc ou rouge, rincé et égoutté
500 ml d'eau
200 g de chou kale violet paré, lavé et émincé
1 grosse carotte (180 g) non épluchée, râpée
100 g de noix grillées, hachées

Sauce crémeuse à la courgette
2 petites courgettes (180 g), en morceaux
1 gros avocat (320 g) haché
35 g de noix grillées
1 gousse d'ail pilée
2 c. à s. de vinaigre de vin blanc
2 c. à s. d'huile de noix
2 c. à s. d'huile d'olive

1 Préparez la sauce. Mixez les courgettes avec l'avocat, les noix, l'ail et le vinaigre jusqu'à l'obtention d'une sauce onctueuse. Sans arrêter le moteur du robot, ajoutez les huiles, goutte à goutte, puis en fin filet : la sauce doit être épaisse et crémeuse. Assaisonnez.

2 Mettez le quinoa dans une petite casserole avec l'eau. Portez à ébullition. Baissez le feu et laissez cuire 10 min, à couvert. Égouttez et laissez refroidir.

3 Dans un saladier, mélangez le quinoa avec le kale, la carotte, les noix et la sauce. Assaisonnez.

Suggestion
Servez avec un blanc de poulet grillé.

Salade de lentilles aux betteraves & au cresson

4 | 30' | 30' | 200 °C | kcal 383

1 kg de minibetteraves
2 gousses d'ail émincées
15 g de feuilles de romarin frais
2 c. à s. d'huile d'olive vierge extra
60 ml de vinaigre balsamique
100 g de lentilles vertes
1 grosse grenade (430 g)
90 g de cresson paré
45 g de noisettes grillées, coupées en deux
Sel et poivre

1 Préchauffez le four à 200 °C. Raccourcissez les tiges des betteraves à 4 cm. Coupez les betteraves en deux ou en quatre. Placez les betteraves, l'ail et le romarin dans un grand plat à four, et arrosez-les d'huile et de vinaigre. Enfournez 30 min.

2 Faites cuire les lentilles 25 min à l'eau. Égouttez-les et rincez-les sous l'eau froide.

3 Coupez la grenade en deux. Tenez une des moitiés dans une main, partie coupée vers le bas, au-dessus d'un bol. Tapez fermement sur l'écorce avec une cuillère en bois : les graines tomberont toutes seules. Retirez les membranes blanches qui peuvent se détacher en même temps que les graines. Répétez l'opération avec l'autre moitié.

4 Mettez les lentilles dans un saladier avec les betteraves, leur jus de cuisson, le cresson, la moitié des graines de grenade et la moitié des noisettes. Remuez et assaisonnez. Versez la salade dans un plat de service et décorez de graines de grenade et de noisettes.

Salade de truite rôtie au fenouil & au sarrasin

4 | 20' | 55' | 180 °C

3 minifenouils (390 g) parés (réservez le vert)
60 ml de jus de citron
60 ml d'huile d'olive
1 petite gousse d'ail hachée
1 c. à s. de zeste de citron râpé
3 filets de truite arc-en-ciel sans la peau (660 g)
200 g de sarrasin
1 bouquet de persil plat, feuilles déchiquetées

Sauce à la coriandre et au citron
2 c. à c. de graines de coriandre
½ bouquet de coriandre
80 ml de jus de citron
2 c. à s. d'huile d'olive vierge extra
1 petite gousse d'ail hachée
½ c. à c. de paprika

1 Préchauffez le four à 180 °C et chemisez 2 plaques de four de papier sulfurisé.

2 Coupez 2 bulbes de fenouil en petits morceaux et disposez-les sur une plaque. Émincez le fenouil restant, mélangez le avec 1 c. à s. de jus de citron dans un bol ; réservez.

3 Fouettez l'huile, l'ail, le zeste et le reste du jus de citron dans un petit pichet ; assaisonnez. Arrosez les morceaux de fenouil avec la moitié de cet assaisonnement. Enfournez 35 min.

4 Placez les filets de truite sur la seconde plaque et arrosez-les avec la moitié restante du mélange à base d'huile. Faites rôtir 12 min ; émiettez-les grossièrement.

5 Faites chauffer une poêle à feu moyen et faites-y dorer légèrement le sarrasin.

6 Faites cuire le sarrasin 20 min à l'eau puis égouttez-le. Laissez-le refroidir légèrement.

7 Préparez la sauce à la coriandre et au citron. Faites griller les graines de coriandre dans une petite poêle 2 min sur feu moyen, en remuant, jusqu'à ce qu'elles embaument. Laissez refroidir puis broyez-les dans un mortier à l'aide d'un pilon. Mixez-les avec le reste des ingrédients jusqu'à l'obtention d'une sauce lisse et homogène. Assaisonnez.

8 Placez le fenouil rôti, le fenouil émincé, le vert de fenouil, les filets de truite, le sarrasin, le persil et la sauce dans un grand saladier. Remuez puis assaisonnez.

Salade de poulet à l'asiatique

2 | 15' | kcal 599

100 g de nouilles soba
240 g de blanc de poulet sans la peau, cuit et effiloché
6 feuilles de laitue iceberg déchirées
1 miniconcombre (130 g) émincé
½ petit oignon rouge (50 g) émincé
1 grosse mandarine (250 g) détaillée en segments
1 petit avocat (200 g) coupé en lamelles
2 c. à c. de graines de sésame grillées

Vinaigrette asiatique
2 c. à s. de vinaigre de riz
1 c. à s. de jus de mandarine frais
2 c. à c. de sauce soja
1 c. à c. de gingembre frais, râpé
½ c. à c. d'huile de sésame

1 Préparez la vinaigrette asiatique en mélangeant tous les ingrédients dans un bol.

2 Faites cuire les nouilles dans une grande quantité d'eau bouillante. Égouttez-les. Rincez-les sous l'eau froide puis égouttez-les de nouveau.

3 Mélangez tous les ingrédients dans un saladier. Arrosez de vinaigrette.

Salade de quinoa, légumes grillés & thon

2 | 10' | 15' | 10' | kcal 318

1 petit poivron rouge (150 g), coupé en quatre
1 petite courgette (120 g), en rondelles
1 petite aubergine (60 g), en fines rondelles
1 petit oignon rouge (100 g), en quartiers
70 g de quinoa rincé et égoutté
160 ml d'eau
2 c. à c. d'huile d'olive
60 ml de jus de citron
1 c. à c. de moutarde de Dijon
185 g de thon au naturel en boîte, égoutté
2 c. à s. de petites feuilles de basilic

1 Faites griller le poivron, la courgette, l'aubergine et l'oignon sur une poêle-gril chaude. Coupez le poivron en lamelles épaisses.

2 Portez à ébullition le quinoa et l'eau dans une petite casserole. Baissez le feu et laissez mijoter 15 min, à couvert. Laissez reposer 10 min hors du feu.

3 Mélangez l'huile d'olive, le jus de citron et la moutarde dans un shaker pour sauce à salade.

4 Mettez le quinoa, les légumes et le thon dans un saladier, ajoutez la sauce et mélangez délicatement. Servez, garni de feuilles de basilic.

Salade niçoise au thon & au quinoa

4 | 15' | 20'

300 g de quinoa rouge
4 œufs à température ambiante
200 g de haricots verts parés, coupés en deux dans la longueur
2 c. à s. d'huile d'olive
250 g de thon cru très frais, sans la peau
2 c. à s. de persil plat frais, haché
1 c. à s. de ciboulette fraîche, ciselée
250 g de tomates cerises coupées en deux
60 g d'olives kalamata coupées en deux
½ bouquet de persil plat supplémentaire

Vinaigrette aux câpres & au parmesan
1 c. à s. de câpres égouttées, rincées et hachées
20 g de parmesan râpé
60 ml de vinaigre de vin blanc
2 c. à s. d'huile d'olive
1 petite gousse d'ail écrasée
1 c. à c. de moutarde de Dijon
1 c. à c. de sucre

1 Faites cuire le quinoa selon les instructions du paquet puis égouttez-le. Laissez refroidir.

2 Faites durcir les œufs 8 min dans une petite casserole d'eau bouillante. Égouttez-les et passez-les sous l'eau froide puis écalez-les.

3 Faites cuire les haricots verts à l'eau ou à la vapeur. Égouttez-les, rincez-les à l'eau froide puis égouttez-les de nouveau.

4 Mélangez tous les ingrédients de la vinaigrette aux câpres et au parmesan dans un bol ; assaisonnez.

5 Faites chauffer la moitié de l'huile à feu vif dans une petite poêle et faites-y cuire le thon 1 min sur chaque face jusqu'à ce qu'il brunisse. Coupez-le en fines tranches.

6 Mélangez le persil et la ciboulette dans un bol. Roulez les œufs écalés dans le reste de l'huile puis dans les herbes.

7 Placez le quinoa et les haricots dans un saladier avec les tomates, les olives, le persil supplémentaire et la vinaigrette. Remuez puis servez cette salade garnie de tranches de thon et de moitiés d'œufs durs.

Salade de truite au brocoli

6 | 25' | 10' | kcal 382

600 g de bouquets de brocoli
4 c. à s. d'huile d'olive
350 g de choux de Bruxelles coupés en deux
3 ciboules émincées
75 g de noix de cajou grillées à sec, hachées
1 c. à s. de graines de sésame grillées
1 poire (200 g) épépinée et coupée en fines lamelles
200 g de filet de truite saumonée, sans la peau et désarêtée
2 c. à s. de farine de riz, de fécule de maïs ou de farine de tapioca

Vinaigrette
1 c. à s. d'huile de sésame
1 c. à s. d'huile d'olive
60 ml de vinaigre de riz
1 gousse d'ail pilée
¼ de c. à c. de piment de Cayenne
1 c. à s. de tamari ou de nuoc-mâm

1 Mélangez les ingrédients de la vinaigrette dans un shaker pour sauce à salade.

2 Faites cuire le brocoli 1 min dans de l'eau bouillante. Égouttez-le. Passez-le sous l'eau froide. Séchez-le avec du papier absorbant.

3 Faites chauffer 1 c. à s. d'huile d'olive dans une grande poêle sur feu moyen-vif. Faites cuire les choux de Bruxelles 2 min, face coupée vers le bas. Retournez-les et poursuivez la cuisson 1 min. Réservez-les.

4 Faites chauffer 1 c. à s. d'huile d'olive dans la même poêle. Faites cuire le brocoli 3 min afin qu'il soit légèrement doré et tiède.

5 Dans un saladier, mélangez les choux de Bruxelles, le brocoli, les ciboules, les noix de cajou, les graines de sésame, la poire et la vinaigrette.

6 Coupez la truite en lamelles de 1 cm. Passez-les dans la farine de riz et secouez-les pour en ôter l'excédent. Faites chauffer 2 c. à s. d'huile d'olive dans la même poêle, sur feu vif. Faites cuire les lamelles de truite 1 min de chaque côté. Égouttez-les sur du papier absorbant.

7 Servez les légumes garnis de lamelles de truite.

Salade de céréales & labné au cumin

6 | 30' | kcal 555

150 g de riz complet cuit
100 g de lentilles vertes cuites
100 g de quinoa cuit
250 ml d'eau
1 petit oignon rouge (100 g), finement haché
2 c. à s. de graines de courge grillées
2 c. à s. de graines de tournesol grillées
2 c. à s. de pignons de pin grillés
2 c. à s. de câpres salées, rincées et égouttées
80 g de raisins de Corinthe
1 bouquet de persil plat
1 bouquet de coriandre
60 ml de jus de citron
80 ml d'huile d'olive
1 c. à c. de graines de cumin grillées
280 g de labné
1 ½ c. à s. de miel
40 g d'amandes effilées, grillées

1 Dans un saladier, mélangez le riz, les lentilles et le quinoa. Ajoutez l'oignon, les graines, les pignons, les câpres, les raisins, les herbes ciselées, le jus de citron et l'huile. Mélangez bien. Assaisonnez.

2 Mélangez les graines de cumin et le labné dans un bol.

3 Servez la salade sur des assiettes ou dans un grand plat, garnie de cuillerées de labné, de miel et d'amandes.

Salade épinards, feta & pignons

4 | 20' | kcal 248

50 g de jeunes pousses d'épinard
1 bouquet de menthe
1 bouquet d'aneth
80 g de feta émiettée
80 g de pignons de pin grillés

Vinaigrette au citron
1 citron (140 g)
1 c. à s. d'huile d'olive
1 c. à s. d'origan

1 Préparez la vinaigrette. Avec le zesteur, découpez de longues bandelettes de zeste de citron. Dans un bol, couvrez-les d'eau bouillante puis égouttez-les. Répétez l'opération 2 fois. Retirez le reste de la peau de citron et séparez-le en quartiers au-dessus d'un bol pour récupérer le jus. Coupez la chair en morceaux. Ajoutez le zeste égoutté, le jus et les autres ingrédients. Assaisonnez et mélangez.

2 Mélangez les épinards, la menthe et l'aneth dans un saladier. Ajoutez la feta, les pignons et la vinaigrette. Mélangez délicatement.

Salade fenouil, orange & amandes

1 | 10' | 10' | kcal 326

80 ml de jus d'orange
2 c. à c. d'huile d'olive
1 petit bulbe de fenouil
1 grosse orange pelée à vif et coupée en quartiers
50 g de jeunes pousses d'épinard
20 g d'amandes effilées

1 Portez le jus d'orange à ébullition dans une petite casserole et faites-le réduire, sans couvrir, jusqu'à ce qu'il ne reste que 1 c. à s. de jus dans la casserole. Laissez-le refroidir puis mélangez-le avec l'huile d'olive dans un bol.

2 Retirez les tiges du fenouil et gardez les feuilles. Détaillez le bulbe en lamelles fines.

3 Mélangez dans un saladier le fenouil, les quartiers d'orange, les épinards et les amandes. Remuez doucement.

4 Versez la sauce sur la salade et décorez de feuilles de fenouil.

Salade aux herbes & aux mangues

4 | 25' | kcal 151

2 mangues (860 g)
1 tige de citronnelle fraîche (10 cm), coupée en petits morceaux
2 longs piments rouges, coupés en fins rubans
150 g de haricots mange-tout, équeutés et coupés en fines lanières
6 ciboules émincées
80 g de germes de soja
1 petit bouquet de coriandre
½ petit bouquet de menthe
½ petit bouquet de menthe vietnamienne
1 c. à s. de basilic thaï ciselé en lanières

Sauce au citron vert
60 ml de jus de citron vert
1 c. à s. de nuoc-mâm
2 c. à s. de sucre roux
1 gousse d'ail écrasée

1 Mélangez tous les ingrédients de la sauce dans un shaker pour sauce à salade, fermez et secouez.

2 Coupez les mangues en 3 morceaux dans le sens de la longueur et coupez chaque morceau en fines lanières.

3 Dans un grand saladier, mélangez les lanières de mangue avec les autres ingrédients et la sauce.

Salade de roquette au parmesan & aux tomates séchées

4 | 10' | kcal 152

1 c. à s. de vinaigre balsamique
1 c. à s. d'huile d'olive
100 g de jeunes pousses de roquette
2 c. à s. de pignons de pin grillés
40 g de tomates séchées égouttées, hachées
25 g de parmesan en copeaux

1 Mélangez tous les ingrédients dans un grand saladier. Assaisonnez. Remuez délicatement puis servez.

Salade de cresson, pois chiches & poivrons

1 · 12h · 15' · 30' · kcal 328

50 g de pois chiches
100 g de cresson
1 gousse d'ail coupée en quatre
35 g d'amandes effilées, grillées
60 ml de jus de citron frais
50 g de poivron rouge, en fines lanières
50 g de poivron jaune, en fines lanières

1 Faites tremper les pois chiches dans de l'eau froide toute une nuit. Rincez-les et égouttez-les. Mettez-les dans une casserole, couvrez largement d'eau froide et faites-les cuire à petits bouillons 30 min. Rafraîchissez-les sous l'eau froide puis égouttez-les.

2 Lavez le cresson, séparez les feuilles des tiges. Mixez les tiges avec 1 c. à s. d'eau, l'ail, un tiers des pois chiches, 1 c. à s. d'amandes et 2 c. à s. de jus de citron. Incorporez les amandes et les pois chiches restants.

3 Mélangez dans un saladier le cresson et les poivrons. Versez le jus de citron restant et remuez. Garnissez de pois chiches en sauce et servez.

Mâche aux noix de pécan & à l'orange

4 · 10' · kcal 536

80 g de cresson
100 g de mâche
120 g de jeunes pousses de pois gourmand
150 g de noix de pécan grillées, hachées
4 c. à s. d'huile d'olive
8 petites oranges

1 Mélangez le cresson, la mâche, les jeunes pousses de pois gourmand, les noix de pécan et l'huile d'olive dans un saladier.

2 Pelez les oranges à vif et séparez-les en quartiers au-dessus du saladier pour récupérer le jus. Mélangez les oranges à la salade.

Le vinaigre de framboise peut être clair (à base de framboises fraîches, infusées dans du vinaigre de vin blanc) ou foncé (préparé avec une réduction de vinaigre de vin rouge et de jus de framboise).

Le vinaigre de vin blanc est préparé avec un mélange de vins blancs.

Le vinaigre de coco est confectionné avec la sève (ou nectar) fermentée des fleurs du cocotier.

Le vinaigre de xérès est un vinaigre traditionnel, préparé à partir des vins de Xérès, produits dans le sud de l'Espagne. Vieilli en fûts de chêne, il se distingue par sa saveur douce et légèrement acide.

Le vinaigre de cidre est censé soigner tous les maux, ou presque, et favoriser la détoxification du corps. Malheureusement, peu d'éléments étayent ces thèses, et certaines ont été complètement infirmées.

Le vinaigre de vin rouge est préparé avec des vins rouges fermentés. Il a un goût plus prononcé que le vinaigre de vin blanc.

VINAIGRE

C'est la fermentation de certains aliments (pommes, noix de coco, fruits rouges, etc.) par une bactérie ou un micro-organisme qui permet d'obtenir le vinaigre. Ce processus transforme les sucres des aliments en alcool, puis en vinaigre, contraction de l'expression « vin aigre ».

La vinaigrette est le meilleur faire-valoir du vinaigre ! Un filet de vinaigre et quelques cuillerées d'huile, voilà comment rehausser la saveur d'une simple salade. Il suffit de garder en tête le ratio suivant : 3 portions d'huile pour 1 portion de vinaigre. Vous pouvez l'enrichir pour qu'elle soit encore plus goûteuse : un trait de jus d'agrume, une pointe de miel, quelques herbes ciselées, des échalotes émincées… les possibilités sont infinies.

Le vincotto (vin cuit) est obtenu par cuisson lente du moût de raisin (jus de raisin non fermenté, qui contient la peau, la pulpe, les pépins et les rafles des fruits), jusqu'à l'obtention d'un sirop épais. On le laisse ensuite vieillir pour que ses arômes puissants se développent.

Vinaigrette César allégée

1 | 5'

250 g de yaourt
2 c. à s. d'huile d'olive
2 c. à s. de parmesan râpé
4 anchois finement hachés
½ gousse d'ail pilée
1 c. à s. de jus de citron
3 c. à c. de moutarde de Dijon

1 Mixez tous les ingrédients jusqu'à l'obtention d'une sauce crémeuse. Assaisonnez.

2 Servez avec une salade César composée de laitue romaine, d'œufs durs, de parmesan et de bacon grillé ou d'avocat.

Conservation
Cette vinaigrette se conserve 1 semaine au réfrigérateur dans un bocal fermé.

Vinaigrette sirop d'érable & moutarde de Dijon

1 | 5'

65 ml d'huile de noix de macadamia ou d'huile d'olive
65 ml de vinaigre de cidre
2 c. à s. de sirop d'érable pur
1 c. à s. de moutarde de Dijon

1 Fouettez tous les ingrédients dans un bol jusqu'à l'obtention d'une sauce crémeuse. Assaisonnez.

2 Servez avec une salade composée de mesclun, de bœuf et de betterave ; de mesclun, de poulet et de halloumi ; ou de mesclun, d'agneau et de patate douce rôtie.

Conservation
Cette vinaigrette se conserve 1 semaine au réfrigérateur dans un bocal fermé.

Vinaigrette framboise & balsamique blanc

1 5'

60 g de framboises fraîches ou surgelées, décongelées
60 ml de vinaigre balsamique blanc
2 c. à s. d'huile de noix de macadamia
1 c. à c. d'édulcorant à la stévia en poudre

1 Écrasez les framboises à travers un tamis fin avec le dos d'une cuillère. Ajoutez le vinaigre, l'huile et l'édulcorant. Assaisonnez.

2 Servez avec une salade accompagnée de magret de canard, d'agneau cuit lentement ou de poulet grillé.

Conservation
Cette vinaigrette se conserve 1 semaine au réfrigérateur dans un bocal fermé.

Vinaigrette citron, avocat, aneth

2 10'

1 avocat (250 g)
65 g de yaourt
2 c. à s. d'huile d'avocat
85 ml d'eau
½ bouquet d'aneth
60 ml de jus de citron

1 Mixez tous les ingrédients jusqu'à l'obtention d'un mélange onctueux. Si la sauce est trop épaisse, ajoutez un peu d'eau. Assaisonnez.

2 Servez avec une salade de laitue iceberg et des œufs pochés, du poulet poché et des pistaches, ou du saumon fumé.

Conservation
Cette vinaigrette se conserve 1 semaine au réfrigérateur dans un bocal fermé.

Entrées & déjeuners légers

Les graines de tournesol sont riches en nutriments et constituent une bonne source de vitamine E, qui, outre ses vertus antioxydantes, est excellente pour le cœur et protège la peau des dommages du soleil et du vieillissement. Elles peuvent être consommées crues ou légèrement grillées, parsemées sur des salades, des plats sautés ou des pâtisseries (muffins, par exemple).

Le quinoa, noir (ci-dessus), blanc (ci-contre) ou rouge (ci-dessous) est consommé cuit, comme une céréale, mais il s'agit en réalité d'une graine. Bonne source de protéines, il contient tous les acides aminés essentiels. Il possède un IG faible, ne contient pas de gluten et est riche en fibres.

Le quinoa rouge est proche des autres quinoas d'un point de vue nutritionnel, mais il a une texture un peu plus fibreuse et conserve mieux sa forme à la cuisson. Une fois cuit, il est également un peu plus croquant.

Les graines de courge sont riches en lipides insaturés, excellents pour la santé, mais aussi en fibres. Elles constituent une bonne source de fer, ce qui les rend très intéressantes pour les végétariens et végétaliens.

Les graines de lin sont particulièrement riches en fibres : une seule cuillerée à soupe dans vos céréales le matin vous apporte 3 g de fibres !

Les graines de chia blanches sont équivalentes aux noires (ci-dessous) d'un point de vue nutritionnel. Toutes sont riches en fibres, en vitamines, en minéraux et en antioxydants.

GRAINES

Depuis quelques années, les magasins d'alimentation biologique et les supermarchés proposent une grande variété de graines et de céréales. Beaucoup sont sans gluten, riches en protéines et contiennent tous les acides aminés essentiels, ce qui en fait des aliments idéaux pour les végétariens et les végétaliens.

Le sarrasin décortiqué, ou gruau de sarrasin, est sans gluten. Riche en protéines, il contient beaucoup de magnésium, de vitamines B, de phosphore et de zinc, mais aussi tous les acides aminés essentiels.

Les graines de chia noires contiennent des protéines et tous les acides aminés essentiels : elles sont donc idéales pour les végétariens et végétaliens.

L'amarante, comme le quinoa, est une autre graine consommée comme une céréale. C'était un aliment de base des Aztèques – elle est toujours très consommée en Amérique. Elle ne contient pas de gluten, est riche en protéines et constitue une excellente source de fer et de manganèse.

Fatteh

2 | 5' | 10' | kcal 561

420 g de pois chiches
en boîte, rincés et égouttés
80 ml d'eau
1 pain libanais complet (80 g)
3 c. à c. d'huile d'olive
420 g de yaourt nature
1 gousse d'ail pilée
40 g de pignons de pin grillés
¼ de c. à c. de sumac
(ou 2 c. à c. de jus de citron)

1 Mélangez les pois chiches et l'eau dans une petite casserole, sur feu moyen. Portez à ébullition, puis baissez à feu doux. Laissez mijoter 5 min, à couvert. Écrasez les pois chiches à l'aide d'un presse-purée ; si la purée est trop épaisse, ajoutez 1 ou 2 c. à c. d'eau chaude. Gardez au chaud.

2 Préchauffez le gril à puissance moyenne. Badigeonnez le pain d'huile et posez-le sur une plaque. Faites-le griller des 2 côtés jusqu'à ce qu'il soit sec et croustillant. Cassez-le en morceaux.

3 Dans un petit bol, mélangez le yaourt et l'ail.

4 Pour servir, répartissez les morceaux de pain dans 2 assiettes et ajoutez de la purée de pois chiches chaude. Garnissez de yaourt, parsemez de pignons et saupoudrez de sumac (ou arrosez de jus de citron). Servez.

Toasts avocat, tahin & tomates

2 | 10' | 30' | 180 °C | kcal 356

3 tomates roma (225 g), coupées en deux dans la longueur
½ c. à c. de sumac
(ou 3 c. à c. de jus de citron)
Huile en spray
½ gousse d'ail pilée
70 g de yaourt nature
1 c. à s. de tahin
1 c. à c. de jus de citron
½ petit avocat (100 g)
2 tranches de pain au levain (120 g), grillées

1 Préchauffez le four à 180 °C. Graissez une petite plaque et chemisez-la de papier sulfurisé. Déposez les tomates sur la plaque, face coupée vers le haut. Saupoudrez-les de sumac (ou de jus de citron) et huilez-les légèrement avec le spray. Faites-les rôtir 30 min.

2 Dans un bol, mélangez l'ail, le yaourt, le tahin et le jus de citron.

3 Étalez la moitié de l'avocat en couche épaisse sur chaque tranche de pain. Garnissez de crème au tahin et de tomates.

Pancakes ricotta & basilic

4 | 10' | 35' | 220 °C | kcal 459

300 g de petites tomates ovales en grappe
2 c. à s. d'huile d'olive vierge extra
240 g de ricotta
1 œuf
310 ml de lait
185 g de farine
2 c. à c. de levure chimique
1 petit bouquet de basilic frais, haché
20 g de parmesan râpé
30 g de beurre
1 c. à s. de vinaigre balsamique blanc
250 g de roquette
½ petit oignon rouge (50 g), émincé

1 Préchauffez le four à 220 °C. Disposez les tomates dans un petit plat de cuisson, arrosez-les avec la moitié de l'huile ; assaisonnez. Faites-les cuire 10 min.

2 Dans un bol, fouettez la ricotta et l'œuf. Incorporez le lait, puis la farine et la levure. Ajoutez le basilic et le parmesan. Assaisonnez.

3 Faites fondre un peu de beurre dans une grande poêle, sur feu moyen. Faites cuire les pancakes 2 min sur chaque face. Gardez-les au chaud.

4 Essuyez la poêle avec du papier absorbant et répétez l'opération pour obtenir 12 pancakes au total.

5 Dans un saladier, versez l'huile restante mélangée au vinaigre sur la roquette et l'oignon. Assaisonnez. Servez les pancakes tièdes, garnis de salade et de tomates.

Bouillon au miso, à la courge & au soba

4 | 15' | 40' | 200 °C

80 g de pâte de miso rouge
60 ml de tamari
1 c. à s. d'huile d'olive
600 g de courge butternut, en quartiers de 2,5 cm d'épaisseur
1,5 litre d'eau
40 g de gingembre frais, en allumettes
140 g de nouilles soba
250 g de gai lan (brocoli chinois) paré
4 c. à s. de feuilles de nori séchées, hachées
2 ciboules émincées
2 c. à s. de graines de sésame grillées

1 Préchauffez le four à 200 °C et recouvrez une plaque de four de papier sulfurisé.

2 Fouettez 1 c. à s. de miso avec 2 c. à s. de tamari et l'huile dans un saladier. Ajoutez les quartiers de courge et remuez. Disposez-les sur la plaque et enfournez 40 min.

3 Portez à ébullition l'eau, le gingembre et le reste du miso dans une grande casserole. Ajoutez les nouilles et le gai lan, puis ramenez à ébullition. Baissez le feu et laissez frémir 2 min. Ajoutez le reste du tamari puis assaisonnez.

4 Répartissez la courge et ce bouillon dans des bols. Parsemez de nori, de ciboules et de graines de sésame.

Wraps aux courgettes panées & salade de chou rouge

4 | 30' | 10'

2 courgettes (240 g) coupées finement dans la longueur
2 œufs, légèrement battus
200 g de panko (ou chapelure classique)
60 ml d'huile d'olive
1 laitue feuille de chêne effeuillée
4 wraps de blé complet (70 g)

Sauce barbecue blanche
¼ de c. à c. d'ail semoule
¼ de c. à c. de poivre de Cayenne
2 c. à c. de raifort en crème
100 g de mayonnaise aux œufs entiers
1 c. à s. de jus de citron
1 c. à s. d'eau

Salade de chou rouge
80 g de chou rouge, en fines lanières
½ oignon blanc (40 g) émincé
1 carotte (120 g) râpée
50 g d'un mélange de légumineuses germées

1 Fouettez les ingrédients de la sauce blanche dans un bol.

2 Préparez la salade de chou. Versez le chou, l'oignon, la carotte, les germes et la moitié de la sauce blanche dans un bol moyen. Mélangez puis assaisonnez.

3 Plongez les courgettes dans les œufs battus, puis enrobez-les de chapelure en pressant un peu pour qu'elle tienne en place.

4 Faites chauffer la moitié de l'huile dans une grande poêle à feu moyen-vif et faites cuire la moitié des courgettes 3 min. Recommencez avec le reste de l'huile et des courgettes.

5 Disposez des feuilles de laitue au centre de chaque wrap. Recouvrez en quantités égales de salade de chou, de courgettes et de la moitié de la sauce blanche. Roulez les wraps pour enfermer la garniture.

Tartine de seigle au maïs & à la ricotta

2 | 5' | kcal 268

300 g de maïs en boîte, rincé et égoutté
2 c. à s. de ricotta
40 g de jeunes pousses d'épinard
2 tranches de pain de seigle (90 g) grillées

1 Faites chauffer le maïs 30 s au micro-ondes à puissance maximale, puis mélangez-le à la ricotta et aux jeunes pousses d'épinard.

2 Garnissez les tranches de pain de préparation au maïs et servez aussitôt.

Note
Pour cette recette, grillez les tranches de pain d'un seul côté.

Miniterrines aux poivrons & au chèvre

6 | 30' | 1h | 15' | 240 °C | kcal 339

3 gros poivrons rouges (1 kg)
360 g de ricotta émiettée
250 g de fromage de chèvre ferme, émietté
10 g de ciboulette ciselée
2 c. à s. de jus de citron
1 gousse d'ail écrasée

Pesto aux épinards & aux noix
20 g de parmesan râpé
100 g de jeunes pousses d'épinard
25 g de noix grillées
1 gousse d'ail coupée en quatre
60 ml d'huile d'olive
2 c. à s. de jus de citron
1 c. à s. d'eau

1 Préchauffez le four à 240 °C. Huilez 6 alvéoles d'un moule à petits cakes (contenance 125 ml). Garnissez le fond des alvéoles ainsi que les 2 côtés longs de papier sulfurisé, en le faisant dépasser de 5 cm.

2 Coupez les poivrons en deux. Retirez les graines et les membranes blanches. Faites griller les poivrons 15 min au four. Mettez-les dans un sac en plastique. Au bout de 5 min, sortez-les du sac et pelez-les. Coupez la chair en lanières. Tapissez le fond des alvéoles ainsi que les 2 côtés longs de lanières de poivron, en les faisant dépasser de 2 cm.

3 Dans un récipient, mélangez les ingrédients restants. Répartissez cette préparation dans les alvéoles, en pressant fermement. Recouvrez la farce avec les lanières de poivron. Couvrez puis placez 1 h au réfrigérateur.

4 Préparez le pesto aux épinards et aux noix. Dans un robot, hachez finement le parmesan, les épinards, les noix et l'ail. Sans couper le moteur, versez en filet un mélange d'huile d'olive, de jus de citron et d'eau. Continuez de mixer jusqu'à l'obtention d'une purée lisse.

5 Démoulez les terrines. Parsemez de ciboulette et servez avec le pesto.

Tartines avocat-truite au tzatziki de fenouil

2 | 10' | kcal 332

1 miniconcombre
2 c. à s. de yaourt nature
1 c. à c. de fenouil moulu
2 tranches de pain au levain multigraines
½ avocat, en lamelles
60 g de truite fumée

1 Coupez le concombre en deux dans la longueur. Découpez une moitié en rubans avec un économe ; râpez grossièrement l'autre moitié et pressez pour ôter l'excédent d'eau.

2 Mélangez le concombre râpé avec le yaourt et le fenouil dans un bol.

3 Garnissez les tranches de pain d'avocat, de rubans de concombre et de truite fumée. Nappez de tzatziki au fenouil.

Astuce

Si vous n'avez pas de fenouil moulu, pilez des graines de fenouil au pilon dans un mortier ou dans un mini-hachoir.

Tartines au poulet & à la courge

2 | 5' | 25' | 220 °C | kcal 362

200 g de morceaux de courge
Huile en spray
1 c. à c. de dukkah
2 tranches de pain complet au levain
20 g de pousses d'épinard
125 g de blanc de poulet fumé, en lamelles
½ **c. à c.** d'huile de macadamia
½ **c. à c.** de dukkah supplémentaire

1 Préchauffez le four à 200 °C. Chemisez une plaque de papier sulfurisé. Placez les morceaux de courge sur la plaque. Huilez-les et saupoudrez-les de dukkah. Faites cuire 25 min, puis écrasez à la fourchette.

2 Faites griller les tranches de pain. Garnissez-les de purée de courge, d'épinards et de poulet. Mélangez l'huile de macadamia avec le dukkah supplémentaire et arrosez-en les tartines.

Tartines champignons & labné

2 | 10' | 5' | kcal 314

80 g de champignons de Paris
Huile en spray
1 gousse d'ail pilée
2 c. à c. de feuilles de thym frais
2 tranches de pain au levain aux graines
3 c. à s. de labné
2 feuilles de radicchio
2 c. à c. d'huile d'olive

1 Émincez les champignons. Dans une poêle antiadhésive huilée, faites-les cuire avec l'ail et le thym 5 min, à feu moyen.

2 Garnissez les tranches de pain de 2 c. à s. de labné, de champignons et de feuilles de radicchio. Ajoutez le reste de labné et arrosez d'huile d'olive.

Astuce
Pour préparer le labné vous-même, mélangez 500 g de yaourt à la grecque avec 1 c. à c. de gros sel dans un bol. Tapissez un tamis de 2 épaisseurs de mousseline ou d'un torchon propre ; placez-le sur un saladier. Mettez le yaourt dans le tamis et nouez les coins de la mousseline avec une ficelle de cuisine. Laissez s'égoutter 24 h au réfrigérateur. Jetez le liquide.

Tartines aux œufs & au fromage

2 | 10' | kcal 339

2 œufs durs
60 ml de cottage cheese
1 c. à s. de dukkah de pistaches (ou de curry en poudre)
2 tranches de pain de seigle au levain
25 g de jeunes pousses de cresson
¼ de petit oignon rouge émincé

1 Écrasez les œufs durs à la fourchette dans un saladier. Ajoutez le cottage cheese et le dukkah de pistaches.

2 Faites griller les tranches de pain. Garnissez-les de la préparation aux œufs, de cresson et d'oignon rouge.

À savoir
Le cresson se conserve au réfrigérateur dans de l'eau, comme des fleurs.

Soupe asiatique en bocal

4 | 20'

4 œufs durs, coupés en deux
1 c. à s. de pâte tom yum végétarienne
40 g de vermicelles de riz secs
8 pleurotes (90 g) déchiquetés
4 longs rubans de gingembre frais de 5 cm, émincés
4 feuilles de citron kaffir fraîches, déchiquetées
8 tomates cerises coupées en deux
25 g de germes de soja
1 long piment rouge frais, émincé
1 citron vert (65 g) coupé en quartiers
1,5 litre d'eau bouillante
1 petit bouquet de coriandre

1 Répartissez les œufs, la pâte tom yum, les vermicelles, les pleurotes, le gingembre, les feuilles de kaffir, les tomates, les germes de soja et le piment dans 4 bocaux de 500 ml résistant à la chaleur. Pressez 1 quartier de citron vert sur les ingrédients de chaque bocal puis glissez-le dedans.

2 Versez 375 ml d'eau bouillante dans chaque bocal et laissez reposer 6 min, à découvert, jusqu'à ce que les vermicelles soient tendres. Remuez et servez la soupe parsemée de coriandre.

Falafels aux carottes & à la harissa, yaourt au tahin

4 | 40' | 20' | 180 °C

2 carottes (240 g) râpées
400 g de pois chiches en boîte, rincés et égouttés
1 petit oignon rouge (100 g), finement haché
1 c. à c. de cumin moulu
1 c. à s. de harissa
40 g de farine
½ c. à c. de levure chimique
1 œuf
225 g de panko (ou chapelure classique)
Huile végétale pour la friture
150 g de haricots verts, parés et coupés en deux dans la longueur
1 petite romaine (360 g) effeuillée
1 miniconcombre (130 g) coupé en fines rondelles
4 c. à s. de feuilles de persil plat frais
2 c. à c. de lamelles de zeste de citron

Yaourt au tahin
1 petite gousse d'ail écrasée
2 c. à s. de jus de citron
2 c. à s. de tahin
200 g de yaourt à la grecque
1 c. à s. de persil plat frais, haché

1 Mixez les carottes, les pois chiches, l'oignon, le cumin, la harissa, la farine, la levure et l'œuf. Assaisonnez. Transvasez ce mélange dans un grand saladier et incorporez la moitié de la chapelure. Façonnez 28 boulettes de 1 cuillerée rase de préparation. Roulez-les dans le reste de chapelure.

2 Remplissez le tiers d'une grande casserole ou d'un wok d'huile ; faites chauffer à 180 °C (un morceau de pain doit grésiller en 15 s). Faites-y dorer les falafels 2 min, en plusieurs fois. Égouttez-les sur du papier absorbant.

3 Mélangez dans un bol les ingrédients du yaourt au tahin ; assaisonnez.

4 Faites cuire les haricots à l'eau ou à la vapeur ; égouttez-les. Rincez-les à l'eau froide et égouttez-les de nouveau.

5 Mélangez les feuilles de romaine, le concombre et les haricots dans un grand saladier. Servez cette salade garnie de falafels et de yaourt au tahin. Parsemez de persil et de zeste de citron.

Bruschettas à la tomate

4 | 10'

Huile en spray
8 tranches épaisses de pain au levain (200 g)
400 g d'un mélange de tomates coupées en tranches
500 g de mozzarella émiettée
80 ml d'huile d'olive
2 c. à s. de basilic frais, haché
2 c. à c. de cerfeuil frais, ciselé
2 c. à c. de feuilles d'estragon frais
1 c. à s. de parmesan râpé
Petites feuilles de basilic frais, pour décorer

1 Vaporisez un peu d'huile sur les tranches de pain et faites-les griller des 2 côtés dans une poêle. Garnissez-les de tomates et de mozzarella, puis nappez du mélange d'huile d'olive et d'herbes.

2 Parsemez les bruschettas de parmesan, assaisonnez. Garnissez-les de quelques feuilles de basilic avant de servir.

Flan tomate, courgette & origan

2 | 10' | 35' | 200 °C | kcal 377

125 g de tomates cerises
1 œuf
3 blancs d'œufs
65 g de fromage frais
1 gousse d'ail écrasée
1 petite courgette (90 g) râpée
2 c. à s. de feuilles d'origan hachées
30 g de jeunes pousses d'épinard

1 Préchauffez le four à 200 °C. Chemisez de papier sulfurisé un moule à cake de 8 x 21 cm. Faites cuire les tomates 10 min dans le moule.

2 Fouettez l'œuf, les blancs d'œufs, le fromage frais et l'ail dans un saladier.

3 Sortez le moule du four et baissez la température à 160 °C. Répartissez la courgette et l'origan sur les tomates, versez dessus la préparation à l'œuf. Enfournez 25 min.

4 Servez le flan avec les pousses d'épinard.

Tartelettes au chou kale & aux noix

4 | 40' | 40' | 200 °C

40 g de beurre fondu
100 g de graines de lin
100 g de graines de tournesol
100 g de poudre d'amandes
6 œufs
30 g de jeunes pousses de chou kale finement hachées
35 g de noix grillées, hachées
160 g de ricotta émiettée
330 ml de lait
2 c. à c. de zeste de citron râpé
2 gousses d'ail écrasées
2 c. à c. d'estragon frais, haché
60 g de pousses de mange-tout
1 c. à s. de jus de citron
1 c. à s. d'huile d'olive

1 Préchauffez le four à 200 °C. Badigeonnez 6 moules à tartelettes à fond amovible et à bords cannelés de 10 cm de diamètre avec la moitié du beurre fondu. Placez les moules sur une plaque de cuisson.

2 Mixez dans un robot les graines de lin, les graines de tournesol, la poudre d'amandes, 2 œufs et le reste de beurre fondu. Assaisonnez. Foncez les moules avec cette préparation et enfournez 10 min ; laissez refroidir. Baissez la température du four à 160 °C.

3 Garnissez les fonds de tartelettes de chou kale, de noix et de ricotta. Fouettez les œufs restants avec le lait, le zeste de citron, l'ail et l'estragon dans un grand pichet. Nappez la garniture de ce mélange.

4 Enfournez 30 min. Laissez tiédir les tartelettes 5 min dans les moules puis démoulez-les quand elles sont encore chaudes pour éviter qu'elles n'attachent.

5 Mélangez les pousses de mange-tout, le jus de citron et l'huile d'olive dans un bol ; assaisonnez. Parsemez-en les tartelettes et servez.

Bruschettas tomate & bocconcini

2 | 5' | kcal 417

½ baguette
100 g de tomates cerises coupées en tranches
50 g de bocconcinis coupés en tranches
10 g de jeunes pousses de roquette
1 c. à s. de basilic frais, ciselé
2 c. à c. d'huile d'olive

1 Fendez la baguette en deux et faites-la griller sur les 2 faces.

2 Répartissez sur chaque moitié de baguette les tomates cerises, les bocconcinis, la roquette et le basilic. Arrosez d'huile d'olive et dégustez sans attendre.

Tarte tomate & chèvre, croûte de riz au sésame

8 | 35' | 55' | 1h | 200 °C | kcal 370

500 g de riz basmati complet, précuit à la vapeur
50 g de graines de sésame
120 g de parmesan râpé
3 œufs
1 c. à c. de sel de mer
500 g de ricotta fraîche
150 g de fromage de chèvre frais
60 ml de lait
1 c. à s. de moutarde à l'ancienne
1 gousse d'ail hachée
400 g de tomates de variétés anciennes, coupées en tranches
2 c. à s. de petites feuilles de basilic frais
1 c. à s. d'huile d'olive vierge extra
2 c. à c. de vinaigre balsamique
Poivre noir

1 Préchauffez le four à 200 °C. Huilez un moule à bord amovible de 24 cm de diamètre.

2 Hachez finement le riz, les graines de sésame et la moitié du parmesan dans un robot. Ajoutez 1 œuf et la moitié du sel. Continuez de mixer jusqu'à l'obtention d'une pâte épaisse. Humidifiez vos mains et tapissez le fond et la paroi du moule avec cette pâte jusqu'à 5 mm du bord. Faites cuire 25 min.

3 Mixez au robot la ricotta, le fromage de chèvre, le lait, la moutarde, l'ail, le reste de parmesan, les œufs restants et le reste de sel.

4 Versez cette préparation dans le moule sur la croûte chaude. Réduisez la température du four à 180 °C et faites cuire la tarte 30 min. Vérifiez la cuisson en enfonçant la lame d'un couteau au centre de la tarte : elle doit en ressortir propre. Laissez refroidir 1 h.

5 Juste avant de servir, disposez les tranches de tomate et le basilic sur la garniture et arrosez d'un filet d'huile et de vinaigre balsamique. Poivrez.

Baba ganoush

4 · 15' · 30' · 25' · kcal 103

2 grosses aubergines (1 kg)
3 gousses d'ail écrasées
2 c. à s. de tahin
60 ml de jus de citron
2 c. à s. d'huile d'olive
½ c. à c. de paprika doux

1 Préchauffez le gril du four. Piquez les aubergines avec une fourchette, placez-les sur une plaque légèrement huilée et enfournez-les 30 min, en les retournant de temps en temps, jusqu'à ce qu'elles soient tendres et leur peau noire. Laissez refroidir 15 min.

2 Pelez les aubergines, jetez la peau et faites dégorger la chair dans une passoire pendant 10 min. Mixez avec les autres ingrédients.

Galettes de quinoa au chou kale & à la feta

6 · 30' · 30' · 40' · 2h · 160 °C · kcal 509

150 g de quinoa rincé
310 ml d'eau
1 petite courgette (90 g) râpée
1 c. à c. de sel marin fin
120 g de feta émiettée
80 g de parmesan râpé
3 œufs battus
35 g de chou kale émincé
½ petit bouquet de persil plat frais, ciselé
35 g de chapelure de pain au levain de la veille
1 gousse d'ail pilée
2 c. à c. de zeste de citron râpé
60 ml d'huile d'olive
4 tortillas de blé (180 g)
140 g de yaourt à la grecque
1 citron (140 g) coupé en quartiers

Relish de betterave
1 c. à c. de graines de cumin
1 betterave (175 g) coupée en allumettes
60 ml de vinaigre de xérès
½ oignon rouge (75 g), émincé
2 c. à s. d'huile d'olive vierge extra
1 c. à s. de feuilles de thym frais

1 Faites cuire le quinoa dans l'eau 15 min, à couvert. Laissez gonfler 10 min hors du feu. Étalez le quinoa sur une plaque et laissez refroidir.

2 Mélangez la courgette et le sel dans une petite passoire placée sur un saladier ; laissez s'égoutter 30 min.

3 Préparez le relish de betterave. Faites revenir le cumin 30 s dans une poêle, à feu moyen. Pilez les graines dans un mortier. Mélangez-les avec les autres ingrédients dans un saladier. Assaisonnez.

4 Pressez la courgette pour ôter le maximum d'eau. Mélangez la courgette, le quinoa, la feta, le parmesan, les œufs, le chou kale, le persil, la chapelure, l'ail et le zeste dans un saladier. Couvrez et placez 1 h au réfrigérateur.

5 Chemisez une plaque de papier sulfurisé. Avec les mains humides, formez des galettes. Posez-les sur la plaque. Couvrez et faites durcir 1 h au réfrigérateur.

6 Préchauffez le four à 160 °C. Faites chauffer la moitié de l'huile dans une grande poêle, à feu moyen. Faites cuire la moitié des galettes 3 min de chaque côté. Transférez-les sur la plaque et conservez-les au chaud dans le four. Répétez l'opération. Servez les galettes dans les tortillas avec du relish de betterave, du yaourt et des quartiers de citron.

Boulettes aux petits pois, crevettes & amandes

4 | 25' | 20' | 1h

180 g de petits pois surgelés
1 gousse d'ail pelée
250 g de crevettes royales crues, décortiquées et hachées
1 c. à s. de feuilles d'estragon frais, hachées
½ c. à c. de zeste de citron râpé
1 c. à s. de poudre d'amandes
235 g de cresson paré
1 bulbe de fenouil (300 g) émincé
1 branche de céleri (150 g) émincée en biais
40 g d'amandes mondées, grillées et hachées
1 c. à s. de feuilles d'estragon frais supplémentaire
2 c. à s. d'huile d'olive

Sauce à la moutarde et au citron
1 ½ c. à s. de moutarde de Dijon
1 c. à s. de jus de citron
1 c. à s. d'huile d'olive

1 Faites cuire ensemble les petits pois et l'ail à l'eau ou à la vapeur ; égouttez.

2 Mixez l'ail, 120 g de petits pois, les crevettes, l'estragon haché, le zeste de citron et la poudre d'amandes ; assaisonnez. Avec des mains huilées, formez 16 boulettes et aplatissez-les légèrement. Couvrez et mettez 1 h au réfrigérateur. (Ces boulettes sont assez collantes mais elles ne se désagrègent pas à la cuisson.)

3 Fouettez dans un bol tous les ingrédients de la sauce à la moutarde et au citron ; assaisonnez.

4 Placez le cresson, le fenouil, le céleri, les amandes, l'estragon supplémentaire et le reste des petits pois dans un grand saladier avec la moitié de la sauce. Mélangez.

5 Faites chauffer l'huile dans une grande poêle antiadhésive à feu moyen et faites cuire les boulettes, en plusieurs fois, 2 min sur chaque face. Couvrez-les pour les garder au chaud.

6 Servez-les avec la salade après les avoir arrosées du reste de sauce.

Dip aux herbes & salsa de tomates

6 | 10' | 2h

Dip aux herbes
125 g de cream cheese émietté
125 ml de crème fraîche
2 gousses d'ail écrasées
1 c. à s. de persil frais, haché
1 c. à s. d'estragon frais, haché
1 c. à s. de cerfeuil haché
1 c. à s. de ciboulette hachée

Salsa de tomates
2 tomates (380 g) coupées en petits dés
½ petit oignon rouge (50 g), finement haché
1 petit piment rouge frais, finement haché
½ c. à c. de coriandre moulue
1 c. à s. de coriandre fraîche, hachée

1 Mélangez les ingrédients du dip dans un petit saladier. Assaisonnez. Couvrez et placez 2 h au réfrigérateur. Sortez le dip du réfrigérateur 10 min avant de servir.

2 Mélangez les ingrédients de la salsa de tomates dans un autre petit saladier.

3 Servez le dip et la salsa avec du pain grillé.

Note
Le dip aux herbes peut être préparé la veille ; conservez-le au réfrigérateur. En revanche, la salsa de tomates doit être préparée au dernier moment.

Quesadilla au poulet

1 · 5' · 5' · kcal 781

2 grandes tortillas
40 g de fromage frais à tartiner
80 g de poulet rôti, taillé en fines lanières
40 g de tomates semi-séchées, hachées
½ avocat (125 g) écrasé

1 Préchauffez un appareil à croque-monsieur.

2 Déposez une tortilla sur une planche, tartinez-la de fromage, puis garnissez-la de poulet et de tomates.

3 Tartinez la seconde tortilla d'avocat et déposez-la sur la première tortilla de sorte à former un sandwich.

4 Faites griller la quesadilla dans l'appareil à croque-monsieur. Coupez-la en quatre et servez.

Falafels de chou-fleur aux graines

6 · 25' · 30' · 30' · kcal 629

100 g de graines de courge
75 g de graines de tournesol
35 g de graines de sésame
2 c. à s. de graines de lin
700 g de chou-fleur, en bouquets
2 gousses d'ail pilées
1 ½ c. à s. de graines de cumin pilées
1 ½ c. à s. de graines de coriandre pilées
1 petit bouquet de menthe
1 petit bouquet de persil plat
140 g de tahin
2 c. à s. de téguments de psyllium
2 c. à s. de jus de citron
60 ml d'eau
Huile de son de riz, pour la friture

Salade
1 petit oignon rouge (100 g), émincé
250 g de tomates en grappe, coupées en deux
60 ml de vinaigre de vin rouge
140 g de feta

Houmous
400 g de pois chiches en boîte, avec leur eau
70 g de tahin
1 gousse d'ail
1 ½ c. à s. de jus de citron
1 c. à c. de graines de cumin pilées

1 Préparez la salade. Mélangez l'oignon, les tomates et le vinaigre dans un bol ; laissez reposer 30 min. Ajoutez la feta.

2 Préparez le houmous. Mixez les pois chiches et leur liquide avec les autres ingrédients pendant 3 min.

3 Faites chauffer une poêle à feu moyen-vif et faites dorer les graines de courge, de tournesol, de sésame et de lin 2 min, en remuant. Mixez-les avec le chou-fleur et les autres ingrédients (sauf l'huile) pour obtenir une pâte grumeleuse. Assaisonnez. Chemisez une plaque de papier sulfurisé. Prélevez 1 c. à s. de préparation. À l'aide d'une seconde cuillère, faites glisser la quenelle sur la plaque.

4 Versez de l'huile dans une casserole jusqu'aux deux tiers de la hauteur et faites-la chauffer à 160 °C. Faites frire 6 falafels à la fois pendant 5 min. Égouttez-les sur du papier absorbant.

5 Déposez du houmous dans les assiettes, ajoutez des falafels et de la salade. Décorez de menthe et de persil.

Champignons rôtis à la ricotta

2 | 5' | 15' | 200 °C | kcal 120

320 g de gros champignons à farcir
120 g de ricotta
2 c. à s. de persil plat ciselé
2 ciboules finement hachées
1 gousse d'ail écrasée

1 Préchauffez le four à 200 °C. Posez les champignons à l'envers sur une plaque de cuisson et faites-les cuire 15 min au four.

2 Mélangez le reste des ingrédients dans un petit saladier.

3 Garnissez les champignons de la préparation à la ricotta puis servez.

Tarte asperges, gruyère & jambon cru

6 | 20' | 1h | 1h | 10' | 180 °C | kcal 590

20 g de beurre
340 g d'asperges vertes coupées en deux
3 œufs
180 ml de crème liquide
2 c. à s. de ciboulette hachée
2 c. à c. de feuilles de thym frais
90 g de gruyère râpé

Pâte au parmesan
185 g de farine
100 g de beurre froid, coupé en morceaux
40 g de parmesan râpé
1 jaune d'œuf
1 c. à s. d'eau glacée, environ

Salade d'asperges
480 g d'asperges vertes
440 g d'asperges blanches
100 g de jambon cru, en tranches fines
2 c. à s. de parmesan râpé
50 g de feta marinée, égouttée et émiettée

1 Préparez la pâte au parmesan. Travaillez la farine, le beurre et le parmesan dans un robot. Ajoutez le jaune d'œuf et un peu d'eau. Pétrissez la pâte sur un plan de travail fariné. Emballez de film alimentaire et placez 30 min au réfrigérateur.

2 Huilez un moule à tarte rectangulaire de 12,5 x 35 cm à fond amovible. Abaissez la pâte au rouleau entre 2 feuilles de papier sulfurisé. Foncez le moule et égalisez le pourtour. Posez le moule sur une plaque de cuisson et placez 30 min au réfrigérateur.

3 Préchauffez le four à 180 °C. Posez une feuille de papier sulfurisé sur la pâte, recouvrez-la de haricots secs et faites-la cuire 15 min à blanc. Retirez le papier et les haricots, et faites cuire encore 15 min.

4 Augmentez la température du four à 200 °C. Faites fondre le beurre dans une poêle et faites-y cuire les asperges 5 min sur feu moyen, en remuant. Enlevez les asperges de la poêle. Fouettez les œufs, la crème, la ciboulette et le thym dans un saladier. Disposez les asperges sur la pâte, en faisant dépasser les têtes sur le bord. Versez le mélange à l'œuf par-dessus et parsemez de gruyère. Enfournez 30 min. Laissez reposer 10 min.

5 Préparez la salade d'asperges. Taillez les asperges en longs rubans minces à l'aide d'un économe ou d'une mandoline. Déchirez chaque tranche de jambon cru en 3 morceaux. Mélangez les rubans d'asperge, le jambon, le parmesan et la feta dans un saladier. Garnissez la tarte avec la salade d'asperges et servez.

Frittata aux pommes de terre, poivrons & épinards

4 | 15' | 25'

500 g de petites pommes de terre nouvelles
8 œufs
160 ml de lait
1 c. à s. d'huile d'olive
100 g de jeunes pousses d'épinard
240 g de poivrons rouges grillés en bocal, égouttés et hachés
100 g de fromage de chèvre frais, émietté
1 c. à s. de lamelles de zeste de citron

Salsa aux olives
55 g d'olives kalamata dénoyautées et hachées
40 g d'olives vertes de Sicile dénoyautées et hachées
40 g d'olives vertes dénoyautées et hachées
½ petit oignon rouge (50 g) finement haché
4 c. à s. de persil plat frais, ciselé
1 pincée de piment séché
1 c. à s. d'huile d'olive
2 c. à c. de jus de citron

1 Mettez les pommes de terre dans une casserole et recouvrez-les d'eau froide. Faites-les bouillir 15 min à feu moyen puis égouttez-les. Coupez-les en morceaux de 2,5 cm.

2 Mélangez dans un bol tous les ingrédients de la salsa aux olives.

3 Fouettez les œufs avec le lait dans un bol ; assaisonnez.

4 Préchauffez le gril du four.

5 Faites chauffer l'huile dans une poêle à fond épais, à feu vif, et faites cuire les épinards jusqu'à ce qu'ils soient flétris. Ajoutez les pommes de terre et les poivrons. Faites cuire 1 min, en remuant. Versez le mélange œufs-lait. Baissez le feu sur feu moyen et faites cuire 7 min jusqu'à ce que les œufs soient presque fermes. Garnissez de fromage et faites gratiner 3 min sous un gril chaud.

6 Servez la frittata avec la salsa et parsemez de zeste de citron.

Frittata aux fèves & aux petits pois

4 | 15' | 20' | 200 °C | kcal 265

100 g de fèves surgelées
100 g de petits pois surgelés
6 œufs
2 c. à s. de crème fraîche
2 c. à s. de sauge fraîche, ciselée
250 g de ricotta
Huile en spray

1 Préchauffez le four à 200 °C. Versez les fèves et les petits pois dans de l'eau bouillante, ramenez à ébullition, puis égouttez-les. Laissez refroidir et dérobez les fèves.

2 Mélangez les œufs, la crème, la sauge, la moitié de la ricotta, des fèves et des petits pois dans un saladier ; assaisonnez.

3 Versez la préparation dans une poêle huilée de 25 cm de diamètre allant au four. Faites cuire la frittata sur feu moyen jusqu'à ce que la base ait pris. Transférez la poêle dans le four et faites cuire 12 min.

4 Garnissez la frittata du reste de ricotta, de fèves et de petits pois, puis laissez fondre la ricotta sous le gril du four. Servez avec de la salade verte.

Bruschettas à la courge

8 | 15' | 15' | kcal 438

500 g de courge kabocha, non pelée
4 c. à s. d'huile d'olive
8 tranches fines de pain au levain (200 g)
100 g de feta émiettée
25 g de feuilles de persil plat frais

Skordalia aux amandes
160 g d'amandes mondées
2 gousses d'ail pilées
70 g de pain rassis, en morceaux
2 c. à s. de vinaigre de vin blanc
80 ml d'huile d'olive
125 ml d'eau

1 Préparez la skordalia aux amandes. Faites dorer les amandes dans une poêle ; laissez refroidir. Mixez les amandes, l'ail, le pain et le vinaigre dans un robot jusqu'à l'obtention d'une chapelure. Sans couper le moteur, versez l'huile en un filet régulier. Ajoutez l'eau et mixez jusqu'à l'obtention d'une préparation lisse. Assaisonnez.

2 Taillez la courge en minces quartiers. Tournez les quartiers de courge dans 1 c. à s. d'huile, assaisonnez-les, puis faites-les cuire dans une poêle-gril, 4 min de chaque côté.

3 Badigeonnez le pain de 1 c. à s. d'huile et faites-le griller des 2 côtés.

4 Tartinez les tranches de pain avec la skordalia. Garnissez les bruschettas avec les quartiers de courge, la feta et le persil. Arrosez d'huile d'olive restante.

Tarte au quinoa, carottes & feta

8 | 20' | 25' | 220 °C

400 g de minicarottes avec la peau
150 g de ricotta fraîche
100 g de feta émiettée
1 gousse d'ail écrasée
1 œuf
¼ de c. à c. de graines de fenouil
¼ de c. à c. de graines de cumin
20 g de parmesan râpé
2 c. à s. d'huile d'olive vierge extra
280 g de yaourt à la grecque
Pousses de pois mange-tout pour servir

Pâte au quinoa
250 g de farine
50 g de quinoa rouge
½ c. à c. de levure sèche
1 c. à c. de fleur de sel
80 ml d'huile d'olive vierge extra
160 ml d'eau chaude

1 Préparez la pâte au quinoa. Mixez les ingrédients sauf l'eau chaude quelques secondes dans un robot. Sans cesser de mixer, ajoutez l'eau, et continuez de mixer 3 min pour bien mélanger les ingrédients. Formez une boule avec la pâte. Enveloppez-la dans du film alimentaire et réservez.

2 Préchauffez le four à 220 °C.

3 Ôtez les fanes des carottes en laissant 2 cm de tige. Réservez 1 petite poignée de fanes. Lavez les carottes et les fanes. Hachez finement les fanes de façon à en avoir 2 c. à s. Mélangez-les avec la ricotta, la feta, l'ail et l'œuf dans un saladier. Assaisonnez.

4 Divisez la pâte en deux. Abaissez la moitié sur une feuille de papier sulfurisé légèrement farinée pour obtenir un disque ovale de 12 x 40 cm. Posez ce disque ovale avec le papier sur une grande plaque de four. Répétez l'opération avec le reste de pâte et une seconde plaque de four.

5 Étalez sur chaque disque ovale la moitié de la préparation aux fromages puis recouvrez de carottes. Éparpillez sur le dessus les graines et le parmesan. Arrosez d'huile d'olive et assaisonnez.

6 Enfournez 25 min. Servez les morceaux de tarte garnis de cuillerées de yaourt et de pousses de pois mange-tout.

Tarte de quinoa au chou kale & aux figues

6 | 15' | 1h15 | 30' | 200 °C | kcal 412

150 g de quinoa tricolore rincé
120 g de pecorino râpé
3 œufs
1 c. à c. de fleur de sel
1 c. à s. d'huile d'olive
1 gousse d'ail pilée
70 g de chou kale ciselé
60 ml d'eau
1 c. à s. de moutarde de Dijon
180 ml de crème liquide
10 figues (600 g) coupées en deux à la main
40 g de feuilles de roquette
35 g de noisettes grillées, coupées en deux

Sauce au yaourt
95 g de yaourt à la grecque
1 c. à c. de miel cru
2 c. à c. d'estragon frais, haché
½ gousse d'ail pilée

1 Graissez un moule à tarte de 11 × 35 cm à fond amovible.

2 Faites cuire le quinoa 12 min à l'eau. Égouttez et laissez refroidir. Mixez le quinoa avec la moitié du pecorino. Ajoutez 1 œuf et la moitié du sel ; continuez à mixer jusqu'à l'obtention d'une pâte grumeleuse. Foncez-la dans le moule. Placez 30 min au réfrigérateur.

3 Préchauffez le four à 200 °C. Faites cuire la pâte à blanc 30 min. Baissez la température à 180 °C.

4 Faites chauffer l'huile dans une poêle, à feu moyen, et faites revenir l'ail 30 s. Ajoutez le chou kale et faites revenir 30 s. Ajoutez l'eau et poursuivez la cuisson 3 min, à couvert. Laissez reposer 1 min hors du feu, à couvert. Laissez refroidir et égouttez.

5 Transférez la préparation dans un saladier avec les œufs et le sel restants, la moutarde, la crème et la moitié du pecorino restant. Fouettez. Étalez sur la pâte et saupoudrez le reste de pecorino. Faites cuire 30 min.

6 Posez les figues sur une plaque huilée, face coupée vers le haut. Faites-les rôtir 30 min en même temps que la tarte.

7 Préparez la sauce au yaourt : mélangez tous les ingrédients dans un petit bol, assaisonnez. Servez la tarte garnie de figues, de roquette et de noisettes, et nappée de sauce.

Socca aux oignons rôtis, yaourt au piment

8 | 10' | 30' | 250 °C | kcal 250

1 oignon (150 g)
125 ml d'huile d'olive
180 g de farine de pois chiches
1 c. à c. de fleur de sel
310 ml d'eau tiède
2 c. à c. de romarin frais, haché
Poivre du moulin
1 c. à s. de petites tiges de romarin frais
20 g de parmesan râpé

Yaourt au piment
140 g de yaourt à la grecque
1 c. à c. de miel cru
1 c. à s. de persil plat frais, haché
¼ de c. à c. de piment séché

1 Préchauffez le four à 200 °C. Chemisez une plaque de papier sulfurisé. Coupez l'oignon en 8 quartiers et séparez les épaisseurs les unes des autres. Mélangez-les dans un saladier avec 1 c. à s. d'huile. Assaisonnez. Étalez-les sur la plaque et enfournez 20 min.

2 Fouettez la farine, le sel, l'eau tiède, le romarin haché et 60 ml d'huile dans un saladier pour obtenir une pâte onctueuse. Ajoutez du poivre du moulin. Laissez reposer 5 min.

3 Mélangez les ingrédients du yaourt au piment dans un bol.

4 Augmentez la température du four à 250 °C. Faites chauffer une grande poêle à fond épais allant au four, à feu moyen-vif. Ajoutez le reste de l'huile, faites-la chauffer quelques secondes, puis versez la pâte et garnissez avec l'oignon et les feuilles de romarin. Faites cuire 1 min sur le feu puis 10 min au four. Servez la socca coupée en parts et garnie de parmesan et de yaourt au piment.

Poivrons farcis

4 | 20' | 55' | 200 °C | kcal 260

2 c. à c. d'huile d'olive
1 oignon rouge émincé
1 c. à s. d'amandes effilées
130 g de riz blanc
250 ml d'eau
2 c. à s. d'abricots secs finement hachés
35 g de tomates séchées, hachées
1 petite poignée de persils, ciselé
4 poivrons rouges

Salade de tomates rôties
300 g de tomates coupées en quartiers
1 c. à s. de vinaigre de cidre
½ c. à c. de poivre noir concassé
1 c. à c. de sucre
2 grosses poignées de persil plat
1 grosse poignée de menthe

1 Préchauffez le four à 200 °C. Versez l'huile dans une poêle puis faites revenir l'oignon et les amandes. Ajoutez le riz, remuez 1 min, puis versez l'eau. Après ébullition, laissez frémir 15 min. Quand toute l'eau est absorbée, ajoutez les abricots, les tomates séchées et le persil.

2 Coupez le sommet des poivrons. Retirez les membranes blanches et les graines, en prenant soin de ne pas percer la chair. Farcissez les poivrons de riz et disposez-les dans un plat légèrement huilé. Enfournez 10 min ; couvrez-les d'une feuille d'aluminium et faites-les cuire encore 20 min.

3 Préparez la salade. Mélangez dans un récipient les tomates, le vinaigre, le poivre et le sucre, égouttez bien puis faites cuire les tomates au four pendant 10 min. Réservez la marinade. Mettez-les dans un saladier et laissez-les refroidir un peu avant d'ajouter les herbes. Nappez-les de marinade au vinaigre. Servez avec les poivrons farcis.

Astuce
Pour que les poivrons ne brûlent pas, vous pouvez les badigeonner d'un peu d'huile avant de les glisser au four.

Pizzettas à la patate douce, prosciutto & scamorza

4 | 25' | 20' | 220 °C

400 g de patates douces, en fines rondelles
8 pains lavash (200 g)
80 g de parmesan râpé
8 tranches de prosciutto (120 g) déchiquetées
4 c. à s. de feuilles de sauge
2 c. à c. de zeste de citron râpé
250 g de scamorza (mozzarella fumée), en fines tranches
4 grosses figues fraîches (320 g), coupées en quatre
70 g de jeunes pousses de roquette
1 ½ c. à s. de vinaigre balsamique
1 c. à s. d'huile d'olive

1 Préchauffez le four à 220 °C. Recouvrez 2 plaques de four de papier sulfurisé.

2 Faites cuire les patates douces dans de l'eau bouillante 5 min ; égouttez.

3 Placez 4 pains lavash sur des plaques de four et saupoudrez-les de parmesan. Recouvrez avec les pains lavash restants, les rondelles de patate douce, le prosciutto, la sauge, le zeste de citron et la scamorza. Faites cuire 12 min au four, en 2 fois.

4 Mélangez la roquette avec le vinaigre et l'huile dans un saladier. Répartissez les figues et la roquette sur les pizzettas.

Wraps poivrons, ricotta & roquette

4 | 10' | 10' | kcal 153

2 gros poivrons rouges (700 g)
1 c. à s. de thym frais
2 c. à c. de vinaigre de cidre
2 c. à c. de jus de citron
1 c. à c. d'huile d'olive
½ c. à c. de sucre
60 g de ricotta
2 tranches de pain lavash complet (120 g)
40 g de roquette

1 Coupez les poivrons en quatre. Retirez les graines et les membranes. Faites griller les poivrons sous un gril chaud jusqu'à ce que leur peau noircisse, puis couvrez-les de film alimentaire 5 min. Pelez-les et coupez-les en grosses lanières.

2 Mélangez les poivrons, le thym, le vinaigre, le jus de citron, l'huile d'olive et le sucre dans un saladier.

3 Étalez la ricotta sur les lavash. Répartissez les poivrons assaisonnés et la roquette par-dessus. Formez 2 rouleaux. Coupez chaque rouleau en 4 morceaux.

Pancakes vietnamiens aux crevettes

4 · 20' · 10' · kcal 430

8 grosses crevettes cuites (280 g)
90 g de farine de riz
¼ de c. à c. de curcuma
2 c. à s. de lait de coco
160 ml d'eau
1 œuf
4 c. à c. d'huile d'olive
8 feuilles de laitue (prélevées au cœur)
1 miniconcombre (130 g) coupé en fines lamelles
1 carotte (120 g) taillée en rubans
80 g de germes de soja
½ bouquet de menthe fraîche
½ bouquet de basilic thaï
Sauce nuoc cham, pour servir

1 Décortiquez les crevettes en laissant la queue.

2 Dans un saladier, mélangez la farine de riz et le curcuma. Ajoutez le lait de coco, l'eau et l'œuf. Fouettez. Faites chauffer 1 c. à c. de l'huile dans une poêle de 23 cm de diamètre, sur feu moyen. Versez un quart de la pâte et étalez en une couche fine. Laissez cuire 2 min. Faites glisser le pancake sur une assiette. Répétez l'opération 3 fois.

3 Servez les pancakes avec la laitue, les crevettes, le concombre, la carotte, les germes de soja, les herbes et la sauce.

Tacos au ceviche de maquereau & aux radis marinés

4 · 40' · 10' · 25' · 5'

160 g de chou blanc, en lanières
½ bouquet de coriandre hachée
60 ml de jus de citron vert
60 ml d'huile d'olive
240 g de crème fraîche
1 c. à s. de sauce sriracha ou autre sauce piquante
400 g de maquereau de qualité sashimi (cru et très frais), coupé en morceaux de 1,5 cm d'épaisseur
2 ciboules émincées
8 tortillas de blé
2 avocats (500 g), en morceaux
2 c. à s. de feuilles d'origan frais

Radis marinés
1 c. à c. de graines de cumin
60 ml de vinaigre de cidre
1 c. à c. de sucre
1 pincée de fleur de sel
6 radis (210 g) émincés

1 Préparez les radis marinés. Faites griller les graines de cumin 2 min à feu moyen, en remuant. Versez-les dans un saladier avec le vinaigre, le sucre et le sel. Remuez pour que le sucre soit dissous. Ajoutez les radis et laissez reposer 10 min.

2 Mettez le chou, la coriandre, 1 c. à c. de jus de citron vert et 1 c. à s. d'huile dans un saladier; mélangez et assaisonnez.

3 Dans un petit bol, mélangez la crème fraîche avec la sauce piquante. Assaisonnez.

4 Mélangez le poisson, les ciboules, le reste de jus de citron vert et 1 c. à s. d'huile dans un grand saladier en verre ou en céramique. Couvrez et mettez 25 min au réfrigérateur jusqu'à ce que la chair du poisson soit opaque et « cuite ».

5 Faites dorer les tortillas 30 s sur chaque face, sur un platoau à grillades (ou un gril) chaud et légèrement huilé.

6 Servez-les garnies de salade de chou, de poisson, d'avocats, de radis marinés, de crème pimentée et d'origan. Arrosez avec le reste d'huile.

Sandwich au tempeh

4 | 40' | 20' | 200 °C

1 avocat (250 g), en morceaux
1 c. à s. de jus de citron
8 tranches de pain au levain (360 g) grillées
75 g de mayonnaise aux œufs entiers
½ c. à c. de curcuma moulu
1 tomate (150 g), en fines rondelles
1 carotte (120 g), en fins bâtonnets
40 g de jeunes pousses de roquette

Tempeh
2 c. à s. de tamari
1 c. à s. d'huile d'olive
1 c. à s. de sirop d'érable pur
1 c. à c. de paprika
300 g de tempeh coupé en tranches de 1 cm

Achards de betterave
3 betteraves (500 g) râpées
1 échalote (25 g) finement hachée
2 c. à s. de mélasse de grenade
1 c. à c. de piment de la Jamaïque
1 c. à c. de graines de coriandre écrasées
2 c. à s. de vinaigre de vin rouge
125 ml d'eau
1 c. à s. d'huile d'olive

1 Préparez le tempeh. Préchauffez le four à 200 °C et recouvrez une plaque de four de papier sulfurisé. Mélangez le tamari, l'huile, le sirop d'érable et le paprika dans un bol. Ajoutez le tempeh et enduisez-le du mélange. Placez-le en une seule couche sur la plaque de cuisson. Enfournez 20 min, en le retournant à mi-cuisson : il doit être croustillant.

2 Préparez les achards de betterave. Faites chauffer tous les ingrédients sauf l'huile dans une petite casserole à feu vif. Baissez le feu et laissez frémir 10 min à découvert, jusqu'à épaississement. Incorporez l'huile. Laissez refroidir.

3 Mélangez l'avocat avec le jus de citron dans un petit bol ; assaisonnez.

4 Placez 4 tranches de pain sur une planche et tartinez-les de mayonnaise mélangée au curcuma. Garnissez-les de tomate, de tempeh, de carotte, d'avocat au citron, de roquette et d'achards de betterave. Recouvrez avec les tranches de pain restantes.

Astuce
Si vous n'avez pas de mélasse à la grenade, mélangez 1 c. à s. de vinaigre balsamique et 1 c. à s. de sucre.

Crêpes au chou à la japonaise

4 | 30' | 15' | 20' | 120 °C

225 g de farine
50 g de fécule de maïs
2 œufs
375 ml d'eau
480 g de chou, en fines lanières
90 g de gingembre rouge mariné
2 c. à s. d'huile de sésame
2 ciboules émincées
Gingembre rouge mariné, pour servir
1 c. à s. de graines de sésame grillées

Sauce
60 ml de sauce soja claire
1 c. à s. de vinaigre d'alcool de riz
2 c. à c. d'huile de sésame

1 Fouettez la farine, la fécule, les œufs et l'eau dans un saladier. Laissez reposer 15 min. Incorporez le chou et le gingembre.

2 Préchauffez le four à 120 °C et recouvrez une plaque de papier sulfurisé. Mélangez tous les ingrédients de la sauce.

3 Faites chauffer 2 c. à c. d'huile à feu moyen dans une grande poêle. Versez un quart de la pâte dans la poêle. Faites cuire la crêpe 4 min de chaque côté. Placez-la sur la plaque de cuisson et gardez-la au chaud au four. Préparez 3 autres crêpes.

4 Garnissez les crêpes de ciboules, de gingembre rouge mariné et de graines de sésame. Servez avec la sauce.

Sandwichs au thon & taboulé de quinoa

2 | 10' | 15' | kcal 421

180 ml d'eau
45 g de quinoa
1 tomate finement hachée
1 ciboule émincée
2 c. à s. de persil plat frais, ciselé
2 c. à s. de menthe fraîche, ciselée
1 c. à s. d'huile d'olive
1 ½ c. à s. de jus de citron
2 petits pains sans gluten
½ avocat écrasé
100 g de thon en boîte, égoutté et émietté
1 c. à s. de graines germées de radis

1 Portez l'eau et le quinoa à ébullition dans une petite casserole, sur feu vif. Baissez le feu, couvrez et faites cuire 15 min, jusqu'à ce que le liquide soit absorbé. Laissez refroidir.

2 Transférez le quinoa dans un bol, ajoutez la tomate, la ciboule, le persil, la menthe, l'huile d'olive et le jus de citron. Assaisonnez et mélangez.

3 Coupez les petits pains en deux, garnissez les bases avec l'avocat écrasé. Recouvrez de thon, de graines germées de radis et de taboulé de quinoa. Refermez les pains et servez.

Astuce
Remplacez le thon par du blanc de poulet ou du saumon.

Sandwichs au pastrami & aux blettes

2 | 15' | kcal 211

1 carotte
2 feuilles de blette émincées
1 ciboule émincée
2 c. à s. de yaourt au soja nature
1 ½ c. à c. de moutarde de Dijon
2 petits pains sans gluten
100 g de pastrami en tranches

1 Préparez le coleslaw aux blettes : râpez la carotte, mélangez avec les feuilles de blette, la ciboule, le yaourt au soja et la moutarde de Dijon. Assaisonnez.

2 Coupez les petits pains en deux. Répartissez le coleslaw sur les bases. Garnissez chaque autre moitié avec 50 g de pastrami. Refermez les sandwichs et servez.

Astuce
Remplacez la moutarde par du raifort et le pastrami par des tranches de rôti de bœuf.

Sandwichs aux légumes grillés & à la roquette

2 | 15' | kcal 355

280 g de légumes grillés en bocal
2 petits pains sans gluten
80 ml de purée de courge butternut
20 g de jeunes pousses de roquette

1 Égouttez les légumes grillés en bocal. Séchez-les dans du papier absorbant.

2 Coupez 2 petits pains sans gluten en deux. Étalez la purée de courge butternut sur la base des pains, garnissez de légumes grillés, puis ajoutez les pousses de roquette sur les chapeaux. Refermez les sandwichs et servez.

Sandwichs poulet, avocat, herbes fraîches

2 | 15' | kcal 489

2 blancs de poulet émincés
½ bouquet de coriandre ciselée
2 c. à s. de menthe fraîche, ciselée
2 c. à c. de zeste de citron râpé
1 c. à s. de jus de citron
1 c. à s. d'huile de pépins de raisin
2 petits pains sans gluten
½ avocat coupé en fines lamelles
1 miniconcombre, en rubans
1 carotte, en rubans

1 Mélangez les blancs de poulet avec la coriandre, la menthe, le zeste de citron, le jus de citron et l'huile de pépins de raisin. Assaisonnez.

2 Coupez les petits pains sans gluten en deux. Répartissez la préparation sur la base des pains. Garnissez les chapeaux avec les lamelles d'avocat et quelques rubans de concombre et de carotte. Refermez les sandwichs et servez.

Sandwich poulet, avocat & fromage frais

1 | 5' | kcal 338

40 g de blanc de poulet cuit, coupé en petits dés
½ avocat coupé en cubes
1 c. à s. de jus de citron
30 g de fromage frais
2 tranches de pain de mie complet
50 g de feuilles de salade (laitue, pousses de roquette, mâche)

1 Mélangez dans un bol le poulet, l'avocat et le jus de citron.

2 Tartinez de fromage frais 1 tranche de pain, puis garnissez-la de mélange poulet-avocat. Ajoutez les feuilles de salade. Couvrez avec la seconde tranche de pain pour fermer le sandwich.

Sandwich au pain de seigle

1 | 10' | kcal 152

1 c. à c. de basilic haché
1 c. à c. de menthe hachée
1 c. à c. de persil plat haché
1 c. à s. de ricotta
1 tranche de pain de seigle
10 g de jeunes pousses de roquette
1 petite tomate coupée en tranches fines
½ miniconcombre coupé en tranches fines
1 c. à s. de germes de luzerne

1 Mélangez bien les herbes et la ricotta. Étalez cette préparation sur le pain.

2 Garnissez le pain avec le reste des ingrédients.

Sandwichs au concombre

24 | 15' | 20' | kcal 90

1 concombre (400 g)
Sel de mer
50 g de beurre ramolli
16 tranches de pain de mie blanc (720 g)

1 Pelez et épépinez le concombre, puis taillez-le en tranches aussi fines que possible. Déposez les tranches de concombre dans une passoire, salez-les et laissez-les dégorger 20 min. Rincez-les à l'eau froide puis égouttez-les bien. Essuyez-les avec du papier absorbant.

2 Beurrez les tranches de pain. Confectionnez des sandwichs avec les tranches de concombre et de pain.

3 Coupez la croûte du pain, puis découpez chaque sandwich en 3 rectangles.

Plats

Le blanc de poulet est délicieux poché ou cuit à la poêle, en fines lamelles.

Le rumsteck est un morceau savoureux, prélevé au niveau de la croupe du bœuf.

La chair des pilons de poulet est plus foncée et plus goûteuse que le blanc.

Le filet de cerf ou de chevreuil est un morceau tendre et maigre.

Les rognons de bœuf et les abats doivent être achetés très frais. Parez-les et dénervez-les avant de les faire cuire.

La palette de porc est découpée dans l'épaule. Elle permet de faire des rôtis.

La côtelette de porc, tendre et savoureuse, est plutôt maigre lorsqu'elle a été dégraissée.

VIANDE

Choisissez de préférence des animaux élevés en plein air ou bio, car leur chair est souvent plus maigre, contient moins d'acides gras saturés et davantage d'acides gras oméga-3, anti-inflammatoires.

Le filet d'agneau est un morceau très tendre. Coupé avec l'os, ce morceau donne les côtes filet, qui sont roulées et ficelées pour être rôties.

Cuit lentement à feu doux, **le jarret d'agneau** est délicieusement tendre.

Côtelettes de porc à l'espagnole

2 | 10' | 50' | 220 °C | kcal 439

1 botte de jeunes carottes épluchées
1 poivron rouge (200 g), en morceaux
200 g de choux de Bruxelles coupés en deux
1 gros oignon rouge (300 g), coupé en quartiers
3 gousses d'ail, en chemise
1 c. à c. de paprika
2 c. à c. d'huile d'olive
1 tomate (150 g) coupée en quatre
2 côtelettes de porc (470 g) parées
200 g de haricots verts
1 c. à s. d'amandes torréfiées

1 Préchauffez le four à 220 °C. Mélangez les carottes, le poivron, les choux de Bruxelles, l'oignon et l'ail dans un grand plat à gratin. Saupoudrez de paprika et arrosez avec la moitié de l'huile. Faites cuire 40 min ; ajoutez les tomates 10 min avant la fin de la cuisson.

2 Badigeonnez le porc du reste d'huile. Faites-le cuire sur une poêle-gril chaude 5 min sur chaque face. Couvrez et laissez reposer 5 min hors du feu.

3 Faites cuire les haricots à l'eau ou à la vapeur. Gardez au chaud.

4 Mixez ou écrasez la pulpe d'ail avec les amandes, la tomate et la moitié du poivron.

5 Servez les côtelettes avec les légumes grillés, les haricots et la sauce à la tomate.

Agneau aux brocolinis

4 | 15' | 10' | kcal 336

1 c. à s. d'huile d'arachide
600 g de filet d'agneau, en lanières
2 c. à c. d'huile de sésame
1 oignon rouge (170 g), en fins quartiers
2 gousses d'ail écrasées
350 g de brocolinis, en morceaux de 3 cm (ou de brocoli en fleurettes)
250 g de pois gourmands
1 c. à s. d'eau
2 c. à s. de sauce pimentée douce
1 c. à s. de sauce soja japonaise

1 Faites chauffer l'huile d'arachide dans un wok. Faites dorer l'agneau en plusieurs fois, en le retirant du wok au fur et à mesure.

2 Faites chauffer l'huile de sésame dans le wok. Faites revenir l'oignon et l'ail jusqu'à ce que l'oignon soit tendre. Ajoutez les brocolinis, les pois gourmands et l'eau. Faites revenir jusqu'à ce que les légumes soient tendres.

3 Remettez l'agneau dans le wok avec les sauces. Faites sauter pour réchauffer. Assaisonnez. Servez avec du riz thaï nature.

Côtelettes de porc & salade de fèves

4 | 10' | 15' | kcal 403

4 côtelettes de porc (940 g)
2 c. à s. de poivre au citron
360 g de fèves surgelées
1 citron
100 g de feta émiettée
1 gros bouquet de menthe, feuilles déchiquetées

1 Saupoudrez les 2 côtés des côtelettes de poivre au citron. Faites griller dans une poêle-gril chaude, huilée.

2 Faites cuire les fèves à l'eau ou à la vapeur, égouttez-les. Laissez refroidir puis dérobez-les.

3 Râpez 2 c. à c. de zeste du citron, puis pressez-le (il vous faut 2 c. à s. de jus). Mélangez les fèves, la feta, la menthe, le zeste et le jus de citron dans un saladier. Assaisonnez. Servez les côtelettes avec la salade de fèves.

Bœuf aux pistaches & aux brocolinis

4 | 20' | 10' | kcal 491

600 g d'entrecôte coupée en fines tranches
2 c. à s. de dukkah
65 g de pistaches grillées non salées, finement hachées
2 c. à s. d'huile d'arachide
2 c. à c. d'huile de sésame
2 échalotes (50 g) émincées
350 g de brocolinis, en petits morceaux
2 c. à s. de kecap manis
2 c. à s. de vin de riz chinois

1 Mélangez le bœuf, le dukkah et la moitié des pistaches dans un saladier.

2 Faites chauffer la moitié de l'huile d'arachide dans un wok. Faites dorer le bœuf en plusieurs fois, en retirant les morceaux du wok au fur et à mesure.

3 Faites chauffer le reste d'huile d'arachide et l'huile de sésame dans le wok, ajoutez les échalotes et les brocolinis et faites-les sauter. Remettez le bœuf dans le wok avec le kecap manis et le vin de riz. Faites sauter pour réchauffer, assaisonnez. Au moment de servir, parsemez le plat du reste de pistaches.

Astuce
Après avoir fait sauter le bœuf, essuyez le wok avec du papier absorbant pour éviter que les épices et les pistaches restées dedans ne brûlent.

Wraps d'agneau & pois chiches

2 | 10' | 5' | 5' | kcal 381

200 g de filets d'agneau
125 g de pois chiches en boîte, rincés et égouttés
60 g de poivron grillé en bocal, égoutté et émincé
½ petit oignon rouge (50 g), finement haché
1 grosse tomate (220 g), finement hachée
½ petit bouquet de menthe ciselée
2 c. à s. de jus de citron
1 c. à c. d'huile d'olive
70 g de yaourt nature allégé
¼ de c. à c. de harissa
6 feuilles de laitue
2 pains plats (50 g)

1 Faites cuire l'agneau à votre convenance sur une poêle-gril chaude, huilée. Couvrez la viande, laissez-la reposer 5 min, puis coupez-la en tranches épaisses.

2 Mélangez les pois chiches, le poivron, l'oignon, la tomate, la menthe, le jus de citron et l'huile dans un saladier.

3 Dans un petit bol, mélangez le yaourt et la harissa.

4 Répartissez la sauce au yaourt, la laitue, l'agneau et la salade de pois chiches sur les pains plats. Roulez en serrant bien.

Steak sauce nam jim aux noix de cajou & légumes verts

4 | 20' | 20' | 5' | kcal 670

800 g de rumsteck épais
1 c. à s. d'huile d'olive
350 g de brocoli chinois (gai lan)
270 g de bok choy paré, coupé en quatre
100 g de haricots mange-tout
4 ciboules émincées
40 g de noix de cajou grillées non salées, hachées
½ bouquet de coriandre fraîche

Nam jim aux noix de cajou
2 échalotes (50 g) hachées
2 gousses d'ail
3 longs piments verts frais, épépinés et hachés
2 racines de coriandre fraîche, hachées
½ c. à c. de gingembre frais, râpé
2 c. à s. de sucre roux
50 g de noix de cajou grillées, sans sel
80 ml de jus de citron vert
1 c. à s. de nuoc-mâm

1 Préparez la sauce nam jim. Mixez les échalotes, l'ail, les piments, les racines de coriandre, le gingembre, le sucre et les noix de cajou jusqu'à l'obtention d'une pâte (vous pouvez aussi la préparer dans un mortier avec un pilon). Transférez-la dans un bol et incorporez le jus de citron vert et le nuoc-mâm.

2 Dégraissez la viande au maximum et massez-la avec l'huile. Assaisonnez. Faites-la cuire 4 min sur chaque face (pour une viande à point), sur une plancha chaude, à feu moyen-vif. Retirez-la du feu, enveloppez-la de papier d'aluminium et laissez-la reposer 5 min.

3 Coupez les tiges du brocoli chinois et parez leurs extrémités. Faites-les cuire en une seule couche dans un grand panier vapeur posé sur un wok, ou à l'eau bouillante, pendant 1 min. Posez les morceaux de bok choy par-dessus et poursuivez la cuisson 2 min. Ajoutez les haricots mange-tout et les feuilles de brocoli chinois. Poursuivez la cuisson 2 min.

4 Disposez les légumes sur un plat, recouvrez-les de tranches de viande épaisses et arrosez-les avec le jus de cuisson de la viande. Ajoutez la sauce nam jim. Parsemez de ciboules, de noix de cajou et de coriandre.

Agneau à l'indienne & salade de haricots à la noix de coco

4 | 30' | 30' | 20' | kcal 905

1 c. à s. de gingembre frais, râpé
1 gousse d'ail pilée
1 c. à s. de graines de cumin
1 c. à c. de garam masala
80 ml de jus de citron
80 ml d'huile d'olive
1 kg d'agneau (épaule ou gigot) coupé en dés de 2,5 cm de côté
35 g de graines de tournesol
1 c. à s. de graines de sésame
2 c. à c. de graines de moutarde brune
300 g de haricots verts, parés
300 g de haricots beurre, parés
2 échalotes (50 g) émincées
200 g de tomates cocktail rouges et jaunes
40 g de petites feuilles de coriandre
2 c. à s. de noix de coco râpée
280 g de yaourt à la grecque

1 Mélangez le gingembre, l'ail, les épices, le jus de citron et l'huile dans un saladier ; assaisonnez. Prélevez 2 c. à s. de ce mélange.

2 Ajoutez les dés d'agneau dans le saladier et remuez. Enfilez les dés d'agneau sur des brochettes, puis posez-les dans un plat peu profond. Couvrez et placez 30 min au réfrigérateur.

3 Faites griller les graines de tournesol, de sésame et de moutarde dans une petite poêle, sur feu doux-moyen, en remuant sans cesse. Retirez-les de la poêle.

4 Faites cuire les haricots verts et les haricots beurre 3 min dans de l'eau bouillante salée. Égouttez-les, versez-les dans un récipient avec les 2 c. à s. de marinade au gingembre, les graines grillées, les échalotes, les tomates coupées en deux, la coriandre et la noix de coco. Remuez.

5 Faites cuire les brochettes 8 min sur une poêle-gril chaude, huilée. Tournez-les de temps en temps. Servez les brochettes avec la salade de haricots et du yaourt à la grecque.

Salade de poulet aux asperges & au miso

4 | 20' | 1h | 5'

2 c. à s. de miso blanc (shiro)
2 c. à s. de mirin
2 c. à s. d'huile d'olive
400 g de blancs de poulet fermier
200 g de brocolinis coupés
170 g d'asperges coupées en deux
75 g de noix de cajou grillées
1 bouquet de coriandre
1 bouquet de menthe

Sauce au miso
3 c. à c. de purée de noix de cajou
1 c. à s. de miso blanc (shiro)
1 c. à s. de mirin
2 c. à c. d'eau
1 c. à s. d'huile d'olive
¼ de c. à c. d'huile de sésame

1 Mélangez les ingrédients de la sauce au miso.

2 Mélangez le miso, le mirin, la moitié de l'huile et les blancs de poulet dans un saladier. Mettez-les 1 h au réfrigérateur.

3 Faites cuire les brocolinis et les asperges à l'eau ou à la vapeur, puis égouttez-les.

4 Faites chauffer le reste d'huile dans une poêle antiadhésive, à feu vif, et faites-y dorer les blancs de poulet 2 min sur chaque face. Coupez-les en grosses lanières.

5 Mélangez les lanières de poulet dans un saladier avec les légumes, les noix de cajou, les herbes et la sauce.

Poulet au zaatar & salade de pastèque

4 | 20' | 5' | kcal 754

4 filets de poulet de 200 g
2 c. à s. de zaatar
2 c. à s. d'huile d'olive

Salade de pastèque à l'halloumi
2 c. à s. de vinaigre de vin rouge
3 c. à s. d'huile d'olive
1 gousse d'ail pilée
1 c. à c. de sucre
2 morceaux d'halloumi de 180 g, coupés en tranches
1 c. à c. de zaatar
800 g de pastèque en morceaux
75 g d'olives kalamata, dénoyautées et coupées en deux
25 g de feuilles de menthe fraîche

1 Coupez les filets de poulet en deux, horizontalement, et mettez-les dans un saladier avec le zaatar et l'huile. Remuez.

2 Faites cuire le poulet sur une poêle-gril, en plusieurs fois, 2 min de chaque côté sur feu moyen.

3 Préparez la salade de pastèque à l'halloumi. Mélangez le vinaigre, 2 c. à s. d'huile, l'ail et le sucre dans un saladier. Mélangez à part l'halloumi, le zaatar et 1 c. à s. d'huile. Faites chauffer une poêle sur feu vif et faites-y cuire l'halloumi 2 min. Ajoutez-le dans le saladier avec la pastèque, les olives et la menthe. Mélangez.

4 Servez le poulet coupé en morceaux avec la salade.

Côtelettes d'agneau tandoori & rotis à la ciboule

4 | 25' | 30' | 15' | kcal 446

12 côtelettes d'agneau (600 g) parées
1 c. à s. de pâte tandoori
2 miniconcombres (260 g)
400 g de radis rouges, émincés
1 c. à s. de vinaigre blanc
1 c. à s. de sucre
2 bouquets de menthe
2 bouquets de coriandre

Rotis à la ciboule
1 c. à c. de graines de cumin
1 ciboule émincée
150 g de farine de pois chiches + un peu pour le plan de travail
¼ de c. à c. de gomme xanthane
2 c. à s. de lait ribot
2 c. à s. d'eau
1 c. à s. d'huile végétale
2 c. à s. de ghee fondu

1 Mélangez les côtelettes et la pâte tandoori dans un saladier. Couvrez et placez 30 min au réfrigérateur.

2 Préparez les rotis à la ciboule. Faites griller les graines de cumin à sec dans une petite poêle 1 min à feu moyen. Dans un saladier, mélangez-les avec la ciboule, la farine et la gomme xanthane. Assaisonnez. Ajoutez le lait ribot, l'eau et l'huile. Amalgamez jusqu'à l'obtention d'une pâte ferme. Divisez-la en 8 boules. Farinez le plan de travail. Étalez les boules à l'aide d'un rouleau à pâtisserie pour former 8 disques de 12 cm de diamètre et de 2 mm d'épaisseur. Graissez une petite poêle chaude avec le ghee. Faites cuire les rotis un à un, 1 min sur chaque face, à feu vif. Transférez-les au fur et à mesure sur une assiette et couvrez-les de papier d'aluminium.

3 Coupez les concombres en fins rubans, dans la longueur, à l'aide d'un économe. Dans un saladier, mélangez-les avec les radis, le vinaigre et le sucre jusqu'à ce que ce dernier soit dissous. Laissez mariner 5 min, puis égouttez. Ajoutez la menthe, la coriandre et mélangez.

4 Faites cuire les côtelettes sur une poêle-gril chaude huilée 2 min sur chaque face. Couvrez-les et laissez-les reposer 5 min. Servez-les avec la salade de concombre et les rotis.

Steak grillé, salsa verde & polenta

3 | 20' | 20' | 5' | kcal 357

580 ml d'eau
85 g de polenta
1 c. à s. de parmesan râpé
2 steaks de filet de bœuf de 120 g chacun

Salsa verde
6 brins de persil plat frais, effeuillés
2 c. à s. de feuilles de menthe fraîche
6 tiges de basilic frais, effeuillées
2 c. à c. de câpres rincées
1 gousse d'ail pilée
2 c. à c. de zeste de citron râpé
1 ½ c. à s. d'huile d'olive

1 Préparez la salsa verde. Mixez le persil, la menthe, le basilic, les câpres, l'ail et le zeste de citron. Transférez dans un bol, ajoutez l'huile et mélangez.

2 Faites bouillir l'eau dans une casserole. Incorporez progressivement la polenta, sans cesser de remuer. Baissez le feu et faites cuire 10 min, en remuant, jusqu'à épaississement. Incorporez le fromage puis la moitié de la salsa verde. Couvrez pour garder au chaud.

3 Faites cuire le bœuf sur une poêle-gril chaude huilée, 4 min de chaque côté. Couvrez et laissez reposer 5 min avant de le couper en tranches épaisses, en biais.

4 Servez le bœuf sur un lit de polenta, accompagné du reste de salsa verde.

Agneau & courge rôtie aux épices

6 | 10' | 1h20 | 15' | 180 °C | kcal 442

150 g de boulgour
2 c. à s. de persil plat frais, ciselé
2 c. à s. de thym frais, ciselé
2 c. à s. de zeste de citron râpé
2 gousses d'ail pilées
2 c. à s. d'huile d'olive
1,4 kg de courge kabocha, potimarron ou courge butternut avec la peau, en fines tranches
280 g de yaourt à la grecque
2 c. à c. de sumac (ou de zeste de citron finement haché)
6 brins de thym coupés

Hachis d'agneau
1 c. à s. d'huile d'olive
1 oignon (150 g), finement haché
1 c. à c. de cannelle
½ c. à c. de piment de Cayenne
300 g d'agneau haché
1 c. à c. de vinaigre balsamique
1 c. à c. de sucre roux

1 Faites cuire le boulgour 10 min dans de l'eau bouillante (il ne sera pas tout à fait cuit). Égouttez-le et rincez-le. Mettez-le dans un saladier et laissez-le refroidir 15 min. Incorporez les herbes ciselées, le zeste de citron, l'ail et l'huile. Assaisonnez.

2 Préchauffez le four à 180 °C. Chemisez une grande plaque de papier sulfurisé. Disposez-y les tranches de courge, peau vers le bas, et déposez un peu de boulgour dans le creux de chaque tranche. Faites cuire 30 min, puis couvrez de papier d'aluminium et poursuivez la cuisson 30 min.

3 Préparez le hachis d'agneau. Faites chauffer l'huile dans une poêle sur feu moyen. Faites revenir l'oignon avec la cannelle et le piment de Cayenne 3 min, sans cesser de remuer. Augmentez le feu et ajoutez la viande. Faites-la cuire 5 min à feu vif, en remuant de temps en temps. Versez le vinaigre balsamique mélangé au sucre roux. Assaisonnez.

4 Déposez du hachis d'agneau sur les tranches de courge et servez le plat garni de yaourt, de sumac et de thym.

Salade de porc à l'orange sanguine

4 · 20' · 15' · 5'

200 g de filet mignon de porc
2 c. à s. d'huile d'olive
440 g de minibetteraves cuites, coupées en deux
3 oranges sanguines (570 g), pelées et coupées en fines rondelles
100 g de feuilles de radicchio
75 g de mesclun
8 dattes dénoyautées (160 g), coupées en deux
60 g d'olives kalamata dénoyautées, coupées en deux
2 c. à s. de graines de courge grillées
2 c. à s. de graines de tournesol grillées
2 c. à c. de graines de pavot

Sauce au vinaigre de framboise
2 c. à s. de vinaigre de framboise
2 c. à s. d'huile d'olive
1 c. à s. d'eau de fleur d'oranger
1 petite gousse d'ail écrasée
2 c. à c. de ciboulette fraîche, ciselée

1 Fouettez les ingrédients de la sauce ; assaisonnez.

2 Arrosez d'huile le porc. Faites cuire le porc 15 min dans une poêle-gril chaude huilée, en le tournant souvent. Laissez reposer 5 min avant de le couper en tranches épaisses.

3 Dans un saladier, mélangez le porc, les betteraves, les oranges sanguines, le radicchio, le mesclun, les dattes, les olives et la sauce. Éparpillez les graines sur le dessus et servez avec des morceaux de pain grillés.

Salade de cailles, figues & grenade

2 · 10' · 4h · 15' · 10' · 180 °C · kcal 827

1 échalote (25 g), finement hachée
1 c. à c. de sumac
½ c. à c. de cannelle
1 pincée de sucre
1 c. à s. de mélasse de grenade
80 ml d'huile d'olive vierge extra
4 cailles de 200 g, en portefeuille
60 ml d'huile d'olive
1 morceau de pain libanais (80 g)
1 trévise (200 g) débarrassée des feuilles externes
25 g de feuilles de basilic frais
50 g de cerneaux de noix grillés
6 figues vertes mûres à point, en tranches épaisses
120 g de feta émiettée
Les graines de ½ grenade

1 Mélangez l'échalote, le sumac, la cannelle, le sucre, la mélasse de grenade et l'huile d'olive dans un bol ; assaisonnez. Disposez les cailles dans un récipient en verre ou en céramique avec la moitié de la préparation. Couvrez et placez au moins 4 h au réfrigérateur.

2 Préchauffez le four à 180 °C. Faites chauffer 2 c. à s. d'huile d'olive dans une poêle à fond épais, sur feu moyen. Faites-y cuire les cailles en plusieurs fois, côté peau, 4 min. Posez les cailles dans un plat à four, côté peau vers le haut, et faites-les griller 5 min. Sortez les cailles du four et laissez reposer 10 min. Coupez chaque caille en deux, le long du bréchet, puis à nouveau en deux, entre les cuisses et la poitrine, pour obtenir 4 morceaux.

3 Badigeonnez légèrement le pain avec le reste d'huile, des deux côtés, et posez-le sur une plaque de cuisson. Enfournez 8 min pour que le pain soit croustillant et doré. Laissez-le refroidir, puis cassez-le en gros morceaux.

4 Effeuillez la trévise et morcelez-la grossièrement. Mettez les feuilles dans un saladier avec le basilic, les noix, les figues, la feta, les graines de grenade, le reste de sauce et les cailles. Remuez et servez avec le pain grillé.

Cailles en portefeuille
Posez la caille, côté poitrine vers le bas, sur une planche à découper et faites une découpe de part et d'autre du bréchet (jetez l'os) avec une cisaille à volaille ou des ciseaux de cuisine. Tournez la caille, ouvrez-la et appuyez sur la poitrine pour l'aplatir davantage. Repliez les ailes sous la caille.

Burger de dinde à la salade verte

6 | 30' | 10' | 30' | 15'

25 g de flocons de quinoa
60 ml de lait
1 petite courgette (90 g), râpée
1 petite carotte violette (70 g), râpée
1 petit oignon rouge (100 g), râpé
400 g de hachis de dinde fermière ou de poulet fermier
1 c. à s. de persil plat frais, ciselé
2 c. à s. d'huile d'olive
1 petite patate douce (250 g), en rondelles
12 grosses feuilles de laitue iceberg, taillées en disques de 10 cm de diamètre
1 grosse tomate (220 g), en fines rondelles
1 petit oignon rouge (100 g), émincé

Tahin vert
70 g de tahin
2 c. à s. de persil plat frais
2 c. à s. de jus de citron
1 c. à s. d'huile d'olive
1 petite gousse d'ail écrasée

1 Mixez les ingrédients du tahin vert ; assaisonnez.

2 Mélangez les flocons de quinoa et le lait dans un petit bol; laissez reposer 10 min.

3 Mélangez la courgette, la carotte, l'oignon, la dinde, le persil et le mélange de quinoa et de lait dans un saladier. Assaisonnez. Avec des mains humides, façonnez 6 steaks de 8 cm de diamètre. Couvrez et mettez 30 min au réfrigérateur.

4 Faites chauffer à feu doux la moitié de l'huile dans une poêle antiadhésive et faites-y cuire la patate douce 8 min, en la retournant.

5 Faites chauffer à feu moyen le reste d'huile et faites-y cuire les steaks de dinde, 4 min sur chaque face.

6 Recouvrez chaque disque de salade de 1 steak de dinde, de 1 rondelle de tomate, d'oignon et de patate douce. Nappez de tahin et posez sur le dessus un autre disque de salade. Servez.

Burgers au poulet, coleslaw à la pomme

6 | 35' | 10' | 120 °C

300 g de pain au levain rassis
6 escalopes de poulet (850 g)
75 g de farine
2 œufs légèrement battus
2 c. à s. d'huile d'olive
60 g de beurre haché
6 buns briochés (540 g)
75 g d'aïoli

Coleslaw à la pomme
60 ml de lait fermenté
1 c. à s. d'huile d'olive
2 c. à c. de moutarde de Dijon
1 c. à s. de jus de citron
1 c. à c. de graines de carvi grillées
160 g de chou rouge, en lanières
½ pomme rouge (75 g), en lamelles
½ bulbe de fenouil (65 g) émincé
Feuilles de persil plat

1 Mélangez tous les ingrédients du coleslaw. Mixez le pain en fine chapelure. Farinez le poulet. Plongez-le dans les œufs puis enrobez-le de chapelure.

2 Préchauffez le four à 120 °C. Faites chauffer à feu moyen-vif la moitié de l'huile et du beurre dans une grande poêle, et faites-y dorer la moitié du poulet 2 min. Mettez dans le four pour le garder au chaud. Répétez l'opération.

3 Fendez les buns en deux. Badigeonnez les bases d'aïoli, garnissez d'escalope et de coleslaw. Recouvrez avec la partie supérieure des buns.

Brochettes de poulet, salade caprese à la pêche

4 | 10' | 10'

600 g de blancs de poulet fermier, coupés en cubes
1 ½ c. à s. d'huile pimentée
4 pêches (600 g), en tranches
250 g de mozzarella de bufflonne, déchiquetée
4 tomates anciennes (600 g), en fines rondelles
1 petit bouquet de basilic
1 c. à s. de vinaigre de vin blanc

Pesto à la pistache & à la menthe
70 g de pistaches
1 ½ bouquet de menthe
1 bouquet de persil plat
1 gousse d'ail écrasée
2 c. à c. de zeste de citron râpé
2 c. à c. de jus de citron
125 ml d'huile d'olive vierge extra

1 Mixez tous les ingrédients du pesto jusqu'à l'obtention d'une pâte lisse. Assaisonnez.

2 Mélangez le poulet avec 1 c. à s. d'huile dans un bol ; assaisonnez. Enfilez les cubes sur 4 brochettes.

3 Faites cuire les brochettes sur une poêle-gril huilée 10 min, en ajoutant les pêches au cours des 2 dernières minutes de cuisson.

4 Superposez les couches de pêche, de mozzarella, de tomate et de basilic. Arrosez de vinaigre et du reste d'huile. Servez la salade avec les brochettes de poulet et le pesto.

Poulet au thym & au citron, salsa aux câprons

4 | 30' | 10' | 20' | 220 °C

4 suprêmes de poulet (1 kg)
60 ml d'huile d'olive
2 c. à s. de feuilles de thym frais
1 c. à s. de zeste de citron râpé
1 céleri-rave (750 g) épluché
2 grosses carottes (360 g)
1 gousse d'ail écrasée
2 c. à s. de vinaigre balsamique blanc
100 g de graines de courge grillées
1 petit bouquet de persil plat, haché
2 c. à s. de yaourt grec
4 c. à s. de persil plat supplémentaire
4 c. à s. de thym supplémentaire

Salsa aux câprons
160 g de câprons
2 c. à s. d'huile d'olive
2 c. à s. de jus de citron
1 ½ c. à c. de grains de poivre rose, écrasés

1 Préchauffez le four à 220 °C. Recouvrez une plaque de four de papier sulfurisé.

2 Mélangez le poulet, 1 c. à s. d'huile, le thym et le zeste de citron dans un saladier. Laissez reposer 10 min.

3 Avec un couteau économe, détaillez en longs rubans le céleri-rave et les carottes (gardez le centre dur pour une soupe). Mélangez les rubans dans un saladier avec l'ail, le vinaigre, les graines de courge, le persil haché et le yaourt. Assaisonnez.

4 Faites chauffer à feu moyen-vif une grande poêle et faites-y cuire le poulet 3 min sur chaque face. Placez-le sur la plaque de four. Enfournez 12 min.

5 Préparez la salsa aux câprons. Coupez en deux les trois quarts des câprons sans les équeuter. Laissez le reste tel que. Mélangez tous les câprons dans un bol avec l'huile, le jus de citron et les grains de poivre.

6 Servez le poulet avec la salsa et la salade de légumes. Parsemez d'herbes.

Pilaf de poulet aux lentilles & au chou-fleur

4 | 10' | 20' | kcal 434

1 oignon (150 g) émincé
1 gousse d'ail écrasée
2 c. à s. de pâte de curry madras
200 g de riz basmati
½ chou-fleur (500 g) détaillé en bouquets
400 g de lentilles en conserve, rincées et égouttées
250 ml de bouillon de poulet
250 ml d'eau
320 g de poulet rôti, haché
1 bouquet de coriandre

1 Faites blondir l'oignon et l'ail dans une grande sauteuse. Ajoutez la pâte de curry et poursuivez la cuisson 5 min, en remuant.

2 Ajoutez le riz, le chou-fleur et les lentilles ; mélangez. Ajoutez le bouillon, l'eau et le poulet, puis portez à ébullition. Réduisez le feu, couvrez hermétiquement et laissez mijoter 15 min jusqu'à ce que le liquide soit absorbé.

3 Hors du feu, décollez les ingrédients à l'aide d'une fourchette. Servez avec des quartiers de citron vert, des pappadums et un chutney.

Brochettes de poulet, sauce satay sans cacahuètes

4 | 20' | 10' | kcal 654

50 g de tahin
250 ml de lait de coco
4 c. à s. de tamari
3 c. à s. de sauce au piment doux
2 c. à s. de jus de citron vert
12 filets de poulet (640 g)
200 g de haricots mange-tout, parés et coupés en grosses lamelles dans la longueur
300 g de riz thaï cuit (120 g de riz cru)
2 c. à s. de feuilles de coriandre fraîche

1 Faites chauffer une petite casserole à fond épais sur feu moyen. Faites fondre le tahin et le lait de coco en remuant, sans laisser bouillir. Versez 2 c. à s. de tamari, 2 c. à s. de sauce au piment et le jus de citron. Poursuivez la cuisson 1 min, en remuant.

2 Dans un bol, mélangez 2 c. à s. de tamari et 1 c. à s. de sauce au piment. Enfilez le poulet sur 12 brochettes en bambou. Assaisonnez. Faites cuire les brochettes sur une poêle-gril chaude huilée 2 min sur chaque face. Durant la dernière minute de cuisson, à l'aide d'un pinceau, badigeonnez-le avec la moitié de la sauce au tamari et au piment.

3 Faites cuire les haricots mange-tout à l'eau ou à la vapeur. Mélangez-les avec la sauce restante.

4 Servez les brochettes sur un lit de riz thaï avec les haricots et la sauce au lait de coco. Parsemez de coriandre.

Poulet au miel, salade de fenouil & céleri à la crème

4 | 20' | 15' | kcal 328

2 c. à s. de miel
2 c. à c. de moutarde
4 blancs de poulet

Salade de fenouil & céleri à la crème
2 bulbes de fenouil
3 branches de céleri émincées
Feuilles de persil plat, ciselées
2 c. à c. de moutarde de Dijon
2 c. à s. de jus de citron
2 c. à s. de crème fraîche
2 gousses d'ail écrasées
75 g de mayonnaise

1 Mélangez le miel et la moutarde dans un bol. Badigeonnez les blancs de poulet avec la moitié de cette sauce et faites-les cuire 15 min à feu doux dans une grande poêle huilée. Badigeonnez-les régulièrement avec le reste de sauce.

2 Préparez la salade de fenouil et céleri. Épluchez le fenouil et réservez 1 c. à s. de feuilles. Émincez-le puis mettez-le dans un saladier avec le céleri et le persil.

3 Mélangez la moutarde, le jus de citron, la crème, l'ail et la mayonnaise dans un bol. Nappez la salade de cette sauce et remuez.

4 Servez le poulet avec la salade. Décorez de feuilles de fenouil.

Agneau aux épinards & nouilles de riz

4 | 10' | 10' | kcal 334

300 g de nouilles de riz
1 c. à s. d'huile d'arachide
500 g de filet d'agneau coupé en fines tranches
300 g d'épinards coupés en lanières
2 gousses d'ail écrasées
60 ml de kecap manis
1 c. à s. de sauce soja japonaise

1 Mettez les nouilles à gonfler dans un saladier d'eau bouillante, puis égouttez-les.

2 Faites chauffer la moitié de l'huile dans un wok et faites sauter les tranches d'agneau en plusieurs fois, en les retirant du wok au fur et à mesure.

3 Faites chauffer le reste d'huile dans le wok et faites fondre les épinards avec l'ail. Remettez l'agneau dans le wok avec les nouilles, le kecap manis et la sauce soja. Faites sauter pour réchauffer. Assaisonnez.

Poulet aux noix de cajou, châtaignes d'eau & brocoli

4 | 15' | 10' | kcal 391

600 g de hauts de cuisse de poulet, coupés en dés
2 c. à s. de sauce XO
1 c. à c. de nuoc-mâm
2 c. à s. de zeste de citron râpé
2 c. à s. de jus de citron
1 c. à s. de sucre roux
10 cm de citronnelle (20 g) finement hachée
2 c. à s. d'huile d'arachide
1 petit oignon (80 g) émincé
1 long piment rouge frais, émincé
300 g de brocoli coupé en fleurettes
225 g de châtaignes d'eau entières en conserve, rincées et égouttées
2 ciboules émincées
40 g de noix de cajou grillées non salées, hachées

1 Mélangez le poulet, les sauces, le zeste et le jus de citron, le sucre et la citronnelle dans un saladier.

2 Faites chauffer la moitié de l'huile dans un wok. Faites dorer le poulet en plusieurs fois, en le retirant du wok au fur et à mesure.

3 Faites chauffer le reste d'huile dans le wok, puis faites dorer l'oignon et le piment. Ajoutez le brocoli et les châtaignes d'eau. Faites sauter jusqu'à ce que le brocoli soit tendre. Remettez le poulet dans le wok et faites-le sauter pour le réchauffer. Assaisonnez. Au moment de servir, parsemez de ciboules et de noix de cajou. Servez avec du riz thaï nature.

Bœuf sauté au riz complet, carotte & concombre marinés

2 | 10' | 10' | kcal 559

1 c. à s. d'huile d'olive
2 œufs légèrement battus
1 gousse d'ail pilée
1 c. à s. de gingembre frais, râpé
200 g de bœuf maigre, haché
2 c. à c. de sauce d'huître
160 g de chou émincé
2 c. à s. de feuilles de menthe fraîche, ciselées
250 g de riz complet déjà cuit
1 ciboule émincée

Carotte & concombre marinés
80 ml de vinaigre de riz
2 c. à s. de sucre en poudre
¼ de c. à c. de piment séché
1 petite carotte (70 g), en bâtonnets
1 miniconcombre (130 g), en bâtonnets

1 Préparez les légumes marinés. Mélangez le vinaigre, le sucre et le piment dans un bol. Quand le sucre est dissous, ajoutez le concombre et la carotte. Remuez.

2 Faites chauffer 1 c. à c. d'huile d'olive dans un wok, à feu vif. Versez la moitié des œufs pour former une omelette fine. Faites cuire puis retirez-la du wok, roulez-la en serrant bien et coupez-la en bandes épaisses. Répétez avec 1 autre c. à c. d'huile et le reste des œufs. Roulez serré puis coupez en fines tranches.

3 Faites chauffer le reste d'huile et faites sauter l'ail et le gingembre. Ajoutez la viande hachée et faites-la dorer. Ajoutez la sauce d'huître. Quand la préparation est chaude, retirez-la du wok.

4 Faites sauter le chou dans le wok en ajoutant un peu d'eau, si nécessaire. Remettez la viande dans le wok avec le riz et la menthe ; réchauffez le tout.

5 Égouttez la carotte et le concombre. Servez le riz au bœuf garni de légumes marinés, d'omelette et de ciboule.

Poulet caramélisé & vermicelles de soja

2 | 15' | 10' | 5' | kcal 372

250 g de cuisses de poulet désossées, en grosses lamelles
½ c. à c. de cinq-épices
2 c. à c. de cassonade
1 c. à s. de sauce aux piments douce
2 c. à c. de sauce soja
2 c. à c. d'huile d'olive
60 g de vermicelles de soja
300 g de gai lan (brocoli chinois) paré, coupé en morceaux de 5 cm
2 c. à s. d'eau
2 ciboules émincées
2 c. à s. de feuilles de coriandre fraîche
1 c. à c. de graines de sésame grillées

1 Mélangez le poulet avec les épices, la cassonade et la moitié des sauces dans un saladier. Faites chauffer l'huile d'olive dans un wok à feu vif et faites dorer et caraméliser le poulet, en plusieurs fois. Réservez. Essuyez le wok.

2 Mettez les vermicelles dans un saladier, couvrez-les d'eau bouillante et laissez reposer 5 min. Égouttez.

3 Mettez le gai lan dans le wok, ajoutez l'eau et faites sauter 1 min. Ajoutez le reste des sauces et faites cuire 1 min. Ajoutez les vermicelles et mélangez.

4 Garnissez les vermicelles de poulet, de ciboules, de coriandre et de graines de sésame puis servez.

Bœuf au 5-épices, sauce au wasabi

2 | 10' | 5' | 10' | kcal 401

2 steaks de filet de bœuf de 125 g
1 c. à c. de cinq-épices
2 c. à c. d'huile d'olive
300 g de brocoli chinois (gai lan), paré et coupé en deux
2 c. à c. de sauce soja
165 g de riz basmati complet déjà cuit
2 quartiers de citron vert

Sauce au wasabi
140 g de yaourt nature
½ c. à c. de pâte de wasabi
½ gousse d'ail pilée
3 c. à c. de jus de citron vert

1 Mélangez tous les ingrédients de la sauce au wasabi.

2 Mélangez le cinq-épices et l'huile d'olive, et enrobez les steaks de ce mélange. Faites-les cuire sur une poêle-gril chaude 3 min de chaque côté. Couvrez et laissez reposer 5 min.

3 Faites cuire les tiges de gai lan dans de l'eau bouillante 3 min. Ajoutez les feuilles et faites cuire 1 min puis égouttez.

4 Réchauffez le riz. Servez les steaks avec le riz et le gai lan ; arrosez le gai lan de sauce soja et accompagnez de quartiers de citron vert et de sauce au wasabi.

Boulettes de poulet

2 | 30' | 20' | 240 °C | kcal 626

40 g de petits pois surgelés
1 c. à c. de zeste de citron râpé
2 c. à s. de menthe ciselée
175 g de poulet haché
1 gousse d'ail pilée
25 g de chapelure
1 jaune d'œuf
2 c. à s. de ricotta
1 c. à s. d'huile d'olive
400 g de tomates concassées, en conserve
2 c. à c. de vinaigre balsamique
130 g de spaghettis complets
2 c. à s. de feuilles de menthe fraîche, supplémentaires
2 c. à s. de copeaux de parmesan

1 Préchauffez le four à 240 °C. Graissez un petit plat à gratin.

2 Ébouillantez les petits pois pendant 1 min. Égouttez. Mixez-les avec 1 c. à s. d'eau de cuisson, le zeste de citron et la menthe ciselée.

3 Mélangez le poulet, l'ail, la chapelure et le jaune d'œuf dans un saladier. Ajoutez les petits pois à la menthe et la ricotta. Avec les mains humides, formez des boulettes. Placez-les dans le plat et arrosez-les d'huile d'olive. Enfournez 15 min ; retournez-les 1 fois. Ajoutez les tomates et le vinaigre, et faites cuire 5 min.

4 Faites cuire les spaghettis. Servez-les avec les boulettes et la sauce. Garnissez de menthe et de parmesan.

Bœuf à la sauce aux haricots noirs

2 | 10' | 10' | kcal 391

1 c. à s. d'huile d'arachide
250 g de rumsteck, en fines tranches
1 petit oignon (80 g), en quartiers
1 petit poivron jaune (150 g), en morceaux
400 g de choy sum, côtes et feuilles séparées, coupé en morceaux
1 ½ c. à s. de sauce aux haricots noirs, épicée
2 c. à c. de sauce soja japonaise
225 g de châtaignes d'eau en conserve, rincées, égouttées et coupées en quatre
1 c. à s. d'eau
2 c. à s. de noix de macadamia, hachées

1 Faites chauffer la moitié d'huile dans un wok. Faites dorer le bœuf en plusieurs fois, en le retirant du wok au fur et à mesure.

2 Faites chauffer le reste de l'huile. Faites sauter l'oignon, le poivron et les côtes de choy sum jusqu'à ce qu'elles soient tendres. Ajoutez les feuilles de choy sum et remuez pour les faire fondre.

3 Remettez le bœuf dans le wok avec les sauces, les châtaignes d'eau et l'eau. Mélangez pour réchauffer. Au moment de servir, parsemez de noix de macadamia.

Poulet au poivron & légumes verts asiatiques

4 | 10' | 15' | kcal 278

2 c. à s. d'huile d'arachide
500 g de hauts de cuisse de poulet, coupés en fines tranches
10 cm de citronnelle fraîche (20 g), finement hachée
3 gousses d'ail écrasées
600 g de brocoli chinois (gai lan), en tronçons de 5 cm
1 petit poivron jaune (150 g), en fines lanières
2 c. à s. de jus de citron
2 c. à s. de sauce soja claire

1 Faites chauffer la moitié de l'huile d'arachide dans un wok. Faites dorer le poulet en plusieurs fois, en le retirant du wok au fur et à mesure.

2 Faites chauffer le reste d'huile dans le wok. Faites revenir la citronnelle et l'ail.

Ajoutez le gai lan, le poivron, le jus de citron et la sauce soja. Faites sauter jusqu'à ce que les légumes soient tendres.

3 Remettez le poulet dans le wok. Faites-le sauter pour le réchauffer. Assaisonnez. Servez avec du riz thaï nature.

Porc pimenté à l'orange & aux pois

4 | 10' | 10' | kcal 166

1 c. à c. d'huile d'arachide
250 g de filet mignon de porc, en fines tranches
1 oignon rouge (170 g), émincé
2 gousses d'ail émincées
1 long piment rouge, émincé
½ c. à c. de piment séché
150 g de pois gourmands
120 g de petits pois surgelés
2 c. à s. d'eau
60 ml de sauce soja claire
2 c. à s. de xérès
1 c. à c. de zeste d'orange râpé
2 c. à s. de jus d'orange
4 ciboules émincées

1 Faites chauffer l'huile dans un wok. Faites sauter le porc puis retirez-le du wok.

2 Ajoutez l'oignon rouge, l'ail, le piment frais et séché, et faites-les revenir. Ajoutez les pois gourmands, les petits pois et l'eau. Faites sauter jusqu'à ce que les pois soient cuits.

3 Remettez le porc dans le wok et ajoutez la sauce soja, le xérès, le zeste et le jus d'orange, ainsi que les ciboules. Mélangez jusqu'à ce que le tout soit chaud puis servez.

Les moules sont plus riches en fer que la viande rouge ! Les coquillages sont l'une des meilleures sources d'iode, essentiel au développement du cerveau des enfants.

Le merlan possède un goût délicat. Sa chair, moyennement ferme, s'émiette facilement. Poisson maigre, **le bar** est une bonne source de vitamines B3 et D, mais aussi de minéraux, tels le sélénium et le phosphore.

La dorade et le vivaneau ont un goût délicat et une chair tendre, non grasse. Leur peau est comestible. Ils se prêtent très bien à différentes méthodes de cuisson : court-bouillon, poêle ou barbecue.

Les crevettes (crevettes géantes tigrées, à gauche, et grosses crevettes, à droite) se conservent mal lorsqu'elles sont crues (gris-vert). Elles sont donc souvent congelées en mer. Achetez des crevettes crues car les crevettes cuites deviennent caoutchouteuses lorsqu'elles sont réchauffées.

POISSONS

Les poissons et les fruits de mer sont une partie importante de l'alimentation humaine depuis l'époque des chasseurs-cueilleurs. Ils sont riches en protéines, maigres (à l'exception des poissons gras, riches en acides gras oméga-3 essentiels) et contiennent de nombreux nutriments rares dans notre alimentation, tel l'iode.

Les sardines sont des petits poissons gras, aux arêtes fines et comestibles, riches en calcium.

Le rouget, différent du mulet, est riche en acides gras oméga 3, anti-inflammatoire et excellent pour le cerveau.

Saumon au wasabi & salade de riz complet

4 | 30' | 20' | kcal 691

500 g de riz basmati complet
350 g de saumon ultrafrais
2 c. à s. de graines de sésame
1 c. à s. de wasabi en poudre
2 c. à s. d'huile d'olive
100 g de mesclun
70 g de gingembre mariné
2 ciboules émincées
1 long piment rouge frais, émincé
1 bel avocat (320 g), en morceaux
2 c. à s. de tamari
2 c. à s. de jus de citron vert
1 c. à s. d'huile d'olive
1 citron vert coupé en quartiers

1 Faites cuire le riz ; laissez-le refroidir. Roulez le saumon dans le mélange de graines de sésame et de wasabi.

2 Faites chauffer l'huile dans une grande poêle sur feu vif. Faites cuire le saumon 1 min sur chaque face : il doit rester cru au centre. Coupez-le en tranches fines.

3 Dans un saladier, mélangez le riz, le mesclun, le gingembre, les ciboules, le piment et l'avocat. Mélangez le tamari, le jus de citron vert et l'huile dans un shaker pour sauce à salade.

4 Disposez la salade et le saumon sur un plat, arrosez de sauce et servez avec des quartiers de citron vert.

Poêlée de champignons au saumon fumé, œufs & graines

4 | 10' | 10' | kcal 381

20 g de graines de tournesol hachées
20 g de graines de courge hachées
2 ½ c. à s. d'huile d'olive
600 g de champignons de Paris bruns, en tranches épaisses
600 g de pleurotes
1 grosse gousse d'ail pilée
1 piment rouge long frais, épépiné et finement haché
1 c. à s. d'eau
2 c. à c. de jus de citron
4 œufs
1 c. à s. de vinaigre blanc
200 g de saumon fumé
2 c. à s. de feuilles de cerfeuil frais

1 Faites griller les graines de tournesol et de courge 2 min dans une grande poêle sur feu moyen, en remuant. Réservez.

2 Faites chauffer 1 c. à s. d'huile dans la même poêle, à feu vif. Ajoutez la moitié des champignons et laissez-les dorer 4 min, en remuant. Transférez-les dans un saladier et couvrez de papier d'aluminium pour qu'ils restent chauds. Répétez l'opération avec 1 autre c. à s. d'huile et le reste des champignons.

3 Remettez tous les champignons dans la poêle, ajoutez l'ail, le piment et l'eau, et faites chauffer 1 min. Hors du feu, ajoutez le jus de citron ; assaisonnez. Transférez dans un saladier et couvrez de papier d'aluminium.

4 Pochez les œufs : remplissez une grande sauteuse d'eau à mi-hauteur. Ajoutez le vinaigre et portez à frémissement. Cassez 1 œuf dans un bol. Faites un tourbillon dans la casserole et glissez l'œuf dedans. Répétez l'opération avec un autre œuf. Faites-les cuire 3 min : les blancs doivent être cuits et les jaunes coulants. Sortez-les à l'aide d'une écumoire et égouttez-les sur du papier absorbant. Réservez au chaud. Pochez les œufs restants.

5 Disposez les champignons dans les assiettes, ajoutez les œufs, le saumon fumé, les graines et le cerfeuil. Assaisonnez puis servez.

Thon à la chermoula, salade pois chiches & fèves

2 | 20' | 30' | 5' | 10' | kcal 527

200 g de steak de thon
150 g de fèves surgelées
150 g de haricots verts, coupés en trois
420 g de pois chiches en boîte, rincés et égouttés
1 petit bouquet de persil plat
1 citron (140 g) pelé et coupé en quartiers
1 c. à s. de jus de citron
1 c. à s. d'huile d'olive

Chermoula
½ petit oignon rouge (50 g), haché
1 gousse d'ail pilée
2 petits bouquets de coriandre, ciselée
2 petits bouquets de persil plat, ciselé
1 c. à c. de cumin moulu
1 c. à c. de paprika
1 c. à s. d'huile d'olive

1 Mixez tous les ingrédients de la chermoula au robot. Mettez le thon dans un plat peu profond avec un quart de la chermoula. Mélangez, couvrez et placez 30 min au réfrigérateur.

2 Plongez les fèves 2 min dans de l'eau bouillante. Rincez-les sous l'eau froide, égouttez-les, puis pelez-les. Faites cuire les haricots verts à l'eau ou à la vapeur. Rincez-les et égouttez-les.

3 Faites cuire le thon sur une poêle-gril chaude huilée 2 min sur chaque face pour qu'il soit grillé à l'extérieur et rosé au centre. Couvrez et laissez reposer 5 min. Coupez le poisson en tranches épaisses.

4 Mélangez les fèves, les haricots, les pois chiches, le persil et les quartiers de citron dans un saladier avec le jus de citron et l'huile mélangés. Assaisonnez. Servez le thon sur un lit de salade et garnissez-le de chermoula.

Nouilles soba aux crevettes

4 | 15' | 10' | kcal 481

200 g de nouilles soba au thé vert
340 g de petites asperges coupées en deux
80 g d'edamame surgelés, décortiqués et décongelés
2 bouquets de menthe
2 bouquets de basilic thaï
16 grosses crevettes crues (1,2 kg), décortiquées, avec les queues
2 c. à s. d'huile d'olive
2 citrons verts, coupés en quartiers

Vinaigrette
2 c. à s. de sucre roux
80 ml de jus de citron vert
60 ml de nuoc-mâm
2 petits piments rouges thaïs frais, finement hachés
60 ml d'huile d'arachide

1 Fouettez les ingrédients de la vinaigrette.

2 Faites cuire les nouilles 2 min dans de l'eau bouillante. Ajoutez les asperges et poursuivez la cuisson 2 min. Égouttez-les et refroidissez-les sous l'eau du robinet.

3 Dans un saladier, mélangez les nouilles, les asperges, les edamame, les herbes et la vinaigrette.

4 Mélangez les crevettes et l'huile. Faites-les cuire 1 min 30 sur chaque face, sur une poêle-gril chaude. Servez la salade garnie de crevettes avec des quartiers de citron vert.

Quinoa frit au gingembre & aux crevettes

4 15' 20' 12h

200 g de quinoa
2 c. à c. d'huile d'arachide
2 c. à c. d'huile de sésame
1 kg de crevettes crues, décortiquées, avec la queue
2 gousses d'ail émincées
20 g de gingembre frais, en fines lamelles
1 long piment rouge, émincé
4 ciboules émincées
90 g de petits pois surgelés
2 c. à s. de kecap manis
½ bouquet de coriandre

1 Faites cuire le quinoa 12 min dans de l'eau bouillante puis égouttez-le. Étalez-le sur une plaque de four et laissez-le 1 nuit au réfrigérateur, sans le couvrir.

2 Faites chauffer les huiles dans un wok à feu vif et faites sauter les crevettes 1 min, en remuant. Ajoutez l'ail, le gingembre et la moitié du piment, et faites sauter encore 1 min. Ajoutez les ciboules et les petits pois ; poursuivez la cuisson 1 min.

3 Ajoutez le quinoa et le kecap manis. Faites sauter 1 min, en remuant, pour réchauffer le quinoa. Servez, parsemé de coriandre et de piment.

Risotto d'orge aux crevettes

4 10' 40'

1 c. à s. d'huile d'olive
1 oignon (150 g) finement haché
2 gousses d'ail écrasées
300 g d'orge perlé
1 litre de bouillon de légumes
500 g de crevettes royales crues, décortiquées
45 g de jeunes pousses de roquette
20 g de parmesan râpé
160 g de labné

Gremolata au piment
1 c. à s. de zeste de citron râpé
1 long piment rouge, épépiné et finement haché
2 c. à s. de persil plat frais, ciselé

1 Faites chauffer l'huile dans un grand faitout à feu moyen-vif et faites-y revenir l'oignon et l'ail 5 min, en remuant. Ajoutez l'orge perlé et faites revenir 1 min, sans cesser de remuer. Versez le bouillon dans le faitout et portez à ébullition. Réduisez le feu, couvrez et laissez frémir 30 min à feu doux.

2 Ajoutez les crevettes et laissez mijoter 5 min à découvert jusqu'à ce que l'orge soit tendre et que le liquide soit absorbé. Incorporez la roquette et le parmesan.

3 Mélangez les ingrédients de la gremolata dans un bol.

4 Servez le risotto recouvert de labné et de gremolata.

Agnolottis épinards & crevettes

4 | 15' | 15'

100 g de jeunes pousses d'épinard
1 gousse d'ail écrasée
1 c. à s. d'huile d'olive
400 g de haricots cannellini en boîte, rincés et égouttés
250 g de crevettes royales crues, décortiquées et coupées en morceaux
4 c. à s. de ciboulette fraîche, ciselée
32 disques de pâte à wontons
375 ml de vin blanc
375 ml de bouillon de poisson
1 pincée de filaments de safran
80 ml de crème épaisse

1 Faites cuire les épinards et l'ail dans une poêle chaude avec l'huile. Égouttez-les puis essorez-les. Écrasez les haricots dans un grand saladier. Incorporez les épinards, les crevettes et la moitié de la ciboulette ; assaisonnez.

2 Déposez 2 c. à c. de cette farce au centre de chaque disque de pâte. Humidifiez les bords avec de l'eau. Pliez les disques en deux et soudez les bords.

3 Portez le vin, le bouillon et le safran à ébullition dans une grande poêle. Baissez le feu et laissez mijoter 5 min, à découvert. Ajoutez la crème. Gardez au chaud.

4 Faites cuire les agnolottis 1 min 30, en plusieurs fois, dans de l'eau bouillante. Égouttez-les. Mélangez-les avec la préparation à la crème, parsemez le reste de ciboulette.

Moules au piment & freekeh

4 | 20' | 1h15

250 ml de vin blanc
1 kg de moules nettoyées
1 c. à s. d'huile d'olive
1 oignon (150 g) finement haché
2 branches de céleri (300 g) émincées
400 g de minicarottes émincées de biais
2 c. à s. de concentré de tomates
170 g de freekeh rincé
½ c. à c. de piment séché
750 ml de bouillon de poisson
2 c. à s. de persil plat frais, haché
1 citron (140 g) coupé en quartiers

1 Dans une grande casserole, portez le vin à ébullition et faites-y cuire les moules 8 min à couvert. Mettez-les dans une passoire posée au-dessus d'un saladier. Réservez le liquide de cuisson. Couvrez les moules et réservez-les.

2 Faites chauffer l'huile à feu moyen dans la même casserole et faites-y cuire l'oignon, le céleri et les carottes 3 min. Ajoutez le concentré de tomates, le freekeh et le piment séché. Faites revenir 1 min. Ajoutez le bouillon et le liquide de cuisson des moules. Portez à ébullition, baissez le feu et laissez mijoter 1 h, partiellement couvert.

3 Ajoutez les moules et réchauffez-les 2 min, à découvert. Servez-les avec des quartiers de citron et parsemées de persil.

Poisson au curcuma

4 | 30' | 15' | 15'

300 g de tofu ferme, en cubes
250 g de vermicelles de riz secs
3 c. à c. de curcuma moulu
1 c. à c. de poivre blanc moulu
½ c. à c. de fleur de sel
60 ml d'huile végétale
400 g de filets de poisson blanc à chair ferme, en lanières de 2 cm de large
3 échalotes émincées
2 gousses d'ail écrasées
1 long piment rouge frais, émincé
2 c. à s. de sucre roux
250 ml d'eau
60 ml de nuoc-mâm
1 bouquet d'aneth haché
45 g de cacahuètes grillées, hachées
1 citron vert (65 g), en quartiers

1 Laissez le tofu s'égoutter 30 min sur du papier absorbant. Faites tremper les vermicelles 15 min dans de l'eau chaude ; égouttez.

2 Mélangez le curcuma, le poivre blanc, le sel et 1 c. à s. d'huile dans un bol. Ajoutez le tofu et le poisson.

3 Faites chauffer le reste d'huile dans une grande poêle à feu moyen-vif et faites revenir les échalotes, l'ail et le piment. Ajoutez le sucre et faites caraméliser 2 min, en remuant. Ajoutez l'eau et le nuoc-mâm, portez à ébullition. Ajoutez la moitié de l'aneth et la préparation au poisson. Faites cuire, en remuant.

4 Servez avec les vermicelles, parsemez de cacahuètes, d'aneth et de quartiers de citron vert.

Sushis aux céréales & au saumon fumé

4 | 30' | 30' | 20' | 6h

100 g de riz complet
50 g de quinoa trois couleurs
50 g d'orge perlé
500 ml d'eau
60 ml de vinaigre de riz
2 c. à s. de sucre
½ c. à c. de fleur de sel
35 g de graines de tournesol, finement hachées
2 feuilles de nori grillées
200 g de saumon cru pour sashimi (très frais), coupé en fines tranches
½ c. à c. de piment moulu
1 avocat (250 g), en fines tranches
1 c. à c. de jus de citron

Concombres marinés
2 miniconcombres (260 g) pelés et émincés
2 c. à s. de vinaigre de riz
1 c. à s. de sucre
1 gousse d'ail émincée

1 Versez le riz, le quinoa, l'orge perlé et l'eau dans une casserole ; portez à ébullition. Baissez le feu, couvrez et laissez mijoter 30 min jusqu'à absorption. Laissez reposer 10 min hors du feu, à couvert.

2 Mélangez le vinaigre, le sucre et le sel dans un petit bol. Placez le mélange à base de riz et les graines dans un grand saladier en acier inoxydable. Avec une spatule en plastique, tranchez le mélange à plusieurs reprises, à angle droit, tout en l'arrosant de l'assaisonnement au vinaigre afin de séparer les grains. Laissez refroidir 10 min.

3 Graissez un moule à gâteau carré de 19 cm de côté et tapissez-le de film alimentaire. Placez 1 feuille de nori sur le fond du moule, côté brillant vers le bas, en coupant ce qui déborde. Étalez la moitié du mélange à base de riz sur la feuille. Recouvrez de saumon et saupoudrez de piment.

4 Mélangez l'avocat et le jus de citron dans un bol. Étalez-le sur le saumon puis recouvrez avec le reste du mélange à base de riz. Posez dessus la seconde feuille de nori, côté brillant vers le haut, et coupez l'excédent. Couvrez de film alimentaire et posez des poids sur le sushi. Laissez raffermir 6 h au réfrigérateur.

5 Préparez les concombres marinés. Mélangez les ingrédients dans un saladier et laissez reposer 5 min pour que les arômes se libèrent ; égouttez.

6 Retirez le sushi du moule et découpez-le en carrés. Servez avec des concombres marinés, de la sauce soja et du wasabi.

Merlan aux pignons, raisins & chou de Toscane

4 | 15' | 10' | kcal 484

60 ml d'huile d'olive
1 oignon rouge (170 g), coupé en deux puis émincé
170 g de petits grains de raisin rouge
2 c. à s. de raisins de Corinthe
300 g de chou palmier (chou kale noir, ou cavolo nero), haché
60 ml de vinaigre de vin rouge
50 g de pignons de pin grillés
1 ½ c. à s. d'huile d'olive
8 filets de merlan (960 g)

1 Faites chauffer l'huile d'olive dans une grande sauteuse, sur feu moyen-vif. Faites revenir l'oignon 4 min. Ajoutez tous les raisins et poursuivez la cuisson 1 min. Incorporez le chou et le vinaigre. Laissez cuire 1 min, sans cesser de remuer, pour que le chou soit juste flétri. Ajoutez les pignons.

2 Faites chauffer 1 ½ c. à s. d'huile dans une grande poêle sur feu moyen-vif. Faites cuire les filets de merlan 1 min 30 sur chaque face. Procédez en 2 fois. Servez les filets avec le chou sauté.

Petits rougets-barbets au four

4 | 15' | 20' | 220 °C | kcal 788

480 g d'asperges
300 g de haricots verts
4 rougets-barbets de 300 g, nettoyés et vidés
2 citrons coupés en fines rondelles
60 ml d'huile d'olive

Pesto de graines de courge
200 g de graines de courge
4 bouquets de basilic frais
1 gousse d'ail pilée
1 c. à s. de zeste de citron râpé
60 ml de jus de citron
80 ml d'huile d'olive
60 ml d'eau

1 Préchauffez le four à 220 °C. Chemisez 2 grandes plaques de papier sulfurisé. Étalez les asperges et les haricots sur les deux plaques. Déposez les rougets sur les légumes. Répartissez les rondelles de citron sur les poissons et arrosez d'huile d'olive. Assaisonnez. Enfournez 20 min.

2 Préparez le pesto de graines de courge. Mixez ou hachez les graines de courge avec les feuilles de basilic, l'ail, le zeste et le jus de citron. Mélangez l'huile et l'eau, et incorporez-les en fin filet, sans arrêter le robot. Continuez à mixer jusqu'à l'obtention d'une sauce onctueuse.

3 Dressez les poissons et les légumes sur les assiettes. Servez avec le pesto.

Saumon jerk, salade aux haricots noirs

2 | 10' | 15' | kcal 434

1 c. à c. de coriandre moulue
½ c. à c. de thym séché
¼ de c. à c. de cannelle moulue
¼ de c. à c. de piment moulu
¼ de c. à c. de poivre de Jamaïque
1 gousse d'ail pilée
2 filets de saumon de 100 g, désarêtés, sans la peau
1 épi de maïs (250 g) paré
Huile en spray
100 g de haricots noirs en conserve, rincés et égouttés
100 g de tomates cerises coupées en deux
½ petit avocat (100 g) en morceaux
1 ciboule émincée
1 bouquet de coriandre
2 c. à c. d'huile d'olive
2 c. à s. de jus de citron vert

1 Mélangez la coriandre moulue, le thym, la cannelle, le piment, le poivre de Jamaïque et l'ail dans un bol. Enrobez le saumon de cette préparation.

2 Faites cuire l'épi de maïs dans de l'eau bouillante 6 min. Égouttez et laissez refroidir.

3 Huilez une poêle antiadhésive. Faites cuire le saumon 3 min de chaque côté, à feu moyen.

4 Détachez les grains de maïs de l'épi. Mélangez-les avec les haricots noirs, les tomates cerises, l'avocat, la ciboule, la coriandre et l'huile d'olive mélangée avec le jus de citron vert. Servez le saumon avec la salade et des quartiers de citron vert.

Saumon au four, sauce au tahin & taboulé

4 | 30' | 20' | 200 °C | kcal 663

1 filet de saumon de 700 g, avec la peau, désarêté
1 ½ c. à c. de sumac
2 c. à s. d'huile d'olive vierge extra

Taboulé
50 g de petites feuilles de persil plat frais
15 g de petites feuilles de menthe fraîche
2 ciboules émincées
80 g de boulgour
375 ml d'eau
200 g de tomates anciennes, coupées en quartiers
1 c. à s. de jus de citron

Sauce au tahin
140 g de yaourt à la grecque
1 ½ c. à s. de tahin
1 gousse d'ail pilée
2 c. à c. de jus de citron

1 Préparez le taboulé. Mélangez le persil, la menthe et les ciboules dans un saladier. Réservez la moitié de ce mélange pour le saumon. Versez l'eau et le boulgour dans une casserole, et portez à ébullition. Faites cuire 20 min sur feu doux. Égouttez, ajoutez le boulgour dans le saladier avec la moitié des herbes, les tomates et le jus de citron. Remuez et assaisonnez.

2 Fouettez tous les ingrédients de la sauce ; assaisonnez.

3 Préchauffez le four à 200 °C. Saupoudrez 1 c. à c. de sumac sur le saumon, puis arrosez d'huile. Enfournez 20 min.

4 Parsemez le saumon d'herbes réservées et du reste de sumac. Servez avec la sauce au tahin et le taboulé.

Crevettes au tofu & au poivre noir

4 | 30' | 25' | 10'

300 g de tofu ferme, en cubes
2 c. à s. d'huile de coco
12 crevettes royales crues (500 g), décortiquées, queue intacte
175 g de haricots verts, en tronçons de 5 cm
2 c. à s. de haricots noirs fermentés, rincés et hachés
1 ½ c. à c. de grains de poivre noir, broyés au mortier
2 gousses d'ail émincées
20 g de gingembre frais, en fins bâtonnets
2 c. à s. de sauce d'huître
1 c. à c. de sucre
2 c. à s. d'eau
3 ciboules émincées
1 petit piment rouge (serrano), émincé

1 Placez le tofu entre 2 feuilles de papier absorbant et laissez reposer 30 min.

2 Faites chauffer l'huile de coco dans un wok à feu vif et faites sauter les crevettes et les haricots verts 2 min jusqu'à ce que les crevettes soient presque cuites. Ajoutez les haricots noirs fermentés, le poivre, l'ail, le gingembre, la sauce d'huître, le sucre et l'eau. Faites sauter 1 min. Ajoutez le tofu et les ciboules, et faites sauter 1 min pour qu'ils soient chauds.

3 Servez immédiatement, parsemé de piment. Accompagnez de riz thaï nature.

Saumon en papillote & pommes de terre au four

2 | 20' | 40' | 200 °C | kcal 392

300 g de pommes de terre coupées en fines rondelles
1 petit oignon rouge, coupé en quartiers
2 c. à c. d'huile d'olive
½ citron (70 g) coupé en fines rondelles
1 petite tomate (90 g) coupée en fines rondelles
2 filets de saumon de 150 g, désarêtés, sans la peau
2 c. à c. de petites câpres, rincées et égouttées
1 c. à c. de graines de fenouil
100 g de pousses d'épinard
6 brins de persil frais

1 Préchauffez le four à 200 °C. Mélangez les pommes de terre et l'oignon dans un plat à gratin ; arrosez avec la moitié de l'huile. Faites rôtir 30 min.

2 Disposez les rondelles de citron et de tomate sur 2 carrés de papier sulfurisé de 30 cm de côté, ajoutez le saumon, les câpres et le fenouil, et arrosez avec le reste d'huile. Repliez le papier pour former des papillotes et placez-les sur une plaque. Faites cuire 8 min.

3 Mélangez les épinards avec les pommes de terre et l'oignon. Servez le saumon avec les légumes et garnissez de persil.

Brochettes de poisson

4 · 20' · 10'

400 g de filets de poisson blanc à la chair ferme, coupés en cubes
1 c. à s. d'huile à l'ail
½ c. à c. de sumac
280 g de labné
2 c. à s. d'amandes effilées, grillées

Salade de tomates au piment
400 g de petites tomates anciennes, coupées en morceaux
1 c. à s. de zeste de citron confit, émincé
1 long piment rouge, épépiné et émincé
1 bouquet de persil plat
½ bouquet de menthe
2 c. à s. de vinaigre de vin rouge
1 c. à s. d'huile à l'ail

1 Placez les cubes de poisson avec l'huile dans un saladier. Remuez pour les enduire d'huile puis enfilez-les sur 4 brochettes. Assaisonnez.

2 Faites chauffer une grande poêle antiadhésive sur feu vif et faites cuire les brochettes 3 min sur chaque côté. Saupoudrez de sumac.

3 Mélangez tous les ingrédients de la salade dans un saladier. Assaisonnez.

4 Servez le poisson sur la salade avec le labné et parsemez d'amandes.

Sandwich au poisson & aux légumes marinés

4 · 25' · 1h · 10'

2 c. à c. d'huile d'arachide
2 c. à c. d'huile de sésame
8 petits filets de silure (880 g)
2 demi-baguettes (300 g) coupées aux extrémités en biais
1 miniconcombre (130 g) coupé en deux dans la longueur, puis émincé
1 ciboule émincée en biais
1 long piment rouge frais, émincé
8 grands brins de coriandre fraîche

Légumes marinés
110 g de sucre
125 ml de vinaigre de riz
½ c. à c. de gros sel
1 carotte (120 g), en fins bâtonnets
¼ de daïkon (radis blanc japonais), en fins bâtonnets

Mayonnaise pimentée
75 g de mayonnaise aux œufs entiers
3 c. à c. de sriracha ou autre sauce piquante au piment

1 Préparez les légumes marinés. Faites chauffer le sucre, le vinaigre et le sel dans une petite casserole 2 min, à feu doux, en remuant, jusqu'à ce que le sucre soit dissous ; portez à ébullition. Transvasez la préparation dans un saladier. Ajoutez la carotte et le daïkon. Mettez 1 h au réfrigérateur puis égouttez.

2 Mélangez la mayonnaise et la sauce piquante dans un bol. Laissez au réfrigérateur jusqu'à l'emploi.

3 Faites chauffer les huiles à feu vif dans une grande poêle et faites-y cuire le poisson 2 min 30 sur chaque face.

4 Fendez les baguettes en deux horizontalement. Étalez de la mayonnaise sur les bases, puis recouvrez de poisson, de concombre, de ciboule, de légumes marinés, de piment et de coriandre.

Calamars au citron & herbes fraîches

4 | 20' | 10' | kcal 253

600 g de blancs de calamar nettoyés
2 gousses d'ail écrasées
1 c. à s. de mélange d'épices chermoula
1 c. à c. de zeste de citron râpé
2 c. à s. d'huile d'olive
100 g de minilégumes à feuilles asiatiques ou de jeunes pousses d'épinard
8 c. à s. de feuilles de menthe (10 g)
8 c. à s. de feuilles de coriandre (10 g)

Vinaigrette au citron
60 ml de jus de citron
1 c. à s. d'huile d'olive
½ c. à c. de sucre

1 Préparez la vinaigrette en mélangeant les ingrédients dans un bol. Assaisonnez.

2 Ouvrez les blancs de calamar en les incisant sur l'un des côtés. Quadrillez l'intérieur avec la pointe d'un couteau puis découpez-les en lanières de 3 cm. Mélangez les calamars, l'ail, la chermoula, le zeste de citron et la moitié de l'huile dans un saladier.

3 Faites chauffer le reste d'huile dans un wok. Faites sauter les calamars, en plusieurs fois, jusqu'à ce qu'ils soient tendres.

4 Répartissez les légumes, les herbes et les calamars sur 4 assiettes. Ajoutez la vinaigrette.

Poisson grillé & fenouil braisé

4 | 20' | 15' | 200 °C | kcal 387

2 petits bulbes de fenouil (260 g) avec leur plumet
2 c. à s. d'huile d'olive
1 oignon rouge (170 g), en fins quartiers
100 g de grosses olives vertes, dénoyautées
1 citron (140 g)
250 ml de vin blanc sec
125 ml de bouillon de poisson
4 filets de poisson blanc sans la peau (800 g)

1 Préchauffez le four à 180 °C.

2 Coupez les plumets des fenouils et hachez-les. Coupez les bulbes de fenouil en gros morceaux, dans la longueur.

3 Faites chauffer la moitié de l'huile d'olive dans un plat à gratin résistant aux flammes, à feu moyen. Faites-y cuire le fenouil avec l'oignon et les olives, en remuant. Avec un zesteur, retirez le zeste du citron et ajoutez-le dans le plat avec le vin et le bouillon. Enfournez 10 min. Assaisonnez.

4 Faites chauffer le reste d'huile dans une poêle. Séchez les filets de poisson avec du papier absorbant, assaisonnez-les. Faites-les dorer légèrement des 2 côtés, sans les cuire entièrement.

5 Augmentez la température du four à 200 °C, posez les filets de poisson sur le fenouil et poursuivez la cuisson 5 min. Garnissez avec les plumets de fenouil avant de servir.

Poisson sauté aux pois gourmands

4 | 15' | 15' | kcal 277

2 c. à s. d'huile d'arachide
500 g de filets de poisson blanc à chair ferme, coupés en morceaux de 3 cm
1 oignon (150 g) émincé
1 gousse d'ail écrasée
10 cm de citronnelle fraîche (20 g), finement hachée
1 ½ c. à s. de sucre roux
125 ml d'eau
300 g de pois gourmands équeutés
170 g d'asperges vertes, pelées et coupées en tronçons de 3 cm
2 feuilles de citron kaffir, en fines lanières
2 c. à s. de jus de citron

1 Faites chauffer la moitié de l'huile dans un wok et faites dorer le poisson en plusieurs fois, en le retirant du wok au fur et à mesure.

2 Faites chauffer le reste d'huile dans le wok puis faites sauter l'oignon, l'ail et la citronnelle jusqu'à ce que l'oignon soit tendre. Ajoutez le sucre et la moitié de l'eau. Portez à ébullition et faites mijoter, à découvert, jusqu'à épaississement de la sauce.

3 Ajoutez les pois gourmands, les asperges et le reste d'eau. Faites sauter les légumes jusqu'à ce qu'ils soient tendres. Remettez le poisson dans le wok et faites sauter pour réchauffer. Assaisonnez.

4 Au moment de servir, parsemez de feuilles de kaffir et arrosez de jus de citron. Servez avec du riz thaï nature.

Calamars au piment & au basilic

4 | 15' | 15' | kcal 352

600 g de blancs de calamar coupés en anneaux de 1 cm
1 long piment rouge frais, finement haché
2 gousses d'ail écrasées
5 c. à s. de feuilles de basilic hachées
1 c. à s. d'huile d'olive
1 oignon rouge (170 g), émincé
1 chorizo (170 g), en fines tranches
250 g de tomates cerises coupées en deux
85 g de coulis de tomates
5 c. à s. de petites feuilles de basilic
1 citron (140 g) coupé en quartiers

1 Mettez les calamars, le piment, l'ail, le basilic haché et l'huile dans un saladier.

2 Faites chauffer un wok et faites sauter les calamars, en les retirant du wok au fur et à mesure. Faites sauter l'oignon et le chorizo dans le wok jusqu'à ce que l'oignon soit tendre et le chorizo doré. Remettez les calamars dans le wok avec les tomates, le coulis de tomates et la moitié des feuilles de basilic. Faites sauter pour réchauffer.

3 Au moment de servir, ajoutez le reste des feuilles de basilic sur le sauté et accompagnez le plat de quartiers de citron. Servez avec de la salade verte.

Pak choi farcis au saumon

6 | 15' | 15' | kcal 178

2 c. à c. d'huile d'arachide
20 g de citronnelle fraîche, finement hachée
1 feuille de citron kaffir, finement hachée
1 petit piment rouge thaï, finement haché
1 gousse d'ail écrasée
10 g de gingembre frais, râpé
600 g de filets de saumon sans la peau, en morceaux de 1 cm de côté
6 petits pak choi (900 g)
2 c. à s. de kecap manis

1 Faites chauffer l'huile dans une petite poêle. Faites revenir la citronnelle, la feuille de kaffir, le piment, l'ail et le gingembre. Remuez 2 min jusqu'à ce que les arômes se libèrent. Laissez refroidir.

2 Enrobez le saumon de cette préparation dans un saladier.

3 Mettez du saumon au centre de chaque pak choi. Enveloppez le poisson dans les feuilles et maintenez-le en place à l'aide d'une ficelle de cuisine.

4 Mettez les pak choi dans un grand panier vapeur en bambou posé sur une casserole d'eau bouillante. Faites cuire 10 min à couvert, en fonction du degré de cuisson souhaité pour le saumon.

5 Coupez les pak choi en deux et arrosez-les de kecap manis. Servez aussitôt.

Crevettes au basilic thaï croustillant

4 – 20' – 15' – kcal 236

1 kg de crevettes crues
Huile de friture
1 c. à s. de feuilles de basilic thaï
250 g de tomates cerises, coupées en deux
1 long piment rouge frais, finement haché
60 ml de sauce pimentée douce
2 c. à s. d'eau
1 c. à s. de sucre roux
350 g de brocolinis, en morceaux de 3 cm (ou de brocoli en fleurettes)
1 oignon rouge (170 g), émincé

1 Retirez la carapace et le filament noir des crevettes, en conservant la queue.

2 Faites chauffer l'huile de friture dans un wok. Faites frire les feuilles de basilic thaï en plusieurs fois pour qu'elles soient croustillantes. Égouttez-les sur du papier absorbant. Retirez l'huile du wok (faites-la refroidir et gardez-la pour un autre usage).

3 Faites chauffer le wok et ajoutez les tomates cerises, le piment, la sauce pimentée douce, l'eau et le sucre. Faites cuire 8 min pour faire épaissir la sauce légèrement. Ajoutez les crevettes, les brocolinis et l'oignon. Faites sauter jusqu'à ce que les crevettes deviennent roses. Assaisonnez. Au moment de servir, parsemez de feuilles de basilic thaï croustillantes. Servez avec du riz thaï nature.

Curry de poisson aux œufs & patate douce

6 | 20' | 20'

800 g de filets de poisson blanc à la chair ferme (saint-pierre, bar, lotte, vivaneau), coupés en morceaux de 5 cm
1 ½ c. à s. de curcuma moulu
1 patate douce (400 g), coupée en deux dans la longueur puis en tranches épaisses
2 c. à s. d'huile de son de riz
2 oignons (300 g), en tranches épaisses
15 g de gingembre frais, détaillé en allumettes
4 c. à s. de feuilles de curry fraîches
2 longs piments rouges frais, émincés
2 x 400 ml de lait de coco en boîte
250 ml d'eau
1 c. à s. de purée de tamarin
1 c. à s. de nuoc-mâm
2 c. à c. de jus de citron vert
500 g de riz complet cuit
2 œufs durs, coupés en deux
2 c. à s. de coriandre fraîche
1 citron vert (65 g), en quartiers

1 Mélangez le poisson et la moitié du curcuma dans un saladier. Gardez au réfrigérateur jusqu'à l'emploi.

2 Faites cuire la patate douce à l'eau ou à la vapeur ; égouttez.

3 Faites chauffer l'huile à feu doux dans une grande casserole et faites revenir les oignons 5 min, à couvert, en remuant, sans les laisser brunir. Ajoutez le gingembre, 2 c. à s. de feuilles de curry, la moitié des piments et le reste de curcuma. Faites cuire, en remuant, jusqu'à ce que le mélange embaume.

4 Ajoutez le lait de coco, l'eau, la purée de tamarin, le nuoc-mâm et le jus de citron vert puis portez à ébullition. Ajoutez le poisson et la patate douce, ramenez à ébullition. Réduisez le feu et laissez mijoter 3 min, à découvert.

5 Réchauffez le riz. Garnissez avec les œufs durs, la coriandre et le reste de piment et de feuilles de curry. Servez avec des quartiers de citron vert.

Poisson à l'espagnole & aubergines fumées

4 | 20' | 35' | 200 °C

4 petites aubergines
1 poivron rouge (200 g)
1 c. à c. de paprika
2 c. à s. d'huile d'olive
8 filets de merlan (960 g)
400 g de haricots cannellini en boîte
150 g de mayonnaise aux œufs entiers
1 gousse d'ail écrasée
1 c. à s. de jus de citron
1 citron (140 g) coupé en quartiers
2 c. à s. de persil plat frais, haché

1 Préchauffez le four à 200 °C et chemisez de papier sulfurisé une plaque de four.

2 Coupez les aubergines en deux dans la longueur et entaillez leur chair. Coupez le poivron en quatre, retirez les pépins et les membranes. Placez le poivron et les aubergines sur la plaque, peau vers le haut. Faites rôtir 30 min. Transvasez dans un saladier, couvrez de film alimentaire et laissez reposer 5 min avant de peler le poivron. Coupez les aubergines en lanières épaisses et hachez le poivron. Assaisonnez.

3 Mélangez le paprika, la moitié de l'huile et le poisson dans un saladier. Faites cuire le poisson dans une poêle antiadhésive chaude en 2 fois, 1 min 30 sur chaque face, en commençant côté peau. Transvasez-le sur un plat et couvrez-le pour le garder au chaud.

4 Faites chauffer le reste d'huile dans la même poêle à feu moyen et faites chauffer les haricots.

5 Mélangez la mayonnaise avec l'ail et le jus de citron.

6 Servez le poisson avec les aubergines, le poivron, les haricots, l'aïoli et les quartiers de citron. Garnissez de persil.

Petit piment rouge thaï frais et piments vert et rouge longs frais

Le piquant des piments vient de la capsaïcine. En quantité suffisante, ce composant pourrait stimuler le métabolisme (mais il faudrait en consommer beaucoup !). La capsaïcine serait toutefois un anti-inflammatoire efficace et permettrait de déboucher les sinus.

La racine de gingembre a de nombreux effets bénéfiques : elle participe à la baisse du mauvais cholestérol, renforce le système immunitaire et soulage les indigestions et les nausées.

L'anis étoilé ou badiane est le fruit en forme d'étoile du badianier. Il parfume délicieusement de nombreux plats asiatiques.

Les effets bénéfiques potentiels du safran pour soulager le syndrome prémenstruel et les troubles menstruels ont fait l'objet d'études.

La noix de muscade perd rapidement sa saveur. Il est préférable de la râper finement au fur et à mesure des besoins.

ÉPICES

Traditionnellement, les épices étaient utilisées pour soigner les troubles digestifs. Certaines sont toujours appréciées pour leurs fonctions curatives : le gingembre, par exemple, reste un traitement populaire contre les nausées et les vomissements. Les épices sont également une excellente source d'antioxydants.

Le curcuma est vendu sous forme de racine (ci-contre) ou de poudre de couleur orange vif. Il est traditionnellement utilisé dans les currys. Riche en curcumine, aux propriétés anti-inflammatoires, il permettrait de prévenir certains cancers, en particulier lorsqu'il est associé à du poivre.

Le curcuma frais aurait des propriétés anti-inflammatoires.

Il est préférable de moudre les graines de fenouil juste avant utilisation pour bénéficier de leurs bienfaits. Le fenouil vendu en poudre perd rapidement de sa saveur.

Les graines de fenouil permettraient de soulager les indigestions et les ballonnements.

La cannelle, prélevée sur la partie interne de l'écorce d'un arbre, est utilisée depuis de nombreuses années pour son parfum et ses vertus médicinales. Bonne source d'antioxydants, elle a en outre des effets antibactériens et antiviraux.

Légumes

Raïta au concombre

Couverts : 6 | Préparation : 10' | kcal : 75

2 c. à c. d'huile végétale
¼ de c. à c. de graines de moutarde noire
¼ de c. à c. de graines de cumin
2 petits concombres (260 g) épépinés et finement hachés
500 g de yaourt

1 Faites chauffer l'huile dans une petite poêle, puis faites-y revenir les graines de moutarde et de cumin 2 min à feu doux, en remuant, jusqu'à ce qu'elles sautent.

2 Mélangez les graines et le reste des ingrédients dans un bol.

Yaourt glacé au concombre & à la menthe

Couverts : 4 | Préparation : 10' | Réfrigération : 3h | kcal : 171

3 concombres moyens (500 g), pelés et grossièrement râpés
1 gousse d'ail coupée en quatre
1 c. à s. de jus de citron
1 c. à s. de menthe fraîche grossièrement hachée
500 g de yaourt à la grecque

1 Placez les concombres dans une passoire posée sur un saladier, couvrez et mettez le tout au réfrigérateur 3 h ou toute une nuit. Pressez les morceaux de concombre pour en extraire le maximum de jus et réservez celui qui se trouve dans le saladier.

2 Mixez les concombres, l'ail, le jus de citron et la menthe, puis versez la préparation dans un saladier. Ajoutez le yaourt puis versez progressivement le jus de concombre, en remuant, jusqu'à l'obtention de la consistance voulue.

3 Versez dans des bols ou des verres, agrémentez d'une feuille de menthe et servez avec du pain turc grillé.

Dip de fenouil grillé

1 ½ · 15' · 30' · 200°C · kcal 64

4 petits bulbes de fenouil avec leur plumet (520 g)
2 gousses d'ail entières, non pelées
1 c. à s. d'huile d'olive
240 ml de crème fraîche

1 Préchauffez le four à 200 °C.

2 Coupez les bulbes de fenouil en deux dans la longueur, retirez et jetez les cœurs. Conservez 2 cuillerées à café de plumet ciselé.

3 Mettez le fenouil avec l'ail et l'huile d'olive dans un petit plat à gratin, puis faites cuire 30 min environ jusqu'à ce que le fenouil soit tendre. Laissez refroidir.

4 Épluchez les gousses d'ail. Mixez au robot le fenouil avec l'ail et la crème fraîche pour obtenir une préparation onctueuse. Servez ce dip parsemé de plumet de fenouil ciselé.

Chips de légumes

2 · 15' · 1h15 · 150°C

Huile en spray
Sel
1 grosse carotte (180 g)
1 grosse carotte violette (180 g)
1 panais moyen (250 g)

1 Préchauffez le four à 150 °C et recouvrez 3 plaques de four de papier sulfurisé. Vaporisez de l'huile sur le papier et éparpillez du sel dessus.

2 Avec une mandoline ou un coupe-légumes en V, tranchez finement dans la longueur la carotte, la carotte violette et le panais. Placez les tranches de légume en une seule couche sur les plaques. Vaporisez de l'huile dessus et éparpillez du sel.

3 Enfournez 1 h 15. Laissez refroidir.

Astuce
Assaisonnez les légumes de paprika à la place du sel avant de les mettre au four. Essayez les chips avec d'autres légumes : des topinambours ou de la patate douce orange, blanche ou violette.

Chips thym & sumac

2 | 15' | 1h15 | 150°C

Huile en spray
Sel
1 grosse carotte (180 g)
1 grosse carotte violette (180 g)
1 panais (250 g)
1 c. à c. de thym frais, haché
1 c. à c. de sumac

1 Préchauffez le four à 150 °C et recouvrez 3 plaques de four de papier sulfurisé. Vaporisez de l'huile sur le papier et éparpillez du sel dessus.

2 Avec une mandoline ou un coupe-légumes en V, tranchez finement dans la longueur la carotte, la carotte violette et le panais. Placez les tranches de légume en une seule couche sur les plaques. Vaporisez de l'huile dessus et éparpillez le thym et le sumac.

3 Enfournez 1 h 15. Laissez refroidir.

Chips fenouil & piment

2 | 15' | 1h15 | 150°C

Huile en spray
Sel
1 grosse carotte (180 g)
1 grosse carotte violette (180 g)
1 panais (250 g)
2 c. à c. de graines de fenouil
1 c. à c. de piment séché

1 Préchauffez le four à 150 °C et recouvrez 3 plaques de four de papier sulfurisé. Vaporisez de l'huile sur le papier et éparpillez du sel dessus.

2 Avec une mandoline ou un coupe-légumes en V, tranchez finement dans la longueur la carotte, la carotte violette et le panais. Placez les tranches de légume en une seule couche sur les plaques. Vaporisez de l'huile dessus.

3 Broyez grossièrement les graines de fenouil dans un mortier à l'aide d'un pilon et ajoutez le piment séché. Éparpillez sur les légumes.

4 Enfournez 1 h 15. Laissez refroidir.

Guacamole

2 | 10'

2 avocats
½ petit oignon rouge (50 g) finement haché
1 tomate olivette (75 g) épépinée et coupée en petits dés
1 c. à s. de jus de citron vert
Quelques branches de coriandre fraîche grossièrement hachées

1 Écrasez les avocats dans un grand bol. Ajoutez les autres ingrédients et mélangez.

2 Servez le guacamole comme un dip, accompagné de chips de maïs ou de morceaux de tortilla de maïs, ou comme garniture de nachos, burritos ou fajitas.

Avocats farcis à la tomate

4 | 20' | kcal 345

2 gros avocats (640 g)
2 grosses tomates (440 g) épépinées et finement hachées
1 petit oignon rouge (100 g) finement haché
2 c. à s. d'huile d'olive
2 c. à s. de jus de citron vert
2 c. à s. de coriandre fraîche finement hachée
¼ de c. à c. de Tabasco®

1 Coupez les avocats en deux. Retirez les noyaux. À l'aide d'une cuillère à soupe, sortez les moitiés d'avocat en les conservant intactes.

2 Mélangez le reste des ingrédients dans un saladier.

3 Remplissez les avocats avec le mélange à la tomate puis servez.

Carottes au chèvre & à la menthe

6 | 20' | 5' | kcal 184

3 bottes de petites carottes (1,2 kg) parées
2 c. à s. d'huile d'olive
2 c. à s. de graines de cumin
2 bouquets de menthe effeuillée
220 g de fromage de chèvre frais, émietté

1 Mélangez les carottes et l'huile d'olive dans un grand saladier. Assaisonnez.

2 Faites griller les carottes sur un gril chaud huilé (ou sous le gril du four, ou au barbecue) pendant 5 min environ jusqu'à ce qu'elles soient tendres.

3 Dans une petite poêle, faites revenir le cumin à sec jusqu'à ce qu'il embaume.

4 Mélangez les carottes, le cumin, la menthe et la moitié du fromage de chèvre dans un grand saladier. Parsemez le reste de fromage sur le tout.

Note
Nous avons utilisé du fromage de chèvre cendré.

Carottes aromatiques

6 | 15' | 15' | 20' | 200°C | kcal 167

1,2 kg de petites carottes nouvelles parées
60 ml d'huile d'olive
1 c. à c. de cumin moulu
1 c. à c. de paprika doux
½ c. à c. de cannelle moulue
60 ml de jus d'orange
2 c. à s. de jus de citron
50 g de raisins secs
1 grosse botte de persil plat grossièrement haché
½ botte de menthe effeuillée

1 Préchauffez le four à 200 °C. Mélangez les carottes, la moitié de l'huile d'olive et les épices dans un grand plat à rôtir peu profond. Faites rôtir 15 min environ jusqu'à ce que les carottes soient tendres, puis laissez refroidir 20 min.

2 Pendant ce temps, préparez la sauce en mélangeant le jus d'orange, le jus de citron, les raisins secs, le reste d'huile d'olive et la moitié du persil dans un shaker pour sauce à salade. Assaisonnez à votre goût.

3 Arrosez les carottes de sauce. Parsemez-les de menthe et du reste de persil. Servez.

Gai lan à la sauce d'huître

6 | 5' | 5' | kcal 105

125 ml d'huile d'arachide
8 gousses d'ail émincées
1 kg de gai lan, paré et coupé en deux
60 ml de sauce d'huître
2 c. à s. de sauce soja claire
1 long piment rouge frais, émincé

1 Faites chauffer l'huile et l'ail dans un wok, sur feu moyen. Quand l'huile commence à grésiller, remuez pendant 2 min. Sortez l'ail doré avec une écumoire et égouttez-le sur du papier absorbant. Retirez le wok du feu. Réservez 1 ½ c. à s. d'huile et jetez le reste.

2 Faites cuire les tiges de gai lan dans une grande quantité d'eau bouillante pendant 1 min. Ajoutez les feuilles de gai lan et poursuivez la cuisson 30 s jusqu'à ce que tiges et feuilles soient presque fondantes. Égouttez soigneusement.

3 Faites chauffer l'huile réservée dans le wok, sur feu vif, puis ajoutez le gai lan, la sauce d'huître et la sauce soja. Réchauffez pendant 2 min.

4 Parsemez d'ail frit et de piment, puis servez.

Astuce
L'huile dans laquelle l'ail a frit peut être conservée et utilisée pour d'autres plats sautés ou pour faire cuire des légumes.

Chou-fleur & choux de Bruxelles rôtis

4 | 25' | 20' | 200°C

80 ml d'huile d'olive
1 ½ c. à c. de cumin moulu
1 c. à c. de graines de nigelle
2 c. à c. de graines de sésame
2 c. à s. de miel
1 petit chou-fleur (1 kg) en bouquets
500 g de choux de Bruxelles
40 g de pignons de pin
2 c. à s. de coriandre fraîche
2 c. à s. de menthe fraîche

Sauce au tahini
90 g de tahini
80 ml de jus de citron
1 gousse d'ail écrasée
60 ml d'eau froide
2 c. à s. de coriandre fraîche, ciselée
2 c. à s. de menthe fraîche, ciselée

1 Préchauffez le four à 200 °C et recouvrez une plaque de four de papier sulfurisé.

2 Mélangez l'huile, le cumin, les graines et le miel dans un grand saladier ; assaisonnez. Ajoutez le chou-fleur et les choux de Bruxelles. Mélangez puis versez le tout sur la plaque.

3 Enfournez 15 min. Placez ensuite les pignons sur la plaque et faites rôtir 5 min de plus.

4 Mélangez dans un bol tous les ingrédients de la sauce au tahini ; assaisonnez.

5 Servez les légumes parsemés d'herbes et nappés de sauce.

Brocolinis & asperges au yaourt vegan

2 | 10' | 15' | 180°C

80 g d'amandes entières, mondées
1 c. à c. d'huile d'olive
1 c. à c. de paprika doux
200 g de brocolinis parés
340 g d'asperges parées
40 g de feuilles de petites betteraves
½ bouquet de menthe
110 g de yaourt vegan

Huile au piment et à l'ail
60 ml d'huile d'olive
1 long piment rouge, épépiné et émincé
2 gousses d'ail émincées
1 c. à c. de gingembre frais, finement haché
1 c. à c. de graines de coriandre écrasées
2 c. à s. de vinaigre de vin rouge

1 Préchauffez le four à 180 °C et chemisez une plaque de four de papier sulfurisé.

2 Étalez les amandes sur la plaque. Arrosez-les d'huile et saupoudrez-les de paprika. Remuez-les pour les enduire du mélange et assaisonnez. Enfournez 8 min. Laissez-les refroidir puis hachez-les.

3 Préparez l'huile au piment et à l'ail. Faites chauffer l'huile à feu doux dans une petite poêle et faites revenir le piment, l'ail, le gingembre et les graines de coriandre 1 min, en remuant. Hors du feu, ajoutez le vinaigre.

4 Faites cuire les brocolinis et les asperges à l'eau, à la vapeur et au micro-ondes. Égouttez-les, rincez-les à l'eau froide puis égouttez-les de nouveau.

5 Servez les brocolinis et les asperges avec les feuilles de betterave, la menthe et les amandes hachées. Arrosez d'huile au piment et à l'ail, et garnissez d'une bonne cuillerée de yaourt.

Pois chiches aux blettes

6 | 20' | kcal 211

8 oignons de printemps (200 g)
600 g de pois chiches en conserve, rincés et égouttés
250 g de feuilles de blettes parées, coupées en fines lanières
1 gros poivron rouge (350 g), coupé en fines lanières

Sauce au paprika
80 ml d'huile de graine de moutarde
2 c. à c. de paprika doux
1 c. à s. de jus de citron
1 c. à s. de sucre roux

1 Préparez la sauce au paprika en mélangeant tous les ingrédients dans un shaker pour sauce à salade.

2 Retirez le vert des oignons de printemps. Coupez les bulbes en quartiers et émincez le vert de 3 oignons.

3 Dans un grand saladier, mélangez les oignons, les autres ingrédients et les ¾ de la sauce au paprika. Assaisonnez à votre goût.

4 Arrosez la salade du reste de sauce puis servez.

Concombre à l'orange

4 | 20' | kcal 201

2 grosses oranges (600 g)
1 concombre (400 g)
2 petites bottes de menthe effeuillée

Sauce miel-citron
60 ml d'huile d'avocat
1 c. à s. de zeste de citron finement râpé
1 c. à s. de jus de citron
2 c. à c. de miel

1 Préparez la sauce miel-citron en mélangeant tous les ingrédients dans un shaker pour sauce à salade.

2 Coupez les oranges en fins quartiers au-dessus d'un bol. Réservez le jus.

3 À l'aide d'un couteau économe, taillez le concombre en rubans. Dans un saladier, mélangez les rubans de concombre, la menthe, les quartiers d'orange, le jus d'orange réservé et la sauce miel-citron. Assaisonnez à votre goût.

Brocolinis, riz brun & noix de macadamia

4 | 10' | 15' | kcal 322

130 g de riz brun à long grain
350 g de brocolinis parés
3 gousses d'ail écrasées
6 ciboules émincées
2 longs piments rouges, émincés
1 poivron rouge (200 g) coupé en fines lanières
2 c. à c. d'huile de sésame
2 c. à s. de sauce soja claire
2 c. à s. d'eau
70 g de noix de macadamia grossièrement concassées

1 Faites cuire le riz puis égouttez-le et laissez-le refroidir.

2 Coupez les tiges de brocolini en deux dans le sens de la longueur, puis chaque morceau en 2 tronçons.

3 Faites sauter l'ail, les ciboules, les piments et le poivron dans un wok chaud huilé pendant 1 min. Ajoutez l'huile de sésame, les brocolinis et le riz, et poursuivez la cuisson 1 min. Incorporez la sauce soja et l'eau. Prolongez la cuisson de 2 min environ jusqu'à ce que les brocolinis soient tendres. Assaisonnez à votre goût. Servez ce riz sauté, parsemé de noix de macadamia.

Brocolinis aux tomates cerises rôties & graines de courge

1 | 10' | 30' | 200°C | kcal 330

1 c. à c. d'huile d'olive
1 petit oignon rouge, coupé en rondelles
2 gousses d'ail écrasées
125 g de tomates cerises, coupées en deux
1 c. à s. de vinaigre de cidre
250 g de brocolinis
2 c. à s. de graines de courge grillées

1 Préchauffez le four à 200 °C. Mélangez l'huile d'olive et l'oignon dans un petit plat et faites rôtir 10 min au four. Ajoutez l'ail, les tomates et le vinaigre. Poursuivez la cuisson 10 min jusqu'à ce que les tomates soient tendres.

2 Faites cuire les brocolonis à l'eau, à la vapeur ou au micro-ondes. Égouttez-les.

3 Servez les brocolinis, les tomates et l'oignon parsemés de graines de courge.

Salade de courgettes marinées

4 | 10' | 5' | kcal 67

4 courgettes (480 g)
½ botte d'aneth frais
1 c. à s. de zeste de citron râpé

Marinade
60 ml de vinaigre blanc
2 c. à c. de sucre en poudre
1 c. à c. de sel
1 c. à s. d'huile d'olive

1 Avec un couteau économe, coupez les courgettes en longs rubans. Mélangez-les avec l'aneth et le zeste de citron dans un saladier résistant à la chaleur.

2 Mélangez le vinaigre, le sucre et le sel dans une petite casserole, faites chauffer à feu moyen jusqu'à ce que le sucre soit dissous puis portez à ébullition. Coupez le feu et incorporez l'huile d'olive. Assaisonnez.

3 Versez la marinade chaude sur les courgettes. Laissez refroidir.

Pâtissons & pois gourmands au sésame

8 | 5' | 10' | kcal 51

16 pâtissons jaunes (480 g)
300 g de pois gourmands parés
2 c. à c. d'huile de sésame
1 c. à s. de sauce soja
1 c. à s. de graines de sésame grillées

1 Faites cuire les pâtissons et les pois gourmands, séparément, à l'eau, à la vapeur ou au micro-ondes, puis égouttez-les.

2 Mettez les légumes dans un plat avec le reste des ingrédients, et mélangez délicatement.

Riz à la courgette & aux asperges

4 | 10' | 15' | kcal 201

180 ml de bouillon de poulet ou de légumes
1 grosse courgette (150 g) coupée en morceaux
200 g d'asperges parées et coupées en petits morceaux
500 g de riz brun à grain moyen précuit
2 c. à s. de persil plat frais ciselé
80 g de parmesan finement râpé

1 Mélangez le bouillon, la courgette et les asperges dans une sauteuse, portez à ébullition, puis laissez mijoter à découvert jusqu'à ce que le liquide ait réduit de moitié.

2 Incorporez le riz et le persil puis, en remuant, laissez cuire les ingrédients jusqu'à ce qu'ils soient bien chauds. Incorporez le parmesan. Assaisonnez selon votre goût. Servez le riz garni de parmesan, si vous le souhaitez.

Suggestion
Vous pouvez parfumer le riz en y ajoutant un peu de citron confit et d'estragon frais.

Le chou kale, riche en lutéine et en zéaxanthine (des caroténoïdes qui réduiraient les risques de cataracte et de dégénérescence maculaire liée à l'âge), constitue une bonne source de vitamines A, C, K et de calcium.

Les pois gourmands ressemblent à des petits pois, mais sont plus petits et plus tendres. Leur cosse est comestible et renferme des petits pois sucrés et juteux (les cosses jeunes).

Le chou palmier (chou kale noir, ou cavolo nero) se distingue par une bonne teneur en vitamines A, C et K, en acide folique et en fibres. Il ne réduit pas à la cuisson, comme les bettes et les épinards, mais doit cuire plus longtemps.

Le chou chinois (bok choy), mature ou jeune, appartient au genre *Brassica*, dont la consommation contribue à réduire le risque de cancers de l'estomac, du côlon et du poumon. Il est riche en vitamines A, C et B, et possède une bonne teneur en fer et en calcium.

Le brocolini est un croisement du brocoli et du brocoli chinois (kai-lan). Toutes ses parties peuvent être consommées. Comme le brocoli, il est riche en antioxydants et aide donc à lutter contre certaines maladies et contre le vieillissement.

Les haricots verts sont une bonne source de vitamines et de minéraux. Les légumes verts fermes contiennent davantage de fibres que les légumes à feuilles.

LÉGUMES-FEUILLES

« Mange tes légumes ! » Ces mots pleins de sagesse que nous répétaient nos parents au moment du repas ou encore la menace d'être privé de dessert ne suffisaient pas toujours à nous faire terminer nos assiettes… Aujourd'hui, nous sommes plus sages ! Nous savons que les légumes sont excellents pour la santé et nous protègent de certaines maladies et du vieillissement.

Les choux de Bruxelles appartiennent à la même famille que le brocoli. Leurs bienfaits sont similaires, en particulier la réduction du risque de cancer de l'intestin.

Les petits pois figurent parmi les légumes les plus riches en fibres. Ils contiennent également une bonne quantité de protéines, fer, zinc, acide folique et vitamine C. Ils sont riches en fer, mais la quantité diminue rapidement après cueillette.

Épinards aux amandes grillées

4 | 10' | 5'

2 c. à c. d'huile d'arachide
2 c. à s. de vinaigre de riz
2 c. à s. de sauce soja
2 c. à s. de miel
1 gousse d'ail écrasée
1 c. à c. de gingembre frais, râpé
1 kg d'épinards parés
4 ciboules coupées en tranches épaisses
40 g d'amandes effilées, grillées

1 Faites chauffer l'huile dans un wok ou une grande poêle, ajoutez le vinaigre, la sauce soja, le miel, l'ail et le gingembre. Portez à ébullition.

2 Ajoutez les épinards et les ciboules, et faites sauter jusqu'à ce que les épinards soient juste tendres. Servez, garni d'amandes.

Choy sum sauté

4 | 5' | 10' | kcal 304

1 c. à s. d'huile d'arachide
1 long piment rouge finement haché
2 gousses d'ail écrasées
2 cm de gingembre frais (10 g), râpé
1 kg de choy sum lavé et coupé en morceaux de 5 cm
2 c. à s. de nuoc-mâm
2 c. à s. de jus de citron vert
150 g de noix de cajou grillées, non salées

1 Faites chauffer l'huile dans un wok et faites revenir le piment, l'ail et le gingembre 1 min.

2 Ajoutez le choy sum et faites-le revenir jusqu'à ce qu'il soit tendre. Ajoutez le nuoc-mâm et le jus de citron vert. Faites revenir jusqu'à ce que le tout soit bien chaud.

3 Parsemez de noix de cajou puis servez.

Haricots ficelle au citron vert & à la noix de coco

4 | 10' | 10' | kcal 143

350 g de haricots ficelle coupés en tronçons
50 g de noix de coco fraîche, râpée
30 g de feuilles de coriandre fraîche

Sauce au citron vert & à la noix de coco
60 ml de crème de coco
1 c. à s. de jus de citron vert
2 c. à c. de nuoc-mâm
1 long piment vert finement haché

1 Faites cuire les haricots dans de l'eau bouillante, puis égouttez-les.

2 Préparez la sauce au citron vert en mélangeant tous les ingrédients dans un shaker pour sauce à salade.

3 Dans un saladier, mélangez les haricots avec la sauce et les ingrédients restants.

Astuce
Pour ouvrir la noix de coco, percez un des « yeux » puis faites-la rôtir dans un four très chaud jusqu'à ce que des fissures apparaissent dans la coque. Laissez refroidir, puis cassez-la et râpez sa pulpe.

Haricots noirs à la mangue

6 | 12h | 10' | 1h30 | kcal 189

200 g de haricots noirs secs
1 petit concombre (130 g), épépiné et émincé
1 mangue (430 g) coupée en petits morceaux
40 g de feuilles de coriandre fraîche

Sauce au piment doux
1 c. à s. d'huile d'arachide
1 c. à s. de sauce pimentée douce
1 c. à s. de jus de citron vert

1 Recouvrez les haricots d'eau froide. Laissez reposer jusqu'au lendemain. Rincez et égouttez.

2 Faites cuire les haricots dans une casserole d'eau bouillante. Quand ils sont fondants, égouttez-les.

3 Pendant ce temps, préparez la sauce au piment doux en mélangeant tous les ingrédients dans un bol.

4 Dans un saladier, mélangez les haricots avec la sauce et les ingrédients restants.

Légumes asiatiques grillés

4 | 10' | 10' | kcal 194

400 g de petits bok choy lavés et coupés en deux dans la longueur
2 c. à s. d'huile d'arachide
175 g de brocolinis coupés en deux
100 g de pois gourmands équeutés
200 g de jeunes épis de maïs coupés en deux dans la longueur
2 c. à s. de mirin
1 c. à s. de sauce d'huître végétarienne
1 c. à s. de sauce soja légère
1 gousse d'ail écrasée
1 c. à c. de sucre
½ c. à c. d'huile de sésame

1 Faites cuire les bok choy à l'eau, à la vapeur ou au micro-ondes. Égouttez-les. Badigeonnez-les avec la moitié de l'huile d'arachide. Faites-les cuire sur la plaque d'un barbecue huilée et préchauffée jusqu'à ce qu'ils soient tendres.

2 Mélangez les brocolinis, les pois gourmands et les jeunes épis de maïs dans un saladier avec le reste d'huile d'arachide. Faites cuire les légumes, en plusieurs fois, sur la plaque du barbecue.

3 Mélangez le mirin, la sauce d'huître, la sauce soja, l'ail, le sucre et l'huile de sésame dans un saladier. Ajoutez les légumes grillés et mélangez bien.

À savoir

La sauce d'huître végétarienne est préparée avec de la sauce soja et des champignons. Vous la trouverez dans la plupart des épiceries asiatiques.

Légumes à la sauce char siu

4 | 5' | 10' | kcal 136

1 c. à s. d'huile d'arachide
1 oignon rouge moyen (170 g), émincé
350 g de gai lan coupé en morceaux
300 g de choy sum coupé en morceaux
60 ml de sauce char siu
1 c. à s. de graines de sésame grillées

1 Faites chauffer l'huile d'arachide dans un wok. Faites fondre l'oignon. Ajoutez le gai lan et le choy sum coupés en morceaux avec la sauce char siu. Faites sauter jusqu'à ce que les légumes soient cuits.

2 Au moment de servir, parsemez de graines de sésame grillées. Servez avec du riz thaï nature.

Mélange de pois, sauce à la menthe

6 | 15' | 5' | kcal 224

150 g de petits pois frais écossés
250 g de pois gourmands parés
250 g de pois mange-tout parés
50 g de jeunes pousses de pois mange-tout
100 g de feta émiettée
2 c. à s. de pignons de pin grillés
6 branches de menthe fraîche effeuillées

Sauce à la menthe
1 c. à c. de zeste de citron râpé
2 c. à s. de jus de citron
60 ml d'huile d'olive
2 c. à s. de menthe fraîche, hachée
1 c. à c. de sucre en poudre

1 Portez à ébullition une grande casserole d'eau et jetez-y les petits pois écossés. Laissez bouillir 1 min sans couvrir, puis ajoutez les pois gourmands. Laissez bouillir 1 min de plus, puis ajoutez les pois mange-tout. Laissez bouillir 20 secondes pour que les pois mange-tout changent de couleur. Égouttez.

2 Mettez tous les pois dans un récipient rempli d'eau glacée pour qu'ils refroidissent, puis égouttez-les.

3 Mélangez délicatement les pois et les jeunes pousses de pois mange-tout dans un saladier puis garnissez de feta, de pignons et de feuilles de menthe.

4 Préparez la sauce à la menthe en mélangeant tous les ingrédients dans un shaker pour sauce à salade et nappez-en la salade juste avant de la servir.

À savoir
Pour cette recette, il vous faudra environ 400 g de petits pois frais dans leur cosse.

Petits pois à la menthe

4 | 5' | 5' | kcal 141

350 g de petits pois frais écossés
40 g de beurre ramolli
1 c. à s. de menthe fraîche finement hachée
1 c. à s. de zeste de citron finement râpé

1 Faites cuire les petits pois à l'eau, à la vapeur ou au micro-ondes. Égouttez-les.

2 Pendant ce temps, mélangez les autres ingrédients dans un bol.

3 Garnissez les petits pois de beurre à la menthe et au citron.

Radis à l'orange

4 · 25' · kcal 128

4 oranges (960 g)
500 g de radis rouges parés
1 c. à s. d'huile d'olive
2 c. à c. de vinaigre de vin blanc
½ botte de menthe ciselée

1 Râpez finement 2 cuillerées à café de zeste d'orange. Coupez les oranges en fins quartiers, au-dessus d'un bol. Réservez 1 cuillerée à soupe de jus.

2 À l'aide d'une mandoline, coupez les radis en tranches aussi fines que possible.

3 Fouettez le jus d'orange réservé, l'huile d'olive et le vinaigre dans un saladier. Ajoutez le zeste et les quartiers d'orange, les radis et la menthe. Mélangez puis servez immédiatement.

À savoir
Ce plat se prépare juste avant d'être servi ; autrement, il risque de se détremper.

Concombre à l'orientale

4 · 10' · kcal 112

2 petits concombres (260 g) pelés et coupés en fines rondelles
100 g de feta
2 c. à s. de menthe fraîche, ciselée
1 c. à s. de jus de citron
1 c. à s. d'huile d'olive
2 c. à c. de zaatar

1 Disposez les concombres sur une grande assiette de service.

2 Mélangez la feta et la menthe dans un bol. Parsemez cette préparation sur les concombres. Arrosez le tout de jus de citron et d'huile d'olive, puis saupoudrez de zaatar.

À savoir
Le zaatar est un mélange oriental de graines de sésame grillées, de sumac et d'herbes aromatiques séchées, comme la marjolaine et le thym. Toutefois, sa composition exacte varie beaucoup d'un cuisinier à l'autre. Il se vend dans certains grands supermarchés et épiceries fines ou orientales. Si vous n'en trouvez pas, remplacez-le par de l'origan.

Épinards au piment & à l'ail

3 | 5' | 5' | kcal 104

1 c. à s. d'huile d'olive
1 long piment rouge coupé en bâtonnets
1 gousse d'ail finement hachée
600 g d'épinards grossièrement hachés
1 c. à s. de crème de coco
1 c. à s. de jus de citron vert
½ c. à c. de pâte de crevettes

1 Faites chauffer un wok huilé puis faites sauter le piment et l'ail. Ajoutez les épinards et faites-les fondre. Ajoutez la crème de coco, le jus de citron vert et la pâte de crevettes. Faites sauter jusqu'à ce que le plat soit chaud. Assaisonnez à votre goût.

2 Servez avec du riz thaï nature pour accompagner une viande.

Suggestion
Supprimez la pâte de crevettes pour en faire un plat 100 % végétarien.

Desserts

Le fruit du moine est un fruit cultivé depuis des centaines d'années en Asie du Sud-Est. Il contient des composants antioxydants au goût sucré. Ces derniers apportent de la douceur, sans sucre et sans calories. Le sucre issu du fruit du moine contient 96 % de calories en moins que le sucre classique, et il ne fait pas monter le taux de glucose ou d'insuline. Il n'est pour l'instant pas vendu en France.

Le miel est l'un des produits sucrants les plus naturels. Les fleurs et les plantes locales ont une influence sur son goût. Les miels purs ont souvent un IG faible, alors que les miels mélangés ont tendance à avoir un IG élevé. Préférez le miel d'acacia qui a l'index glycémique le plus faible.

Le miel en rayons frais est le miel brut, tel qu'il sort de la ruche. Il est donc mélangé avec la cire qui forme les alvéoles. La cire est molle et gorgée de miel.

SANS SUCRE

L'idée qu'il faut supprimer le sucre de notre alimentation est de plus en plus populaire, et elle entraîne de nombreuses confusions. Évidemment, exclure les aliments transformés et pleins de sucres ajoutés a du sens. Mais il ne faut absolument pas supprimer les fruits et légumes, qui sont également sources d'antioxydants, de vitamines, de minéraux et de fibres, bons pour la santé.

Le malt d'orge est préparé à partir d'orge germée. Il est moins sucré que le sucre ou le miel. Il est fabriqué de la même manière que le sirop de riz.

Le sirop d'agave est extrait d'une plante, l'agave. Il a un IG faible en raison de sa forte teneur en fructose qui peut être dangereux s'il est consommé en grande quantité.

Le sirop de riz est préparé par fermentation du riz afin de rompre l'amidon qu'il contient et de le transformer en sucre. L'évaporation de l'eau permet ensuite de le concentrer.

Le sirop d'érable pur est la sève concentrée d'un arbre, l'érable, alors que les sirops parfumés à l'érable sont des sirops de glucose transformés auxquels on ajoute des parfums. Le véritable sirop d'érable est plus parfumé et contient de nombreux nutriments et antioxydants. Il a un IG faible, ce qui en fait un ingrédient adapté aux personnes devant surveiller leur glycémie.

La stévia est issue d'une plante. Elle est vendue comme un édulcorant naturel, alors que c'est un produit extrêmement raffiné. Elle a un effet moindre sur le taux de glucose dans le sang et n'apporte aucune calorie : c'est donc un ingrédient utile pour réduire sa consommation de sucre.

Puddings de graines de chia, fruits rouges & coco

6 | 15' | 1h30 | kcal 338

625 ml de lait de coco
55 g de graines de chia blanches
1 c. à c. d'extrait de vanille
1 c. à s. de miel ou de sirop d'érable pur
1 banane (200 g) coupée en morceaux
1 c. à s. de zeste d'orange finement râpé
300 g de fruits rouges

1 Mélangez le lait de coco, les graines de chia, l'extrait de vanille et le miel dans un récipient. Couvrez et placez au réfrigérateur au moins 1 h (ou une nuit).

2 Mixez la préparation avec la banane, le zeste d'orange et 200 g de fruits rouges. Versez dans 6 coupes d'une contenance de 180 ml et placez 30 min au réfrigérateur afin que le pudding épaississe. Garnissez des fruits rouges restants et servez.

Mousse de halva aux fraises

6 | 30' | 30' | 2h | kcal 593

500 ml de crème de coco
250 g de fraises
90 g de miel
2 c. à c. d'extrait de vanille
280 g de yaourt à la grecque
210 g de tahin complet (pâte de sésame)
250 g de fraises coupées en lamelles
35 g de pistaches hachées
1 c. à s. de graines de sésame grillées
65 g de graines de grenade

1 Versez la crème de coco dans un saladier métallique et placez-la 30 min au congélateur.

2 Mixez les fraises avec 1 c. à s. de miel et la moitié de l'extrait de vanille.

3 Fouettez la crème de coco avec le yaourt, le tahin, le miel et l'extrait de vanille restants afin que la crème épaississe légèrement. Incorporez la préparation à la fraise en effectuant des spirales.

4 Répartissez la mousse dans 6 coupes d'une contenance de 250 ml. Couvrez et placez 2 h au réfrigérateur.

5 Garnissez chaque mousse de fraises coupées, de pistaches, de graines de sésame et de graines de grenade. Servez.

Trifle fraises & fruits de la Passion

2 | 5' | kcal 172

2 Weetabix® (50 g) cassés en morceaux
40 g de céréales All-Bran®
80 ml de pulpe de fruits de la Passion
280 g de yaourt nature allégé ou de yaourt au soja
140 g de fraises coupées en fines lamelles

1 Déposez une couche de Weetabix® et une couche de céréales dans 2 coupes d'une contenance de 310 ml. Ajoutez la moitié de la pulpe de fruits de la Passion, du yaourt et des fraises.

2 Recouvrez de Weetabix®, de céréales et du reste de yaourt. Garnissez avec les fraises restantes et nappez de pulpe de fruits de la Passion.

Yaourt citronné aux oranges sanguines

4 | 35' | 10' | kcal 419

1 gousse de vanille
75 g de fructose
125 ml d'eau
4 larges morceaux d'écorce de citron
1 c. à s. de jus de citron
2 oranges sanguines (360 g), pelées et coupées en tranches
2 oranges moyennes (480 g), pelées et coupées en tranches
840 g de yaourt à la grecque
15 g de feuilles de menthe fraîche

1 Fendez la gousse de vanille en deux dans la longueur. Grattez les graines au-dessus d'une petite casserole, posez la gousse dans la casserole, ajoutez le fructose, l'eau et les écorces de citron. Portez à ébullition, puis réduisez le feu et faites mijoter 6 min jusqu'à ce que le sirop ait légèrement épaissi. Laissez refroidir, puis retirez la gousse de vanille et incorporez le jus de citron.

2 Mélangez les tranches d'orange et le sirop de sucre dans un récipient.

3 Répartissez le yaourt dans 4 verres de 310 ml. Disposez les oranges sur le yaourt avec le sirop et les écorces. Décorez avec la menthe et servez.

Mousse aux fruits de la Passion

2 | 10' | 2h | kcal 175

300 g de tofu soyeux
1 c. à s. de sirop d'agave clair
1 c. à c. d'extrait de vanille
1 c. à s. de zeste de citron râpé
60 ml de pulpe fraîche de fruits de la Passion + 1 c. à s.
1 c. à s. de feuilles de menthe fraîche
1 c. à s. de copeaux de noix de coco grillés

1 Mixez le tofu, le sirop d'agave, l'extrait de vanille et le zeste de citron pour obtenir un mélange onctueux. Incorporez 60 ml de pulpe de fruits de la Passion.

2 Versez la préparation dans 2 coupes de 250 ml. Placez 2 h au réfrigérateur.

3 Servez la mousse garnie de menthe, de pulpe de fruits de la Passion restante et de copeaux de noix de coco.

Salade d'ananas, noix de macadamia & de coco pralinées

10 | 30' | 10' | 30' | kcal 268

4 feuilles de citron kaffir déchiquetées
80 ml de jus de citron vert
60 ml de rhum blanc
2 papayes (1,5 kg) coupées en deux, dénoyautées et émincées
3 oranges (720 g), segments détachés
1 ananas (1,25 kg), sans le cœur, coupé en tranches de 5 mm d'épaisseur puis en morceaux
30 g de copeaux de noix de coco grillés

Noix de macadamia & de coco pralinées
50 g de demi-noix de macadamia grillées
30 g de copeaux de noix de coco grillés
220 g de sucre
125 ml d'eau
3 étoiles d'anis

1 Étalez les demi-noix de macadamia et les copeaux de noix de coco sur une plaque de cuisson huilée, en une seule couche. Dans une petite casserole, faites chauffer le sucre, l'eau et l'anis étoilé à feu doux, en remuant. Quand le sucre est dissous, augmentez le feu et faites bouillir, sans remuer, jusqu'à ce que la préparation commence tout juste à dorer. Retirez l'anis étoilé et faites cuire quelques secondes pour que le sirop prenne une jolie couleur caramel. Retirez du feu et versez le sirop sur les noix de macadamia et les copeaux de noix de coco. Laissez refroidir et durcir. Cassez en éclats de 4 cm.

2 Mélangez les feuilles de kaffir, le jus de citron vert et le rhum dans un petit broc.

3 Disposez les fruits et la moitié du praliné dans un saladier, en alternant les couches. Entre deux couches, arrosez avec un filet de mélange au rhum. Couvrez et placez 30 min au réfrigérateur.

4 Parsemez de copeaux de noix de coco et servez avec le reste de praliné.

Gelée à l'orange sanguine

6 | 15' | 15' | 1h30 | kcal 184

750 ml de jus d'orange sanguine
2 c. à c. d'édulcorant à la stévia
12,5 g de feuilles de gélatine
310 ml d'eau pétillante, fraîche
2 c. à s. de petites feuilles de basilic

Salade d'oranges sanguines
4 oranges sanguines (680 g)
2 pamplemousses roses (700 g)
100 g de fraises coupées en tranches
1 c. à c. de feuilles de basilic ciselées
½ c. à c. d'édulcorant à la stévia

1 Placez 6 coupes à dessert de 125 ml au congélateur.

2 Filtrez le jus au-dessus d'une sauteuse à fond épais. Ajoutez l'édulcorant et mélangez en faisant chauffer à feu moyen jusqu'à ce qu'il soit dissous puis portez à ébullition. Baissez le feu et faites réduire le jus pendant 15 min, en écumant, pour obtenir 420 ml de liquide.

3 Faites ramollir les feuilles de gélatine dans de l'eau froide 3 min. Pressez-les pour ôter l'excédent d'eau et ajoutez-les au jus réduit. Mélangez pour les dissoudre. Laissez revenir à température ambiante.

4 Versez le sirop dans un pichet. Ajoutez l'eau gazeuse puis versez dans les coupes froides. Placez 1 h 30 au congélateur. (Si vous ne servez pas les gelées tout de suite, conservez-les au réfrigérateur.)

5 Préparez la salade d'oranges sanguines. Pelez les oranges à vif au-dessus d'un saladier. Prélevez les segments des oranges en coupant de part et d'autre des membranes. Répétez l'opération avec les pamplemousses. Ajoutez les fraises, le basilic et l'édulcorant ; mélangez. Couvrez et réservez au réfrigérateur.

6 Servez les gelées garnies de salade d'orange sanguine et de basilic.

Salade de fruits à l'orientale

6 | 10' | 20' | kcal 280

3 oranges navel (720 g)
10 gousses de cardamome
165 g de sucre
375 ml d'eau
1 gousse de vanille fendue en deux, les graines grattées
1 grosse carotte (180 g) taillée en allumettes
1 grenade (450 g)
3 oranges sanguines (720 g)
5 pêches (750 g) dénoyautées et coupées en quartiers
125 ml de jus d'orange frais
80 ml de jus de citron frais

1 Prélevez l'écorce de 1 orange navel avec un économe. Mettez le zeste dans une petite casserole avec la cardamome, le sucre, l'eau, les graines et la gousse de vanille. Faites chauffer sur feu doux, en remuant, jusqu'à ce que le sucre soit dissous.

2 Ajoutez la carotte dans la casserole et augmentez le feu à feu moyen. Faites cuire 20 min. Avec une fourchette, placez les allumettes de carotte confites dans un petit bol. Versez le sirop non filtré dans un saladier.

3 Détachez les graines de grenade et réservez-les. Pelez les oranges navel et sanguines à vif, puis coupez-les en tranches de 5 mm d'épaisseur. Ajoutez les oranges dans le saladier avec les graines de grenade et les pêches. Ajoutez les jus frais et remuez.

4 Ajoutez la moitié des allumettes de carotte confites dans le saladier. Répartissez la salade de fruits dans des coupelles et servez avec le reste des allumettes de carotte.

Poires pochées & sirop de café

2 | 15' | 45' | 200 °C | kcal 165

2 petites poires (360 g)
1 gousse de vanille fendue en deux
1 c. à s. de cassonade
½ c. à c. de café instantané

Tuiles aux noisettes
1 blanc d'œuf
2 c. à s. de sucre
1 c. à s. de poudre de noisettes
1 c. à s. de farine ordinaire
15 g de margarine allégée à teneur réduite en sel, fondue

1 Préparez les tuiles aux noisettes. Préchauffez le four à 200 °C. Mélangez tous les ingrédients dans un bol. Étalez la pâte sur une plaque chemisée de papier sulfurisé en formant 6 disques de 11 cm de diamètre. Faites cuire 8 min. Laissez refroidir sur une grille.

2 Mettez les poires épluchées dans une casserole, couvrez-les d'eau et portez à ébullition. Baissez le feu et laissez cuire 30 min, sans couvrir.

3 Égouttez les poires en réservant 250 ml de liquide de cuisson.

4 Mélangez le liquide réservé avec la gousse de vanille et la cassonade dans la casserole ; portez à ébullition, en remuant. Ajoutez le café, baissez le feu à feu moyen et laissez mijoter 10 min, sans couvrir, pour que le sirop épaississe légèrement.

5 Nappez les poires de sirop et servez avec les tuiles.

Pommes farcies à la cannelle & aux figues

6 | 10' | 30' | 160 °C | kcal 402

35 g de noisettes grillées, mondées
3 figues séchées
6 pruneaux dénoyautés
½ c. à c. de cannelle moulue
1 c. à c. d'extrait de vanille
6 grosses pommes rouges (1,2 kg)

Crème à la ricotta
240 g de ricotta
125 ml de lait
1 c. à c. d'extrait de vanille
½ c. à c. de zeste de mandarine râpé

Sauce au sirop d'érable
2 grosses mandarines (500 g)
60 ml de sirop d'érable
30 g de beurre froid, coupé en petits dés

1 Préchauffez le four à 160 °C. Chemisez une plaque de papier sulfurisé.

2 Hachez au robot les noisettes, les figues, les pruneaux, la cannelle et l'extrait de vanille.

3 À l'aide d'un petit couteau bien aiguisé, entaillez et évidez les pommes sur toute leur circonférence, à mi-hauteur. Garnissez l'intérieur de préparation aux noisettes, en tassant bien. Posez les pommes bien droites sur la plaque. Faites-les cuire 30 min.

4 Mixez la ricotta, le lait et l'extrait de vanille. Ajoutez le zeste.

5 Préparez la sauce au sirop d'érable. Pressez les mandarines : vous aurez besoin de 160 ml de jus. Dans une petite casserole, faites réduire de moitié le jus avec le sirop d'érable, sur feu moyen. Hors du feu, incorporez le beurre, dé par dé, en fouettant.

6 Servez les pommes avec la crème à la ricotta et la sauce au sirop d'érable.

Compote poire, cardamome, gingembre

4 · 15' · 30'

4 poires packham (1 kg)
250 ml d'eau
2 c. à c. de gingembre frais, râpé
6 capsules de cardamome écrasées
1 bâton de cannelle
1 c. à s. de jus de citron

1 Épépinez et coupez les poires en grosses lamelles. Placez-les dans une casserole avec l'eau, le gingembre, la cardamome, la cannelle et le jus de citron. Portez à ébullition.

2 Baissez le feu et laissez mijoter 25 min en couvrant partiellement la casserole et en remuant de temps en temps jusqu'à ce que le liquide ait réduit un peu et que les poires soient tendres. Servez froid ou tiède avec du yaourt à la vanille ou du muesli.

Compote prune, framboise, romarin

4 · 10' · 15'

5 prunes rouges (450 g)
65 ml d'eau
1 c. à s. de jus de citron
1 bâton de cannelle
2 branches de romarin
60 g de framboises
2 c. à c. d'édulcorant à la stévia

1 Coupez les prunes en deux et dénoyautez-les. Coupez chaque moitié en trois. Mettez-les dans une casserole avec l'eau, le jus de citron, la cannelle et le romarin. Portez à ébullition.

2 Baissez le feu et laissez mijoter 5 min, à couvert. Ôtez le couvercle et poursuivez la cuisson 5 min. Ajoutez les framboises et l'édulcorant à la stévia. Mélangez. Retirez du feu. Servez avec du yaourt à la grecque.

Nectarines & pêches grillées à la vanille

4 | 15' | 20' | 220 °C

3 nectarines jaunes (510 g)
3 pêches jaunes (450 g)
1 gousse de vanille
2 c. à s. de sirop d'érable pur
2 bandes de zeste de citron de 4 cm
1 c. à s. de jus de citron
1 pincée de fleur de sel

1 Préchauffez le four à 220 °C. Beurrez un plat à gratin.

2 Coupez les nectarines et les pêches en deux, dénoyautez-les. Mettez-les dans le plat. Ouvrez la gousse de vanille, grattez les graines avec la pointe d'un couteau. Ajoutez la gousse et les graines dans le plat avec le sirop d'érable, le zeste et le jus de citron, et la fleur de sel. Mélangez pour enrober les fruits.

3 Disposez les fruits dans le plat en une seule couche, face coupée vers le haut. Faites-les rôtir 20 min. Servez tiède ou froid avec du yaourt à la grecque parsemé de noix et de graines.

Compote pomme, rhubarbe & baies de goji

4 | 10' | 15'

125 ml de jus d'orange frais
2 c. à s. de sirop de riz brun
2 grosses pommes pink lady (400 g)
1 bande de 4 cm de zeste d'orange
½ gousse de vanille
500 g de rhubarbe parée
2 c. à s. de baies de goji

1 Faites chauffer le jus d'orange et le sirop de riz à feu doux dans une casserole, en remuant. Quand le sirop est bien liquide, ajoutez les pommes coupées en morceaux, le zeste d'orange, les graines et la ½ gousse de vanille. Faites mijoter 5 min, à couvert.

2 Ajoutez la rhubarbe coupée en morceaux et les baies de goji. Poursuivez la cuisson 10 min à feu doux, sans couvrir : les fruits doivent être tendres, mais pas en purée. Servez tiède ou froid, avec du yaourt à la grecque.

Astuce
Cette compote constitue une excellente base de crumble.

Crumble poires, gingembre & pistaches

6 | 15' | 1h15 | 160 °C | kcal 747

6 poires fermes (1,4 kg), coupées en morceaux
125 g de framboises fraîches ou surgelées
2 c. à s. de fécule de maïs ou d'arrow-root
1 c. à s. de gingembre frais, râpé
120 ml de sirop d'érable pur
1 c. à s. de jus de citron
2 c. à c. d'extrait de vanille
140 g de pistaches
120 g de noix de pécan
90 g de flocons d'avoine
60 ml d'huile d'olive
2 c. à s. de graines de grenade fraîches ou séchées
560 g de yaourt épais à la vanille, sans sucre ajouté

1 Préchauffez le four à 160 °C. Dans un saladier, mélangez les morceaux de poire, les framboises, la fécule, le gingembre, 60 ml de sirop d'érable, le jus de citron et 1 c. à c. d'extrait de vanille. Répartissez la préparation dans 6 ramequins de 250 ml allant au four.

2 Mixez grossièrement les pistaches et les noix de pécan. Transférez la poudre dans un saladier et ajoutez les flocons d'avoine, l'huile et le sirop d'érable et l'extrait de vanille restants. Étalez sur les fruits.

3 Faites cuire 1 h, puis couvrez de papier d'aluminium et poursuivez la cuisson 15 min.

4 Juste avant de servir, parsemez de graines de grenade. Servez avec du yaourt.

Crumble abricots & noisettes

4 | 15' | 45' | 180 °C | kcal 594

4 abricots moyens (325 g)
2 poires (460 g)
80 g de figues séchées
10 g de beurre
180 ml d'eau
125 ml de sirop d'érable pur
60 g de flocons de quinoa
30 g de poudre de noisettes
70 g de noisettes blanchies, grossièrement hachées et grillées
½ c. à c. de fleur de sel
280 g de yaourt à la grecque
2 c. à c. de zeste d'orange coupé en fines bandes

1 Préchauffez le four à 180 °C.

2 Coupez les abricots en deux et dénoyautez-les. Coupez les poires en deux sans les éplucher, épépinez-les et coupez chaque moitié en 3 quartiers. Retirez la queue des figues et coupez-les en quatre.

3 Mélangez les abricots avec les poires, les figues séchées, le beurre et l'eau dans une casserole et faites chauffer 6 min à feu moyen, en remuant de temps en temps pour que les poires ramollissent un peu. Versez la préparation dans un plat à gratin de 1,5 litre.

4 Mélangez le sirop d'érable, les flocons de quinoa, la poudre de noisettes, les noisettes hachées et le sel dans un bol. Parsemez ce mélange sur les fruits.

5 Faites cuire 45 min au four. Servez le crumble garni de yaourt et de zeste d'orange.

Gâteaux pêches & pistaches

12 | 15' | 30' | 180 °C | kcal 104

4 petites pêches (460 g) coupées en deux
280 g de yaourt à la grecque
2 pommes (300 g) râpées
2 œufs légèrement battus
60 ml de lait
2 c. à s. de miel cru
240 g de poudre d'amandes
2 c. à c. de poudre à lever
45 g de pistaches hachées
1 ½ c. à s. de miel cru supplémentaire

1 Préchauffez le four à 180 °C. Découpez 12 carrés de 12 cm de côté dans du papier sulfurisé et chemisez 12 petits pots de 80 ml supportant la cuisson au four ou 12 moules à muffin.

2 Coupez 3 pêches en fines lamelles. Mixez la dernière pêche. Mélangez cette purée avec le yaourt dans un bol, couvrez et placez au réfrigérateur.

3 Mélangez les pommes, les œufs, le lait, le miel, la poudre d'amandes et la levure dans un saladier. Répartissez dans les pots et enfoncez des lamelles de pêche dans la pâte sur 2 cm d'épaisseur. Faites cuire 30 min.

4 Parsemez les gâteaux de pistaches et arrosez-les de miel. Servez tiède ou à température ambiante avec le yaourt à la pêche.

Tartelettes pommes & épices

6 | 30' | 1h | 50' | 180 °C | kcal 739

4 grosses pommes vertes (800 g), épluchées, épépinées et coupées en lamelles épaisses
90 g de sucre de coco
40 g de farine d'épeautre
1 c. à c. de cannelle
½ c. à c. de gingembre moulu
1 c. à c. de cardamome moulue
½ c. à c. de fleur de sel
30 g de beurre coupé en petits dés
2 c. à s. de vinaigre de cidre
280 g de yaourt à la grecque
1 c. à c. de zeste d'orange râpé

Pâte à l'épeautre
390 g de farine d'épeautre
1 gousse de vanille fendue en deux, graines grattées
40 g de sucre de coco
½ c. à c. de noix de muscade râpée
½ c. à c. de fleur de sel
200 g de beurre coupé en petits dés
2 c. à s. d'eau glacée, environ

1 Préparez la pâte. Mixez la farine avec les graines de vanille, le sucre de coco, la noix de muscade, le sel et le beurre. Ajoutez l'eau glacée et mixez pour que la pâte s'agglomère. Formez un disque, enveloppez-le dans du film alimentaire et placez-le 1 h au réfrigérateur.

2 Mélangez les pommes, le sucre de coco, la farine, les épices, le sel, le beurre et le vinaigre dans un saladier.

3 Préchauffez le four à 180 °C. Chemisez 2 plaques de papier sulfurisé.

4 Coupez la pâte en deux et étalez chaque morceau entre 2 feuilles de papier sulfurisé farinées sur une épaisseur de 3 mm. Décollez la feuille supérieure. Découpez 3 disques de 17 cm de diamètre dans chaque morceau de pâte. Déposez un peu de garniture au centre de chacun, en laissant un bord libre de 3 cm. Réservez le jus de la garniture. Repliez les bords de pâte vers l'intérieur, en recouvrant partiellement la garniture et en faisant onduler les bords.

5 Placez les tartelettes sur les plaques et badigeonnez la pâte avec le liquide de la garniture au pinceau. Faites cuire 50 min.

6 Mélangez le yaourt et le zeste d'orange dans un bol.

7 Avec une pelle en métal, déposez une tartelette sur chaque assiette. Servez avec du yaourt à l'orange.

Escargots aux framboises, à la polenta & aux baies roses

8 | 20' | 25' | 180 °C | kcal 276

300 g de farine d'épeautre blanche
+ un peu pour le plan de travail
85 g de polenta fine
1 ½ c. à c. de levure chimique
1 pincée de sel
125 ml de lait ribot
85 g de sirop de riz
1 c. à c. de baies roses
1 c. à c. d'extrait de vanille
1 c. à s. de zeste d'orange râpé
2 c. à s. de sirop de riz
75 g de framboises fraîches

1 Préchauffez le four à 180 °C. Graissez une plaque et chemisez-la de papier sulfurisé.

2 Dans un saladier, mélangez la farine, la polenta, la levure et le sel. Creusez un puits au centre. Versez le lait ribot et le sirop. Avec un couteau sans dents, amalgamez la préparation pour obtenir une pâte.

3 Écrasez les baies roses dans un mortier à l'aide d'un pilon. Ajoutez l'extrait de vanille, le zeste et 1 c. à s. de sirop de riz.

4 Pétrissez la pâte sur un plan de travail fariné. Étalez-la en un rectangle de 18 x 28 cm. Recouvrez-le de préparation aux baies roses. Cassez les framboises en morceaux à la main et parsemez-les sur la pâte.

5 Roulez la pâte sur la longueur. Coupez le rouleau en 8 tranches. Posez-les sur une plaque, en les espaçant de 5 cm. Faites cuire les escargots 25 min. À l'aide d'un pinceau, badigeonnez-les de sirop restant. Servez-les tièdes.

Croques à la prune & à la ricotta

4 | 5' | 10' | kcal 374

2 c. à s. d'huile de coco vierge, fondue
2 c. à c. d'édulcorant à la stévia
1 c. à c. de gingembre moulu
4 prunes rouges (340 g), coupées en deux et dénoyautées
1 c. à s. de sirop d'érable pur
8 tranches de pain au levain de 2 cm d'épaisseur
240 g de ricotta ferme

1 Préchauffez un appareil à croque-monsieur. Huilez les plaques avec la moitié de l'huile de coco.

2 Mélangez l'édulcorant et le gingembre dans un bol.

3 Posez les prunes sur les plaques de l'appareil, face coupée vers le bas. Faites-les cuire 6 min, en appuyant de temps en temps. Réservez-les et nettoyez l'appareil.

4 Mélangez le sirop d'érable et le reste de l'huile de coco dans un bol. Badigeonnez une face de chaque tranche de pain de ce mélange au pinceau.

5 Posez 4 tranches de pain sur une planche, sur la face huilée. Garnissez-les de ricotta et de prunes. Recouvrez avec les 4 tranches de pain restantes, face huilée vers l'extérieur. Faites cuire les croques 3 min. Servez-les saupoudrés de stévia au gingembre.

Carrés au cacao & caramel de dattes

16 | 25' | 2h | 1h | kcal 253

115 g de dattes fraîches, dénoyautées
130 g d'amandes grillées
1 ½ c. à s. d'huile de coco fondue
¼ de c. à c. de fleur de sel

Caramel de dattes
230 g de dattes fraîches, dénoyautées
125 ml de sirop d'érable pur
95 g de beurre de cacahuète avec morceaux
60 ml d'huile de coco fondue

Glaçage au cacao
20 g de cacao en poudre cru
60 ml d'huile de coco fondue
2 c. à c. de sirop d'érable pur

1 Chemisez de papier sulfurisé un moule carré de 19 cm de côté.

2 Mixez les dattes avec les amandes et l'huile de coco. Étalez-la au fond du moule. Laissez prendre 1 h au réfrigérateur.

3 Mixez tous les ingrédients du caramel pendant 2 min. Étalez le caramel en une couche uniforme sur la pâte de dattes. Laissez prendre 1 h au congélateur.

4 Fouettez les ingrédients du glaçage dans un bol. Versez le glaçage rapidement sur le caramel et saupoudrez de sel. Laissez durcir 1 h au réfrigérateur.

5 Avec un grand couteau à lame chaude, coupez en 16 carrés.

Carrés amandes, gingembre & noix de coco

16 | 1h | 45' | 12h

225 g de noix de cajou
1 jeune noix de coco (1,2 kg)
240 g d'amandes
140 g de dattes séchées dénoyautées, hachées
40 g de noix de coco râpée
165 g de gingembre confit, émincé
180 ml d'huile de coco fondue
125 ml de sirop de riz
2 c. à s. de gingembre frais, finement râpé
125 ml de lait de coco
1 ½ c. à c. d'extrait de vanille
2 c. à s. d'amandes effilées, grillées

1 Faites tremper les noix de cajou 1 h dans de l'eau froide. Égouttez-les.

2 Chemisez de papier sulfurisé le fond et les parois d'un moule à gâteau carré de 23 cm de côté, en laissant le papier dépasser sur les bords.

3 Insérez la pointe d'un petit couteau dans la partie molle située à la base de la noix de coco et tournez-la. Placez la noix de coco au-dessus d'un verre et laissez l'eau s'écouler (réservez-la pour un autre emploi). Enveloppez la noix de coco dans un torchon et fendez-la avec un marteau. Évidez-la de façon à obtenir 90 g de pulpe.

4 Hachez finement les noix de cajou égouttées et les amandes à l'aide d'un robot. Ajoutez les dattes, la noix de coco râpée, 55 g de gingembre confit, 60 ml d'huile de coco et 1 c. à s. de sirop de riz. Mixez le tout pour obtenir une pâte. Pressez cette pâte contre le fond du moule. Réservez au réfrigérateur.

5 Mixez la pulpe de noix de coco, le gingembre frais, le lait de coco, l'extrait de vanille, le reste d'huile de coco, le reste de sirop de riz et 55 g de gingembre confit. Versez dans le moule sur la pâte. Mettez au réfrigérateur toute la nuit.

6 Découpez en 16 carrés et servez, parsemé d'amandes effilées et du reste de gingembre confit.

Tarte aux oranges, labné & romarin

8 | 20' | 12h | 1h10 | 200 °C | kcal 410

800 g de yaourt à la grecque
3 œufs
2 c. à s. de miel
1 c. à c. d'extrait de vanille
2 c. à c. de feuilles de romarin frais, hachées
500 ml de jus de pomme filtré, sans sucre ajouté
1 branche de romarin frais
3 petites oranges (540 g) coupées en fines rondelles

Pâte à l'amarante
225 g de farine d'amarante
2 c. à s. d'arrow-root
1 pincée de sel
70 g d'huile de coco vierge
125 ml d'eau glacée

1 Préparez le labné : placez une mousseline dans un tamis et posez ce dernier au-dessus d'un récipient. Versez le yaourt dans le tamis, couvrez de film alimentaire et placez au réfrigérateur pendant une nuit.

2 Préparez la pâte à l'amarante. Mixez la farine, la fécule, le sel et l'huile pour les amalgamer. Sans arrêter le moteur, incorporez progressivement l'eau glacée en filet fin jusqu'à obtention d'une boule de pâte. Aplatissez-la, enveloppez-la de film alimentaire et placez-la 30 min au réfrigérateur.

3 Graissez un moule à tarte rectangulaire à fond amovible et aux bords ondulés de 11 x 34 cm. Étalez la pâte sur une épaisseur de 3 mm entre 2 feuilles de papier de cuisson. Foncez la pâte dans le moule, en appuyant bien sur le fond et les côtés, et coupez l'excédent. Piquez la pâte avec une fourchette. Couvrez-la et placez-la 30 min au réfrigérateur.

4 Préchauffez le four à 200 °C. Posez le moule sur une plaque. Recouvrez la pâte de papier de cuisson, puis de haricots secs ou de riz. Faites-la cuire 15 min à blanc. Retirez le papier et les haricots et poursuivez la cuisson 5 min. Laissez refroidir. Baissez la température du four à 140 °C.

5 Égouttez le labné et fouettez-le avec les œufs, le miel, l'extrait de vanille et le romarin haché. Étalez cette garniture sur le fond de pâte froid. Faites cuire la tarte 25 min : elle doit être juste prise. Laissez-la revenir à température ambiante, puis placez-la au réfrigérateur.

6 Portez le jus de pomme et la branche de romarin à ébullition dans une casserole, sur feu moyen. Ajoutez les rondelles d'orange, baissez à feu doux et laissez mijoter 15 min. Laissez refroidir. Juste avant de servir, égouttez les rondelles d'orange et disposez-les sur la tarte froide.

Les fèves de cacao permettent d'obtenir du beurre et de la poudre de cacao. Cette dernière contient de nombreux antioxydants et constitue un bon moyen d'intégrer le cacao à son alimentation, sans les calories du chocolat.

Le cacao non sucré est plus foncé et a un goût plus doux car il est préparé avec un ingrédient alcalin qui le rend moins acide.

Le chocolat noir cru est obtenu en pressant des fèves de cacao crues, c'est-à-dire non torréfiées, à froid. Il est riche en antioxydants et se distingue par une bonne teneur en chrome, en fer et en magnésium, excellents pour le cœur.

Le beurre de cacao est riche en acides gras saturés, dont environ un tiers d'acide stéarique : ce dernier n'augmente pas le taux de cholestérol, et fait même baisser le taux de LDL, ou mauvais cholestérol.

CACAO

Miam, du chocolat ! On adore ça ! On se jette dessus quand on a un coup de blues, on le garde pour les occasions spéciales, on réfléchit à deux fois avant de le partager… mais on le propose finalement avec plaisir. Bonne nouvelle : le cacao est bon pour la santé !

La poudre de cacao cru est préparée en retirant le beurre de cacao grâce à une méthode de pression à froid. Elle contient davantage de nutriments que le cacao en poudre issu du processus de pression à chaud. Son goût est plus prononcé et légèrement plus amer.

Les fèves de cacao se trouvent dans la cabosse. Elles sont utilisées pour fabriquer le beurre de cacao, le cacao en poudre, la matière sèche du cacao et, bien sûr, le chocolat.

Cookies cacao-noisettes

16 · 15' · 15' · 160 °C · kcal 264

80 g de dattes fraîches, dénoyautées
200 g de poudre de noisettes
225 g de farine d'épeautre complète
50 g de graines de chia
1 c. à c. de cannelle moulue
1 pincée de fleur de sel
50 g d'huile de coco vierge, à température ambiante
170 g de sirop de riz
1 œuf
2 c. à c. d'extrait de vanille
50 g d'éclats de fèves de cacao

1 Préchauffez le four à 160 °C. Chemisez 2 plaques de papier sulfurisé.

2 Couvrez les dattes d'eau bouillante et laissez-les ramollir 5 min. Égouttez-les.

3 Mixez les dattes avec la poudre de noisettes, la farine, les graines de chia, la cannelle, le sel, l'huile de coco, le sirop de riz, l'œuf et l'extrait de vanille. Incorporez les éclats de fèves de cacao.

4 Humidifiez vos mains et formez des boules avec 2 c. à s. de pâte. Posez-les sur les plaques, aplatissez-les pour obtenir des disques de 6 cm de diamètre. Striez chaque biscuit avec les dents d'une fourchette. Faites cuire 15 min : les biscuits doivent se décoller du papier sans se casser. Laissez-les refroidir sur les plaques.

Cheesecake au chocolat & au thé Earl Grey

10 · 24h · 20' · 4h · kcal 825

8 petites figues (400 g) ouvertes en deux
2 c. à c. de cacao en poudre

Garniture au chocolat et Earl Grey
600 g de noix de cajou non salées
8 sachets de thé Earl Grey
25 g de cacao en poudre
230 g de dattes fraîches, dénoyautées
200 g d'huile de coco vierge
2 c. à c. d'extrait de vanille

Base de cheesecake
170 g de gruau de sarrasin (sarrasin décortiqué)
80 g d'amandes émondées
35 g de cacao en poudre
230 g de dattes fraîches, dénoyautées
50 g d'huile de coco vierge
2 c. à s. d'eau tiède
1 c. à c. d'extrait de vanille

1 La veille, placez les noix de cajou et les sachets de thé dans un saladier, recouvrez d'eau froide et laissez tremper 24 h.

2 Graissez un moule à charnière de 22 cm et chemisez-le de papier de cuisson.

3 Préparez la base du cheesecake : mixez le gruau de sarrasin avec les amandes et le cacao pour obtenir une poudre fine. Sans arrêter le moteur, ajoutez les dattes, l'huile, l'eau et l'extrait de vanille ; continuez à mixer. Avec le dos d'une cuillère, étalez-la en couche uniforme dans le fond du moule. Laissez raffermir 15 min au réfrigérateur.

4 Égouttez les noix de cajou en conservant 125 ml de liquide. Placez-les dans le bol d'un robot. Ouvrez les sachets de thé, récupérez les feuilles et ajoutez-les. Incorporez le liquide réservé, le cacao, les dattes, l'huile de coco et l'extrait de vanille. Mixez jusqu'à obtenir une préparation homogène.

5 Étalez la garniture sur la base. Laissez prendre le cheesecake 4 h au réfrigérateur. Au moment de servir, décorez-le avec les figues et saupoudrez de cacao tamisé.

Cake sans farine amandes & prunes

6 | 15' | 1h45 | 160 °C | kcal 366

2 pommes vertes (300 g), râpées
2 œufs, légèrement battus
60 ml de lait d'amande non sucré
3 c. à s. de miel ou de sirop d'érable pur
2 c. à c. d'extrait de vanille
1 c. à c. d'eau de fleur d'oranger (facultatif)
240 g de poudre d'amandes
2 c. à c. de levure chimique
5 petites prunes (375 g) coupées en deux
2 c. à s. de copeaux de noix de coco torréfiés

1 Préchauffez le four à 160 °C. Graissez légèrement un moule à cake de 10,5 x 21 x 6 cm et chemisez-le de papier sulfurisé.

2 Dans un saladier, mélangez les pommes, les œufs, le lait d'amande, 2 c. à s. de miel, l'extrait de vanille et l'eau de fleur d'oranger (facultatif). Ajoutez la poudre d'amandes et la levure. Mélangez bien.

3 Versez la pâte dans le moule et lissez la surface. Recouvrez-la avec les demi-prunes, face coupée vers le haut, enfoncez-les légèrement dans la pâte. Arrosez avec le miel restant. Faites cuire 1 h 45. Pour éviter que la surface du gâteau ne brunisse trop, recouvrez-la de papier sulfurisé durant les 10 dernières minutes de cuisson. Parsemez de noix de coco et servez tiède.

Gâteau à l'huile d'olive & confiture

12 | 20' | 55' | 30' | 170 °C | kcal 266

160 ml d'huile d'olive vierge extra
285 g de confiture sans sucre ajouté
3 œufs
120 g de poudre d'amandes
100 g de farine ordinaire
3 c. à c. de levure chimique
60 ml de jus d'orange

Sirop d'orange
1 orange (240 g)
160 ml de jus d'orange
60 ml d'eau
85 g de sirop de riz
1 bâton de cannelle
3 clous de girofle

1 Préchauffez le four à 170 °C. Graissez et chemisez de papier sulfurisé un moule à gâteau à bords hauts de 20 cm de diamètre.

2 Dans un saladier, fouettez l'huile et la confiture au batteur électrique. Ajoutez les œufs un à un, en mélangeant bien entre chaque ajout.

3 Tamisez la poudre d'amandes, la farine et la levure chimique. Incorporez ces ingrédients secs et le jus d'orange à la préparation liquide, en fouettant à vitesse lente, sans trop mélanger.

4 Versez le mélange dans le moule. Faites cuire le gâteau 55 min : la lame d'un couteau piquée au centre doit ressortir propre. Laissez refroidir 30 min dans le moule puis démoulez sur une grille.

5 Préparez le sirop d'orange. Prélevez le zeste de l'orange, sans la membrane blanche, à l'aide d'un couteau économe. Coupez-le en fines bandes. Mélangez le zeste et les ingrédients restants dans une petite casserole. Portez à ébullition. Baissez le feu et laissez mijoter 15 min jusqu'à épaississement. Laissez refroidir 10 min hors du feu. Retirez le bâton de cannelle et les clous de girofle.

6 Piquez la surface du gâteau avec une brochette. Versez lentement le sirop tiède sur le gâteau pour qu'il soit entièrement absorbé. Servez tiède ou à température ambiante.

Semifreddo au chocolat

8 — 20' — 4h — kcal 194

1 c. à s. de cacao en poudre
40 g de sucre glace
1 œuf, blanc et jaune séparés
70 g de ricotta allégée
100 g d'un mélange de fruits rouges, frais

1 Graissez légèrement un petit moule à cake de 180 ml. Chemisez la base et les deux côtés les plus longs de papier sulfurisé en le laissant dépasser de 2 cm sur les bords.

2 Fouettez le cacao tamisé, le sucre glace, le jaune d'œuf et la ricotta dans un bol jusqu'à obtenir une préparation onctueuse.

3 Montez le blanc d'œuf en neige au fouet électrique et incorporez-le à la préparation au chocolat, en 2 fois. Versez dans le moule. Placez 4 h au congélateur ou toute une nuit.

4 Sortez le moule du congélateur 10 min avant de servir. Coupez le semifreddo en deux et servez-le avec les fruits rouges.

Gâteau au yaourt à l'orange

12 | 10' | 45' | 160 °C | kcal 148

2 œufs
165 g de cassonade
2 c. à c. de zeste d'orange râpé
90 g de poudre d'amandes
50 g de farine complète
½ c. à c. de levure chimique
95 g de yaourt nature allégé

Glaçage au cream cheese à l'orange
60 g de cream cheese allégé, ramolli
2 c. à s. de sucre glace
1 c. à s. de jus d'orange

1 Préchauffez le four à 160 °C. Graissez un moule à charnière de 20 cm de diamètre et chemisez-le de papier sulfurisé.

2 Battez les œufs, la cassonade et le zeste d'orange dans un bol, au fouet électrique. Incorporez la poudre d'amandes, la farine et le yaourt.

3 Versez la pâte dans le moule et faites cuire 45 min. Laissez reposer le gâteau 5 min dans le moule avant de le démouler et de le laisser refroidir sur une grille.

4 Pour le glaçage, fouettez les ingrédients dans un bol jusqu'à l'obtention d'un glaçage onctueux.

5 Nappez le gâteau de glaçage et garnissez-le de zeste d'orange émincé, si vous le souhaitez.

Clafoutis aux fruits rouges

2 | 10' | 30' | 180 °C | kcal 245

Huile en spray
1 œuf
30 g de farine
60 ml de lait écrémé
1 ½ c. à s. de sucre
1 c. à c. de beurre fondu
1 c. à c. d'extrait de vanille
125 g de fruits rouges surgelés
½ c. à c. de sucre glace

1 Préchauffez le four à 180 °C. Huilez un plat à gratin peu profond de 500 ml avec le spray.

2 Fouettez l'œuf avec la farine dans un bol. Incorporez le lait, le sucre, le beurre fondu et l'extrait de vanille. Versez dans le plat. Garnissez de fruits rouges.

3 Faites cuire 30 min : le clafoutis doit être gonflé et doré. Saupoudrez de sucre glace.

Muffins au gingembre, beurre de patate douce

12 | 45' | 15' | 160 °C | kcal 272

260 g de farine d'épeautre
40 g de poudre d'amandes
2 c. à s. de gingembre moulu
1 c. à c. de mélange d'épices à pain d'épice
1 ½ c. à c. de levure chimique
¼ de c. à c. de bicarbonate de soude
3 œufs
80 ml d'huile d'olive
80 ml de sirop d'érable pur
180 ml de lait d'amande non sucré
1 c. à c. d'extrait de vanille

Beurre de patate douce
400 g de patates douces en morceaux
50 g d'huile de coco vierge
1 c. à c. d'extrait de vanille

1 Préparez le beurre de patate douce. Couvrez les patates douces d'eau froide dans une casserole, portez à ébullition et laissez cuire 12 min. Égouttez, remettez dans la casserole et écrasez en purée. Incorporez l'huile de coco, l'extrait de vanille et 1 pincée de sel. Versez dans un bol, couvrez de film alimentaire et laissez durcir au réfrigérateur.

2 Préchauffez le four à 160 °C. Graissez 12 moules à muffin de 80 ml. Découpez des carrés de papier de cuisson de 12 cm de côté, pliez-les en quatre puis rouvrez-les.

3 Dans un saladier, tamisez la farine, la poudre d'amandes, le gingembre, le mélange d'épices, la levure et le bicarbonate de soude. Dans un autre saladier, fouettez les œufs, l'huile, le sirop d'érable, le lait et l'extrait de vanille. Incorporez aux ingrédients secs.

4 Placez un carré de papier sulfurisé dans chaque moule et versez 60 ml de pâte dessus. Faites cuire les muffins 15 min. Servez tiède avec du beurre de patate douce.

Petits gâteaux à la carotte

6 | 10' | 15' | 35' | 180 °C | kcal 449

35 g de raisins de Smyrne
60 ml d'eau bouillante
2 œufs
185 g d'édulcorant à la stévia
85 g de sirop de riz
140 g d'huile de coco vierge, fondue
2 c. à c. d'extrait de vanille
340 g de carottes râpées
60 g de noix de pécan hachées et torréfiées
240 g de farine
7 g de levure chimique
½ c. à c. de bicarbonate de soude
1 c. à c. de poivre de la Jamaïque moulu
3 c. à c. de cannelle moulue
1 c. à c. de gingembre moulu

Glaçage
125 g de dattes séchées, dénoyautées et finement hachées
2 c. à s. d'eau bouillante
250 g de cream cheese Philadelphia®
125 g de beurre ramolli

1 Préchauffez le four à 180 °C. Graissez 6 gros moules à muffin de 180 ml.

2 Faites gonfler les raisins 10 min dans l'eau bouillante.

3 À l'aide d'un batteur électrique, fouettez les œufs avec l'édulcorant à la stévia, le sirop de riz, l'huile de coco et l'extrait de vanille pendant 5 min. Transférez la préparation dans un saladier et ajoutez les carottes, les raisins, leur eau de trempage, les noix de pécan et les ingrédients secs tamisés. Versez la préparation dans les moules.

4 Faites cuire 35 min. Laissez les gâteaux refroidir 5 min. Démoulez-les et placez-les sur une grille.

5 Pour le glaçage, mixez les dattes avec l'eau bouillante jusqu'à l'obtention d'une préparation assez homogène, en raclant les parois du bol. Ajoutez le cream cheese et le beurre, puis mixez. Garnissez les muffins de glaçage.

Sucettes de banane glacée au chocolat

24 | 15' | 10' | 1h30 | kcal 114

6 bananes moyennes (1,2 kg)
24 petits bâtonnets à esquimaux
100 g d'huile de coco fondue
2 c. à s. de sirop d'érable pur
1 ½ c. à s. de miel cru
100 g de cacao en poudre
120 g de cacahuètes grillées salées, finement hachées

1 Chemisez 2 plaques de papier sulfurisé.

2 Pelez les bananes et coupez-les en tronçons de 4 cm. Posez-les debout sur les plaques. Plantez 1 bâtonnet dans chaque morceau de banane et placez-les 1 h au congélateur.

3 Mélangez l'huile de coco, le sirop d'érable et le miel dans une petite casserole ; faites chauffer à feu doux pour qu'ils soient presque fondus. Hors du feu, continuez à remuer jusqu'à ce que le mélange soit bien liquide. Incorporez le cacao tamisé et fouettez pour obtenir une sauce onctueuse. Versez-la dans un bol.

4 Faites des petites piles de 1 ½ c. à c. de cacahuètes sur la plaque restante. Plongez chaque tronçon de banane dans la sauce au cacao jusqu'aux trois quarts puis posez-le sur une pile de cacahuètes. Mettez-les 30 min au congélateur pour que l'enrobage durcisse.

Tarte banoffee

8 | 1h | 25' | 15' | 12h

90 g de noix de pécan
250 g de biscuits vegan
115 g d'huile de coco à température ambiante
1 c. à s. de cacao en poudre
12 dattes séchées, dénoyautées (230 g)
50 g de sucre de coco
1 c. à s. d'eau
1 c. à s. de fécule de maïs
270 ml de crème de coco en conserve
1 c. à c. d'extrait de vanille
3 bananes (600 g)
300 g de tofu soyeux
2 c. à s. de sirop d'érable pur
½ c. à c. de cannelle moulue

1 Faites tremper les noix de pécan 1 h dans de l'eau froide puis égouttez-les.

2 À l'aide d'un robot, mixez les biscuits avec l'huile de coco, le cacao et la moitié des dattes jusqu'à ce que les ingrédients s'amalgament. Foncez un moule à tarte à bords cannelés de 24 cm de diamètre avec cette préparation. Mettez au réfrigérateur jusqu'à l'emploi.

3 Faites dissoudre le sucre de coco dans l'eau, dans une petite casserole à feu doux, en remuant. Portez à ébullition et laissez bouillir 3 min pour que le sirop réduise un peu.

4 Fouettez la fécule de maïs et la crème de coco dans un bol. Incorporez progressivement cette préparation dans le sirop. Faites cuire 10 min, en remuant, jusqu'à ce que le mélange bouille et épaississe.

5 Mixez les noix de pécan égouttées avec la préparation à la crème de coco chaude, le reste des dattes, l'extrait de vanille et 1 banane jusqu'à l'obtention d'une crème lisse. Avec une cuillère, étalez cette crème sur le fond de tarte. Lissez la surface et laissez toute la nuit au réfrigérateur.

6 Mixez le tofu, le sirop d'érable et la cannelle jusqu'à l'obtention d'une sauce lisse.

7 Coupez les bananes restantes en fines rondelles et disposez-les sur la tarte. Servez, nappé de sauce au tofu et au sirop d'érable.

Barres chocolatées noix de coco & cerises

16 | 20' | 15' | 1h

200 g de chocolat noir vegan à 55 %, cassé en morceaux
150 g de cerises séchées finement hachées
240 g de noix de coco râpée
125 ml de sirop de riz
1 c. à c. d'extrait de vanille
80 ml d'huile de coco fondue

1 Chemisez de papier sulfurisé le fond et les parois d'un moule de 18 × 28 cm.

2 Faites fondre la moitié du chocolat au bain-marie, en remuant. Versez-le dans le moule en l'étalant pour qu'il recouvre le fond. Faites raffermir 15 min au réfrigérateur. Laissez frémir l'eau du bain-marie.

3 Mélangez les cerises et la noix de coco dans un saladier. Incorporez le sirop de riz, l'extrait de vanille et l'huile. Étalez ce mélange sur le chocolat dans le moule en le tassant.

4 Placez le reste de chocolat dans le bol et faites-le fondre au bain-marie. Versez-le sur la couche de cerises et de noix de coco. Lissez avec une spatule. Laissez prendre 1 h au congélateur (ou 3 h au réfrigérateur). Coupez des parts rectangulaires.

Brownie chocolat-noisettes

24 | 15' | 30' | 180 °C | kcal 205

340 g de sirop de riz
140 g de dattes séchées, dénoyautées et hachées
¼ de c. à c. de fleur de sel
125 ml d'eau
½ c. à c. de bicarbonate de soude
200 g de beurre coupé en dés
3 œufs
75 g de cacao en poudre
75 g de poudre de noisettes
75 g de farine de sarrasin
120 g de crème fraîche
1 c. à c. de jus de citron
70 g de noisettes entières, torréfiées, mondées et coupées en deux
1 ½ c. à c. de cacao en poudre

1 Préchauffez le four à 180 °C. Graissez un moule de 20 x 30 cm et chemisez-le de papier sulfurisé en le laissant dépasser de 5 cm sur les côtés les plus longs.

2 Dans une petite casserole, faites chauffer le sirop de riz, les dattes, le sel et l'eau 5 min sur feu doux.

3 Ajoutez le bicarbonate de soude et versez la préparation dans le bol d'un robot. Mixez pour obtenir une préparation homogène. Transférez-la dans la casserole, ajoutez le beurre et faites chauffer à feu moyen jusqu'à ce que le beurre ait fondu. Versez le mélange dans un saladier et laissez refroidir 5 min.

4 Incorporez les œufs un à un, en fouettant, puis ajoutez le cacao tamisé, la poudre de noisettes, la farine, la crème, le jus de citron et les noisettes hachées. Versez la préparation dans le moule et lissez la surface.

5 Faites cuire le brownie 30 min : la lame d'un couteau piquée au centre doit ressortir couverte de petites miettes collantes. Laissez refroidir dans le moule puis saupoudrez de cacao tamisé. Coupez en 24 carrés.

Gâteau banane, café & noix, sauce caramel

12 | 30' | 1h15 | 180 °C | kcal 532

185 g de beurre ramolli, coupé en dés
245 g d'édulcorant à la stévia
3 œufs
325 g de farine
10 g de levure chimique
¼ de c. à c. de sel
¾ de c. à c. de bicarbonate de soude
1 ½ c. à c. de cannelle moulue
525 g de bananes bien mûres, écrasées
2 c. à c. d'extrait de vanille
200 g de crème fraîche
1 c. à s. de jus de citron
100 g de noix torréfiées et hachées
3 c. à c. de café soluble
60 ml d'eau bouillante

Sauce caramel
200 g de sirop de riz
125 g de beurre ramolli, coupé en dés
80 ml de crème épaisse

1 Préchauffez le four à 180 °C. Graissez et chemisez de papier sulfurisé un moule à gâteau à bords hauts de 22 cm de diamètre.

2 Dans un bol, fouettez le beurre et l'édulcorant à la stévia au batteur électrique jusqu'à obtenir un mélange mousseux. Incorporez les œufs un à un, sans trop mélanger. Versez la préparation dans un saladier. Ajoutez les ingrédients secs tamisés, les bananes, l'extrait de vanille, la crème, le jus de citron, les noix et le café dissous dans l'eau. Versez la préparation dans le moule.

3 Faites cuire 1 h 15 : la lame d'un couteau piqué au centre doit ressortir propre. Laissez le gâteau reposer 5 min avant de le démouler. Laissez-le refroidir sur une grille.

4 Préparez la sauce caramel : dans une petite casserole, portez le sirop de riz à ébullition, sur feu moyen. Laissez-le bouillir 12 min jusqu'à ce qu'il prenne une couleur ambrée et que la surface soit couverte de bulles. Incorporez immédiatement le beurre et la crème. Servez le gâteau avec cette sauce.

Yaourt glacé abricots & pistaches

4 | 45' | 15' | 5h | kcal 609

150 g d'abricots secs
560 ml de pur jus de pomme
1 c. à c. de cardamome moulue
630 g de yaourt à la grecque
90 g de miel cru
2 c. à s. de graines de sésame, grillées
70 g de pistaches hachées

1 Portez à ébullition les abricots et le jus de pomme dans une poêle moyenne. Baissez le feu et laissez mijoter 15 min pour que le jus devienne sirupeux. Laissez refroidir.

2 Mixez la préparation refroidie avec la cardamome. Transférez dans un saladier. Couvrez et placez au réfrigérateur jusqu'au moment de servir.

3 Mélangez le yaourt, le miel, les graines de sésame et la moitié des pistaches dans un saladier. Transférez cette préparation dans une turbine à glace. Faites tourner la turbine en suivant les indications du fabricant jusqu'à ce que la glace soit prise (40 min environ). Transférez le yaourt glacé dans le saladier avec la préparation aux abricots et mélangez délicatement pour créer des marbrures. Versez dans un moule à cake de 1,25 litre, couvrez et placez au moins 5 h au congélateur.

4 Servez le yaourt glacé garni du reste de pistaches.

Lassi glacé aux pêches

4 | 10' | 6h | kcal 433

365 g de pêches en conserve dans leur jus, égouttées
2 c. à s. de miel
125 ml de lait fermenté
280 g de yaourt nature allégé
3 c. à c. de zeste de citron vert, râpé
2 c. à c. de jus de citron vert
180 g de pêches en conserve dans leur jus, égouttées, supplémentaires

1 Mixez les pêches en purée. Mélangez-la avec le miel, le lait fermenté, le yaourt, 2 c. à c. de zeste et le jus de citron vert dans un saladier. Versez dans un récipient de 1 litre. Couvrez de papier d'aluminium et placez au moins 3 h au congélateur.

2 Fouettez le lassi au fouet électrique dans un saladier jusqu'à ce qu'il soit onctueux. Remettez-le dans le récipient, couvrez et laissez durcir 3 h ou plus au congélateur. Vous pouvez aussi faire prendre le lassi dans une turbine à glace en suivant les indications du fabricant.

3 Servez le lassi avec des tranches de pêche et du zeste de citron vert.

Granité au café

6 | 10' | 6h | kcal 67

75 g de sucre de canne
750 ml d'eau
60 ml d'espresso fort
60 ml de crème épaisse, allégée

1 Mélangez le sucre et l'eau dans une petite casserole et faites chauffer à feu doux, en remuant, jusqu'à ce que le sucre soit dissous. Hors du feu, incorporez le café et laissez revenir à température ambiante.

2 Versez dans un plat métallique peu profond, couvrez et placez 6 h au congélateur, en grattant toutes les heures à la fourchette.

3 Grattez le granité avec une fourchette et versez-le dans des verres. Arrosez chaque verre de 2 c. à c. de crème et servez sans attendre.

Millefeuille aux fraises & à l'orange

2 | 10' | 5' | 200 °C | kcal 118

Huile en spray
1 feuille de pâte filo
80 g de ricotta allégée
1 c. à s. de sucre glace
½ c. à c. de zeste d'orange râpé
3 c. à c. de jus d'orange
325 g de fraises, en fines lamelles

1 Préchauffez le four à 200 °C. Huilez une plaque de cuisson avec de l'huile en spray.

2 Huilez légèrement la pâte filo et pliez-la en deux. Coupez-la en 6 rectangles. Posez-les sur la plaque et faites-les cuire 5 min au four. Laissez refroidir.

3 Mélangez la ricotta avec 3 c. à c. de sucre glace tamisé, le zeste et le jus d'orange dans un bol.

4 Déposez un rectangle de pâte sur une assiette, nappez-le d'un quart de la crème à la ricotta et ajoutez un quart des fraises. Répétez l'opération et terminez avec un troisième rectangle de pâte.

5 Répétez l'étape 4 pour préparer un second millefeuille. Saupoudrez-les du reste de sucre glace avant de servir.

Sorbet mangue, melon & piment vert

4 | 10' | 8h30 | kcal 99

520 g de mangue fraîche, en dés
450 g de melon honeydew, en dés
1 long piment vert frais, épépiné, finement haché
1 ½ c. à s. de menthe hachée
1 petit bouquet de toutes petites feuilles de menthe

Sirop sucré
125 ml de pur jus de pomme
1 c. à s. de zeste de citron vert râpé
2 c. à s. de jus de citron vert
2 c. à c. d'édulcorant à la stévia

1 Étalez les dés de fruits en une seule couche sur une plaque chemisée de papier sulfurisé et parsemez de piment. Couvrez et placez au moins 5 h au congélateur.

2 Préparez le sirop. Portez le jus de pomme à ébullition dans une petite casserole et faites-le réduire de moitié, à feu moyen. Ajoutez le zeste et laissez revenir à température ambiante. Incorporez le jus de citron vert et l'édulcorant ; fouettez.

3 Mettez les fruits congelés, le piment restant et la menthe hachée dans le bol d'un robot. Mettez le robot en marche et versez doucement le sirop de sucre en mixant. Versez dans un récipient et placez 3 h 30 au congélateur, en fouettant une fois pour briser les cristaux de glace.

4 Servez des boules de sorbet décorées de feuilles de menthe.

Semifreddo coco-passion

10 | 30' | 12h | kcal 236

500 ml de crème de coco
6 œufs, blancs et jaunes séparés
115 g de miel ou de sirop d'érable pur
2 c. à c. d'extrait de vanille
50 g de noix de coco râpée
1 c. à c. de fleur de sel
140 ml de pulpe de fruits de la Passion frais
25 g de copeaux de noix de coco, non sucrés
1 c. à s. de petites feuilles de menthe

1 Versez la crème de coco dans un saladier métallique et placez 30 min au congélateur : elle doit être bien froide.

2 Graissez un moule à cake de 20 x 11,5 x 9 cm. Chemisez-le de papier sulfurisé en le laissant dépasser de 5 cm sur les côtés les plus longs.

3 Dans un bol, battez les jaunes d'œufs avec 2 c. à s. de miel et l'extrait de vanille au fouet électrique, 5 min à puissance maximale. Transférez dans un saladier.

4 Montez les blancs d'œufs en neige. Incorporez progressivement le miel restant en fouettant jusqu'à obtenir un mélange ferme et brillant.

5 Dans un saladier, fouettez la crème de coco avec la noix de coco râpée et le sel. Incorporez les blancs d'œufs et la crème de coco fouettée à la préparation à base de jaunes d'œufs.

6 Versez dans le moule et placez 1 h au congélateur. Incorporez 80 ml de pulpe de fruits de la Passion en faisant des marbrures. Placez au moins 3 h au congélateur, ou toute une nuit.

7 Sortez le semifreddo du congélateur et laissez-le 5 min à température ambiante avant de le démouler sur un plat. Garnissez-le de copeaux de noix de coco, de la pulpe de fruits de la Passion restante et de menthe.

Gâteau glacé au yaourt, citron vert & fruit de la Passion

12 · 30' · 4^h · 20' · 170 °C · kcal 385

145 g de farine
1 c. à c. de bicarbonate de soude
2 c. à c. de zeste de citron vert, râpé
90 g de sucre roux
60 g de beurre
115 g de mélasse
1 œuf
125 ml de lait fermenté
420 g de yaourt à la grecque
300 ml de crème fraîche
160 ml de pulpe de fruits de la Passion

Citron vert confit
300 g de sucre roux
125 ml d'eau
2 c. à s. de jus de citron vert
1 bâton de citronnelle fraîche, coupé en quatre et écrasé
4 citrons verts, coupés en tranches fines

1 Préparez le citron vert confit. Faites chauffer le sucre, l'eau, le jus de citron vert et la citronnelle sur feu doux, dans une petite casserole à fond épais, sans faire bouillir. Quand le sucre est dissous, portez à ébullition. Réduisez le feu et laissez réduire le sirop pendant 3 min. Hors du feu, plongez les tranches de citron dans le sirop et laissez refroidir. Sortez les tranches du sirop et enlevez la citronnelle. Réservez le citron vert et le sirop séparément.

2 Préchauffez le four à 170 °C. Huilez un moule à roulé de 26 x 32 cm. Tapissez le fond et les côtés longs de papier sulfurisé, en le faisant dépasser de 5 cm.

3 Tamisez la farine et le bicarbonate de soude au-dessus d'un saladier, puis ajoutez le zeste de citron vert. Versez le sucre, le beurre et la mélasse dans une casserole, et faites chauffer à feu doux jusqu'à ce que le sucre soit dissous. Incorporez ce mélange encore chaud à la farine avec l'œuf et le lait fermenté. Versez la pâte dans le moule.

4 Enfournez 12 min : la pâte doit s'écarter de la paroi lorsque vous appuyez dessus avec le doigt. Badigeonnez le gâteau de 2 c. à s. de sirop de citron confit. Laissez refroidir.

5 Tapissez de papier sulfurisé un moule à cake de 14 x 23 cm.

6 Fouettez le yaourt et la crème fraîche dans un bol avec un batteur électrique. Réservez 1 c. à s. de sirop de citron confit et incorporez le reste au mélange yaourt-crème avec la moitié de la pulpe de fruits de la Passion. Versez un peu plus du tiers de cette préparation dans le moule. Découpez un rectangle de 12 x 22 cm dans le gâteau et déposez-le délicatement dans le moule sur le yaourt. Couvrez et faites prendre 1 h au congélateur. Placez le reste de la préparation au yaourt au réfrigérateur. Couvrez le reste du gâteau.

7 Versez le reste de yaourt dans le moule. Découpez un rectangle de 14 x 23 cm dans le reste de gâteau et posez-le délicatement sur la couche de yaourt. Couvrez le moule et placez-le au moins 3 h au congélateur.

8 Démoulez le gâteau sur un plat et laissez-le reposer 10 min avant de servir. Au dernier moment, décorez avec les tranches de citron confit. Mélangez la dernière cuillerée à soupe de sirop avec le reste de la pulpe de fruits de la Passion. Arrosez le gâteau de ce mélange.

Granité de pastèque au citron

6 | 20' | 7h | kcal 32

1 sachet d'infusion au citron
250 ml d'eau bouillante
1 c. à s. d'édulcorant à la stévia
1,1 kg de pastèque épépinée
1 ½ c. à s. de jus de citron

Sel de fenouil
1 c. à s. de fleur de sel
1 c. à c. de graines de fenouil
1 c. à c. de zeste de citron râpé

1 Placez le sachet d'infusion 10 min dans l'eau bouillante, puis jetez-le. Ajoutez l'édulcorant à la stévia et mélangez.

2 Mixez 500 g de chair de pastèque coupée en morceaux dans le blender. Incorporez l'infusion et le jus de citron. Versez dans un plat peu profond d'une contenance de 2,5 litres.

3 Placez 1 h au congélateur. Sortez le granité et grattez-le avec une fourchette. Répétez l'opération toutes les heures pendant 6 h jusqu'à ce que le granité soit glacé.

4 Préparez le sel de fenouil : pilez les ingrédients dans un mortier (ou écrasez-les dans un bol avec le dos d'une cuillère en bois).

5 Coupez le reste de pastèque en lamelles, répartissez-les dans des verres, recouvrez-les de granité et parsemez de sel de fenouil.

Glace marbrée maïs doux-framboise

8 | 30' | 10' | 1h | 12h | kcal 239

2 épis de maïs (500 g) parés
560 ml de crème de coco
500 ml de lait d'amande non sucré
55 g de sucre
2 c. à c. d'extrait de vanille
125 ml de sirop d'agave
225 g de framboises fraîches ou surgelées

1 Avec un couteau pointu, égrainez les épis de maïs et réservez-les. Placez les grains avec les épis, la crème de coco, le lait d'amande et le sucre dans une grande casserole posée sur feu moyen-vif. Portez à ébullition puis baissez le feu et laissez frémir 5 min. Laissez reposer 1 h.

2 Jetez les épis et mixez la préparation. Passez-la au tamis et jetez les résidus solides. Incorporez l'extrait de vanille et 80 ml de sirop d'agave.

3 Transvasez cette préparation dans une sorbetière. Faites prendre en suivant les instructions du fabricant.

4 Mixez les framboises avec le reste de sirop d'agave. Incorporez ce mélange dans la glace de façon à obtenir un effet de marbrure. Versez dans un récipient pour congélateur de 1 litre. Laissez au congélateur toute une nuit. Sortez la glace du congélateur 15 à 30 min avant de la servir pour la ramollir.

Glaces à l'eau framboise-litchi

8 | 30' | 12h | kcal 239

220 g de sucre
250 ml d'eau
125 ml de sirop de glucose
530 g de framboises
80 ml de jus de citron vert
1 kg de litchis pelés
60 ml d'eau supplémentaire
8 bâtonnets en bois pour glaces à l'eau

1 Préparez un sirop de sucre : faites chauffer à feu vif le sucre, l'eau et le sirop de glucose dans une petite casserole. Remuez jusqu'à ce que le sucre soit dissous et que le mélange bouille. Retirez du feu et laissez refroidir.

2 Mixez les framboises, 2 c. à s. de jus de citron vert et 175 ml de sirop de sucre dans un robot. Filtrez la préparation à travers un tamis, en pressant avec une cuillère en bois pour en extraire un maximum de jus. Versez le mélange filtré dans un récipient et placez au congélateur.

3 Dénoyautez les litchis. Mixez-les avec le reste de jus de citron vert, 125 ml de sirop de sucre et l'eau supplémentaire dans le robot. Filtrez la préparation à travers un tamis.

4 Versez 1 ½ c. à s. de préparation au litchi dans 8 petits moules à glace à l'eau de 80 ml. Placez 2 h au congélateur pour faire prendre la préparation, puis répartissez le mélange à la framboise dans les moules.

5 Recouvrez hermétiquement chaque petit moule avec 2 épaisseurs de film alimentaire. Percez le film avec la pointe d'un couteau, puis glissez les bâtonnets dans les trous (le film maintiendra les bâtonnets en position verticale). Placez les glaces au moins 4 h au congélateur, ou jusqu'au lendemain.

Esquimaux mangue & noix de coco

8 | 25' | 5' | 4h30 | kcal 110

265 g de mangue surgelée, en tranches
125 ml de pur jus de pomme
2 c. à s. d'édulcorant à la stévia
60 ml d'eau
270 ml de crème de coco
½ c. à c. de fleur de sel
8 moules à esquimau de 125 ml avec bâtonnets
10 g de copeaux de noix de coco grillés

1 Mixez la mangue avec le jus de pomme. Déposez 2 c. à s. de purée de mangues dans chaque moule et placez-les 30 min au congélateur.

2 Faites chauffer l'édulcorant avec l'eau à feu doux jusqu'à ce qu'il soit dissous (ne pas porter à ébullition). Fouettez ce sirop avec la crème de coco et le sel. Remplissez les moules de cette préparation. Couvrez les moules avec 2 épaisseurs de film alimentaire. Fendez le film au-dessus de chaque moule et plantez 1 bâtonnet (le film leur permettra de rester droits). Placez au moins 4 h au congélateur.

3 Pour démouler les esquimaux, trempez rapidement les moules dans de l'eau chaude. Versez les copeaux de noix de coco dans un bol. Trempez chaque esquimau dans de l'eau chaude puis dans la noix de coco. Posez-les sur une plaque et placez 10 min au congélateur.

Esquimaux à la rhubarbe & au balsamique

6 | 10' | 15' | 200 °C | 4h | kcal 456

6 tiges de rhubarbe parées (330 g), coupées en tronçons de 8 cm
1 gousse de vanille fendue, graines grattées
1 c. à s. de crème de balsamique
1 c. à s. de miel ou de sirop d'érable pur
400 ml de lait de coco
90 g de miel ou de sirop d'érable pur
80 g d'amandes effilées, hachées

Enrobage au chocolat
100 g d'huile de coco vierge
2 c. à s. de cacao en poudre
1 c. à c. d'extrait de vanille
2 c. à c. de miel ou de sirop d'érable pur

1 Préchauffez le four à 200 °C. Chemisez une plaque de papier sulfurisé.

2 Disposez la rhubarbe, la gousse de vanille et les graines grattées sur une plaque. Arrosez de crème de balsamique et de miel. Faites rôtir 15 min, puis laissez refroidir. Jetez la gousse de vanille.

3 Mixez la rhubarbe et son jus de cuisson avec le lait de coco et le miel. Versez dans les moules à esquimau. Couvrez les moules avec 2 épaisseurs de film alimentaire. Fendez le film plastique au-dessus de chaque moule avec un couteau et plantez 1 bâtonnet dans chacun (grâce au film ils resteront droits). Placez 4 h au congélateur.

4 Préparez l'enrobage au chocolat juste avant d'enrober les esquimaux glacés. Faites chauffer l'huile, le cacao tamisé, l'extrait de vanille et le miel dans une petite casserole sur feu doux jusqu'à ce que l'huile soit fondue et le mélange homogène. Laissez revenir à température ambiante.

5 Chemisez une plaque de papier sulfurisé et placez-la au congélateur. Versez l'enrobage au chocolat dans un bol étroit et profond. Placez les amandes dans un autre récipient. Trempez rapidement les moules à esquimau dans de l'eau chaude et démoulez les glaces. Plongez chaque esquimau dans l'enrobage au chocolat jusqu'à mi-hauteur, puis dans les amandes. Posez-les sur la plaque froide. Glissez-les 5 min au congélateur afin que l'enrobage durcisse.

INDEX

A

B

TABLE DES RECETTES

Q

R

S

T

V

W

Y

Conception graphique de l'intérieur : Aurélie Vitoux
Mise en pages : Les PAOistes
Suivi éditorial : Natacha Kotchetkova
Relecture : Véronique Dussidour
Traduction des pages 8-91 et 102-111 : Maryline Pinton

Cette édition est publiée avec l'accord de Bauer Media Books, Australie ;
elle est issue d'ouvrages publiés initialement en Australie par Bauer Media Books.

Édité par Hachette Livre, 58, rue Jean Bleuzen,
CS 70007 92178 Vanves Cedex
Dépôt légal : janvier 2017
ISBN : 978-2-501-118835
7250431/01
Achevé d'imprimer en novembre 2016
sur les presses de Graficas Estella, Espagne.

PAPIER À BASE DE FIBRES CERTIFIÉES

MARABOUT
s'engage pour l'environnement
en réduisant l'empreinte carbone
de ses livres.
Celle de cet exemplaire est de :
3000 g éq. CO_2
Rendez-vous sur
www.hachette-durable.fr